Wiebus · Religionen, Sekten, Seelenfänger

W0069798

Hans-Otto Wiebus

Religionen, Sekten, Seelenfänger

Loewe

Die Deutsche Bibliothek – CIP-Einheitsaufnahme

Wiebus, Otto:
Religionen, Sekten, Seelenfänger / Otto Wiebus.
– 1. Aufl. – Bindlach : Loewe, 1997
ISBN 3-7855-2961-9
NE: HST

ISBN 3-7855-2961-9 – 1. Auflage 1997
© 1997 by Loewe Verlag GmbH, Bindlach
Umschlagillustration: Andreas Piel
Umschlagtypographie: Karin Roder

Inhaltsverzeichnis

Statt eines Vorworts ... 14

Religionen, Gruppen, Kulte 51

Christentum 53

Esoterik   165

Statt eines Vorworts ...

... möchte ich den Leserinnen und Lesern ein paar Tips geben, wie sie dieses Buch benutzen können.

Im Hauptteil sind die wichtigsten Sekten, Gruppen, Vereinigungen und Begriffe aufgeführt und erklärt. Zugeordnet sind sie den großen Religionen, deren Ideen sie nahestehen. Unter „Christentum" sind also z.B. die Zeugen Jehovas zu finden, die Hare-Krischna-Bewegung unter „Fernöstliche Religionen". Da man aber nicht immer weiß, wo eine Sekte ihre Wurzeln hat, sind am Ende des Buches alle Gruppierungen und Begriffe noch einmal nach dem Alphabet aufgeführt. Darüber hinaus gibt es ein zweites Verzeichnis mit Querverweisen. Diese können dazu beitragen, ein Stichwort tiefer zu erschließen. Die Verwandtschaft zu Ideen und Vorstellungen anderer Gruppierungen kann so nachvollzogen werden. Wer sich zum Beispiel über die Esoterik umfassend informieren will, wird auf die Stichworte Anthroposophie, Astrologie, Gnosis, Keltische Religion, Magie, Meditation, Neugermanen, New Age, Okkultismus, Rosenkreuzer, Schamanismus, Theosophie, Universelles Leben, Wiedergeburt und Yoga verwiesen. Bei den einzelnen Darstellungen selbst gibt es ebenfalls Verweise auf andere Stichworte.

Daß die wesentlichen Weltreligionen in diesem Buch beschrieben sind, hat einen guten Grund. Ohne Hintergrundwissen über den Hinduismus wird man schwer verstehen können, welche Auffassung eine Reihe von Guru-Bewegungen haben. Ohne die Kenntnis von Grundzügen des Buddhismus ist der Einfluß dieses Glaubens auf die esoterische Szene nicht nachvollziehbar.

Der Ratgeberteil geht auf die Frage ein, warum Sekten für einen bestimmten Personenkreis faszinierend sind. Außerdem wird dort u.a. behandelt, was das Gefährliche an Sekten ist. Das abschließende Kapitel stellt dar, wie der Ausstieg aus den Sekten gefunden werden kann.

14

Diesen Ratgeber muß man nicht in einem Zug von vorn bis hinten durchlesen. Man kann einfach darin blättern, mittendrin etwas lesen. Man kann ihn auch wie ein Nachschlagewerk benutzen.

Vor allem aber sollen in diesem Buch Zusammenhänge deutlich werden. Wer Lust hat, sich auf die nicht immer ganz einfache Suche nach den Hintergründen zu machen, wer verstehen will, wie Religionen, Sekten, Gurus unsere Gesellschaft beeinflussen, der findet hier eine Fülle von Material.

Drei Beispiele

Birgit ist 13. Sie wohnt in einem Vorort von Hamburg und geht dort in die Schule. Sie hat recht gute Leistungen, trotzdem erlauben ihr die Eltern nicht, ein Gymnasium zu besuchen. In ihrer Schule fühlt sich Birgit nicht besonders wohl. Sie wird von ihren Mitschülerinnen und -schülern oft gehänselt. Denn in ihrer Freizeit darf sie nicht mit den anderen Jungen und Mädchen spielen. Sie darf auch nicht auf die Geburtstagsparties ihrer Klassenkameraden, und sie darf nachmittags nicht ins Kino oder ins Eiscafé. Nach den Weihnachtsferien, wenn die anderen in der Pause von ihren Geschenken berichten, bleibt Birgit stumm: Sie hat nichts bekommen.

Die 13jährige ist, wie ihre Eltern, Mitglied bei den „Zeugen Jehovas". Diese christliche Sekte ist besonders streng. Richtschnur für das Leben ist die Bibel. In ihr wird ständig gelesen, denn für jede Lebenslage, für jedes Problem weiß nach Ansicht der „Zeugen Jehovas" die Bibel eine Antwort. Fast jeden Tag finden Versammlungen statt, an denen auch Birgit teilnimmt. Alle jungen Leute, die sie kennt und mit denen sie Umgang haben darf, sind bei der Sekte. Auch der Freundeskreis der Eltern besteht nur aus aktiven „Zeugen Jehovas".

Martin ist 16. Er lebt mit seiner Mutter in einer Wohngemeinschaft zusammen mit anderen Erwachsenen und Jugendlichen. Martins Tag ist genau geregelt. Morgens um halb vier muß er aufstehen und noch vor dem Frühstück meditieren. Das heißt, er setzt sich mit übereinandergeschlagenen Beinen in eine Ecke seines Zimmers und lenkt seine Gedanken auf Krishna. Das ist der Gott, den er verehrt. Dabei murmelt er immer wieder bestimmte Silben, die seinen Geist für Gott öffnen sollen. Anschließend liest ein Mitglied der Wohngemeinschaft religiöse Texte vor.

Um sieben Uhr trinkt Martin zusammen mit den anderen eine Tasse Tee und frühstückt eine Scheibe Brot. Anschließend vertieft er sich für weitere zwei Stunden in die heiligen Schriften der Gruppe, der er und die anderen aus der Wohngemeinschaft angehören.

Ab halb zehn hat er „Dienst" in der Fußgängerzone. Er spricht Passanten an, zeigt ihnen die Bücher und Kassetten seiner Sekte. „Ich verschenke sie", sagt er. Doch wenn sich jemand dafür interessiert und gerne eine Kassette oder ein Buch haben will, fängt Martin an, um eine Spende für seine Organisation zu bitten. Behalten darf die „geschenkten" Bücher und Kassetten nur, wer tief in seinen Geldbeutel greift und Martin Geld gibt. Wer auf dem „Geschenk" beharrt, hat Pech gehabt. Martin reißt solchen Leuten wütend das Buch aus der Hand und geht weiter. 200 bis 300 Mark kommen so pro Tag zusammen.

Doch behalten darf Martin das Geld nicht. Er muß es bei seiner Sekte, der International Society for Krishna Consciousness, besser bekannt als Hare-Krishna-Bewegung, abgeben.

Abends sitzen wieder alle zusammen, intonieren ihre Gesänge, lesen in den religiösen Büchern. Um halb neun wird das Licht in der Wohngemeinschaft gelöscht.

Michael ist 17. Er wohnt in einer Kleinstadt im Schwäbischen. Die Eltern, beide Lehrer, sehen mit einiger Besorgnis, daß Michaels Leistungen in der Schule nachlassen. Er hat kaum noch Zeit und noch viel weniger Lust, seine Hausaufgaben zu erledigen. Statt dessen verbringt er den größten Teil seiner Nachmittage mit den Freundinnen und Freunden seiner christlichen Jugendgruppe.

Zu Anfang hatten die Eltern, beide überzeugte evangelische Christen, das Engagement ihres Sohnes in der Gruppe begrüßt. Sie freuten sich, daß Michael nicht wie andere Jungs aus seiner Klasse zwischen Disko und Wirtshaus herumhing, sondern in seiner Freizeit etwas „Anständiges" machte. Doch nach einiger Zeit bemerkten sie Veränderungen bei Michael. Er wurde richtig „fromm". Die an sich schon üblichen Gebete am Mittagstisch konnten gar nicht ausführlich genug sein, die Bibel wurde zum ständigen Begleiter des Schülers, und immer wieder schwärmte er seinen Eltern vor, daß er erst durch ein Erlebnis in seiner Gruppe zum richtigen Christen geworden sei.

Dieses Erlebnis war beim gemeinsamen Gebet in der Gruppe über Michael gekommen. Plötzlich sei ihm Jesus erschienen, erzählt er, und habe ihn aufgefordert, ihm nachzufolgen. Diese „Erweckung" veränderte Michaels Leben. Er will jetzt sein ganzes Leben Jesus Christus widmen. In der Pause geht er von Schülergruppe zu Schülergruppe und erzählt von seinem „Erweckungserlebnis". Daß ihn seine Mitschülerinnen und -schüler nach einiger Zeit zu verspotten beginnen, stört ihn wenig. Daß seine Lehrer genervt auf die Missionierungsversuche im Unterricht reagieren, ist ihm ebenfalls egal. Auch daß er nur noch schlechte Noten schreibt, ist ihm gleichgültig. Um Gottes Wort zu verbreiten, so sagt er seinen Eltern, brauche er keine Schulausbildung.

Was ist eigentlich Religion?

Birgit, Martin und Michael sind drei Jugendliche, die einen besonderen Weg eingeschlagen haben. Zusammen mit ihren Eltern, wie im Fall von Birgit und Martin, oder gegen die Eltern, wie bei Michael, sind sie religiös. Allerdings auf eine andere Art und Weise als die meisten Menschen in unserer Gesellschaft.

Die überwiegende Mehrheit der Bundesbürger gehört den beiden großen christlichen Kirchen an: Der evangelischen Kirche (etwa 36 Prozent) und der römisch-katholischen Kirche (etwa 35 Prozent). Viele davon sind Mitglied in einer dieser Glaubensgemeinschaften, weil es sich „so gehört". Andere, wieviel weiß niemand so genau, aus echter Überzeugung. Übrigens: Über ein Viertel der Bundesbürger (etwa 22 Millionen Menschen) gehört keiner Glaubensgemeinschaft an.

Religion ist also für die meisten Menschen bei uns etwas ganz Normales. Sie glauben an den Gott der Christen. Das Christentum wurde ab etwa 500 n. Chr. zur allgemeinen Religion in Mitteleuropa. Vorher hatten die Menschen in unserer Region vorwiegend an germanische und keltische Götter geglaubt.

Religion ist ein Wort, das aus dem Lateinischen kommt und frei übersetzt bedeutet „das (an Gott)-gebunden-sein". Unter einer Religion kann man also den gemeinsamen Glauben von Menschen verstehen, die sich an einen bestimmten Gott gebunden fühlen, an ihn glauben.

Es gibt die verschiedensten Religionen auf der Erde mit vielen und mit wenigen Gläubigen. Die wichtigsten nennt man „Weltreligionen", weil sie sehr viele Anhänger und großen Einfluß haben.

Die Weltreligionen sind:
- Die Christen: ca. 1 736 000 000 Gläubige, davon 1 017 580 000 Katholiken, 378 559 000 Protestanten, 300 000 000 Orthodoxe
- Die Muslime (Islam): ca. 950 000 000, davon 682 000 000 Sunniten
- Die Buddhisten: ca. 316 000 000
- Die Hindus: ca. 720 000 000
- Die Taoisten: ca. 31 286 000
- Die Juden: ca. 17 400 000

Etwa 138 Millionen Menschen gehören zu den sogenannten „Neuen Religionen", die auch als „Sekten" bezeichnet werden.

Warum glauben die Menschen an Gott oder an Götter?

Menschen glaubten immer an Götter, Dämonen, gute oder böse Geister. Die frühesten Beweise dafür finden wir in der Steinzeit. Dieser Abschnitt der menschlichen Geschichte liegt viele hunderttausend Jahre zurück. Die Menschen damals sahen den Affen ähnlicher als uns heutigen Menschen. Sie benutzen Werkzeuge aus Stein und wohnten meist in Höhlen. Deren Wände waren manchmal bemalt. Diese Bilder, oft von Tieren, waren aber kein Wandschmuck. Wahrscheinlich dienten sie dazu, das Jagdglück zu beschwören. Durch die Abbildungen sollten die Geister gütig gestimmt werden. Denn nur mit Hilfe von Geistern und Göttern schien es den Menschen damals möglich, Tiere zu erlegen. Da als einzige „Waffen" Faustkeile aus Stein oder stumpfe Steinäxte bekannt waren, kann man sich leicht vorstellen, daß die Jagd nicht nur anstrengend und gefährlich war, sondern die Menschen auch glaubten, Geister und Götter müßten ihnen helfen, einen Hirsch oder ein Rind zu erlegen.

Dies ist ein erster Hinweis darauf, warum Menschen an Götter glauben. Immer wenn die Menschen etwas nicht verstehen, weil sie die Zusammenhänge nicht durchschauen können, glauben sie, Götter hätten die Hand im Spiel.

Natürlich wußten unsere Vorfahren nicht, warum es regnet oder die Sonne scheint, warum es blitzt und donnert. Sie stellten sie sich vor, es seien Götter, die das Wetter machen.

Wenn man sich überlegt, wie sehr die Menschen in früheren Jahrtausenden vom Wetter abhingen, dann wird klar, daß der Glaube an Wettergötter auch eine Möglichkeit war, sich zu erklären, warum es z.B. zuviel oder zuwenig regnet. Ursache für eine langanhaltende Dürre, die die Ernte vertrocknen und das Vieh verdursten ließ, war dann der Zorn der Götter. Sie hatten sich über die Menschen und ihr falsches Verhalten geärgert. Sie waren zornig auf die Menschen, also schickten sie zur Strafe Trockenheit, Sturm, Regen oder Schnee, die die Lebensgrundlagen der Menschen vernichten und zu Hungersnöten führen konnten. Natürlich versuchten die Menschen, die Götter wieder gnädig zu stimmen. Sie brachten ihnen Opfer dar, oder sie taten Buße und gelobten Besserung.

Daß es nicht vom Wohlverhalten der Menschen abhängt, ob es regnet oder nicht, sondern von Luftdruck, Luftfeuchtigkeit, Wolkenbildung, Windrichtung und -geschwindigkeit und manchen anderen Ursachen mehr, konnten die Menschen früher natürlich nicht wissen. Und wie sehr das fürchterliche Donnern während eines nahen

Gewitters angst machen kann, weiß jeder aus eigener Erfahrung. Man kann sich gut vorstellen, daß die Menschen früher dachten, ein Donnergott sitze im Himmel und schlage auf einen riesigen Gong, weil er wütend ist.

Heute kennt jeder die Ursache des Donnerns: Die Luftmassen, die durch einen Blitz auseinandergerissen wurden, prallen wieder aufeinander. Und trotz dieses Wissens haben auch heute viele Menschen mehr Angst vor dem Donner als vor dem Blitz.

Naturerscheinungen, die man sich nicht erklären konnte, sind also eine Ursache für den Glauben von Menschen an Götter und andere Wesen. Eine andere Ursache ist, daß die Menschen in vielen Religionen und Kulturen glaubten und glauben, es gäbe ein Leben nach dem Tod.

Wer annimmt, die Seele des Menschen sei unsterblich, der macht sich natürlich auch Vorstellungen darüber, wie und wo die Seele nach dem Tod weiterlebt. Bei Christen, Muslimen und Juden lehrt die Religion, daß es nach dem Ende der Welt ein Jüngstes Gericht gibt. Dann würde Gott entscheiden, wer ins Paradies komme und wer in die Hölle. In einigen afrikanischen Religionen werden die Geister der Ahnen verehrt. Die Seelen der Verstorbenen leben weiter mit ihrer ehemaligen Familie. Aber sie haben mehr Macht als jeder Lebende. Werden die Ahnen durch schlechtes Verhalten oder durch mangelnde Verehrung verärgert, dann können sie Unglück über die Menschen bringen.

In diesem Fall haben die Seelen der Verstorbenen Macht über die Lebenden. Sie sind also gottähnlich. Beim anderen Beispiel, bei der Jenseitsvorstellung von Christen, Muslimen und Juden, bringt die Überzeugung, daß die Seelen unsterblich seien, ebenfalls zwangsläufig einen Gott hervor: Denjenigen nämlich, der am Ende der Welt zu Gericht sitzt.

Bei uns in Europa ist die Kultur und damit auch unser

Denken entscheidend durch das Christentum geprägt. Eine uns sehr vertraute Vorstellung ist es, daß es eine höhere Macht gibt, die irgendwann einmal Gerechtigkeit bringen wird. Diese Gerechtigkeit wird aber nicht auf Erden zu erreichen sein, sondern erst im Paradies.

Dieses Wort kommt aus dem Altiranischen und bedeutet „Garten". Die Idee, daß der Mensch irgendwann einmal nach seinem Tod in einem Paradies, einem „Garten Eden", in ewiger Glückseligkeit leben werde, findet sich in vielen Religionen.

Daß bei Christen, Muslimen und Juden dieses Paradies wie ein ewig grünender und blühender Garten aussieht, in dem Quellen sprudeln und auch die Tiere friedlich miteinander leben, hat sicher mit dem gemeinsamen Entstehungsort dieser drei Religionen zu tun. Sie haben ihren Ursprung im eher trockenen Nahen Osten, einem teilweise von Wüsten geprägten Gebiet, etwa dort, wo sich heute die Staaten Syrien, Palästina, Jordanien, Israel und Saudi-Arabien befinden. Daß es für die Menschen dort die schönste Vorstellung war, in einem blühenden, wasserreichen Garten zu leben, kann man sich leicht vorstellen.

Das Paradies, das sich die Menschen ausdachten, war also ein Ort, wo alles gut war, wo es keine Sorgen, keinen Kummer, weder Hunger noch Durst, weder Arm noch Reich gab. Durch die verschiedenen heiligen Schriften dieser drei Religionen haben sich diese Paradies-Phantasien bis heute erhalten.

Den Wunsch, daß alles gut sein soll, daß es weder Ungerechtigkeit noch Gewalt geben soll, daß alle mit allen friedlich und zufrieden zusammenleben, kennt sicher jeder Mensch. Und jeder weiß, wie schwierig das ist – selbst da, wo man vieles selbst bestimmen kann und sich normalerweise mag: in der Familie zum Beispiel.

Die Sehnsucht nach einer anderen als unserer unvollkommenen Welt ist sicher immer dann sehr stark, wenn es den Menschen nicht besonders gutgeht. Wenn man sich überlegt, daß noch vor 100 oder 150 Jahren Krankheiten wie Grippe oder Masern, gegen die wir heute einfach ein paar Tabletten nehmen, tödlich sein konnten oder auch bei uns viele Besitzlose an Unterernährung starben, dann kann man sich vorstellen, wie stark der Wunsch nach einem Paradies gewesen sein muß.

Für viele Arme war die Idee, wenigstens im Jenseits menschenwürdig leben zu können, eine Möglichkeit, oft die einzige, das erbärmliche Leben auf der Erde überhaupt auszuhalten. Der Philosoph Karl Marx, der im 19. Jahrhundert lebte, beschreibt das so: „Die Religion ist der Seufzer der bedrängten Kreatur."

Von christlichen Predigern wurde die Erde oft als Jammertal beschrieben. Dieses Tal des Jammers müßten die Menschen durchschreiten und auch durchleiden, bis sie dann dereinst ins Paradies kämen. Wer das predigt, nimmt den Menschen die Möglichkeit, ihre Lage so zu verbessern, daß bereits das Leben auf der Erde menschenwürdig ist. Denn die Geschichte mit dem Jammertal klingt ja so, als ob das Leiden auf Erden gewissermaßen die Eintrittskarte zum Paradies wäre.

Die (christliche) Religion war daher für die Mächtigen eine bequeme Möglichkeit, die Armen dazu zu zwingen, ihre Armut als unveränderbar zu betrachten. Wenn es Gottes Wille sei, so wurde gesagt, daß das Leben auf der Erde hart und schwierig sei, dann sei das ja auch so etwas wie ein Gebot Gottes. Manche Kirchenleute gingen sogar noch weiter: Sie sagten, daß die Armut gottgewollt sei.

Für die Mächtigen im Lande, in früheren Jahrhunderten also für den Adel, war das wie eine Einladung, die Armen noch mehr auszuplündern. Wenn deren Armut gottgewollt war, so brauchten die Herrscher noch nicht einmal ein schlechtes Gewissen zu haben, wenn sie die Bauern als rechtlose Leibeigene hielten. Oder wenn sie den Handwerkern durch hohe Steuern den letzten Pfennig aus der Tasche zogen.

Religion ist also nicht allein der Glaube von Menschen an einen bestimmten Gott. Religion kann auch auch ein Machtmittel sein. Bei uns war es in früheren Jahrhunderten die Kirche selbst, die staatliche Macht ausübte. Sie hatte nicht nur umfangreichen Landbesitz, sondern stellte teilweise die Fürsten, also die Herrscher. Diese enge Verbindung von Kirche und Staat wirkt bis heute nach. So genießen die christlichen Kirchen einige Vorteile, die sie von anderen großen und wichtigen Gruppen, wie den Gewerkschaften zum Beispiel, unterscheiden. Aufgrund von besonderen Vereinbarungen zwischen Staat und Kirchen dürfen diese die Religionslehrer stellen, sie haben große steuerliche Vorteile und anderes mehr.

Die enge Verbindung von Religion und Machtausübung gibt es auch in anderen Glaubensrichtungen als dem Christentum. Im Islam zum Beispiel war über Jahrhunderte durch die Kalifen die staatliche und die religiöse Herrschaft in einer Hand. Denn die Kalifen waren als Nachfolger des Propheten Mohammed das jeweilige geistliche Oberhaupt des Islam. Zugleich waren sie die weltlichen Herrscher über das Arabische Reich. Bis heute gibt es in der islamischen Welt ein besonders enges Verhältnis zwischen Religion und Staat.

Die Religion des Hinduismus, der 720 Millionen Menschen vorwiegend in Indien anhängen, ist zugleich ein besonders wichtiger Teil der indischen Kultur. Das gesellschaftliche System in Indien gründet sich auf hinduistische Vorstellungen. Also ist auch diese Religion weit mehr als eine bloße Gemeinschaft von Menschen gleichen Glaubens.

Die Religion, und damit ist nicht allein das Christentum gemeint, hat also fast überall auf der Welt zwei Gesichter: Auf der einen Seite ist eine Religion die gemeinsame

Grundüberzeugung von Menschen, die einen bestimmten Glauben haben. Auf der anderen Seite kann die Religion auch zur Unterdrückung der Menschen beitragen. Das geschieht vor allem dann, wenn die Religion lehrt, eine Ungleichheit zwischen den Menschen sei von Gott gewollt.

Was sind Sekten?

Als Sekten bezeichnet man normalerweise Abspaltungen von den großen Kirchen. Bekannte Sekten sind die Adventisten oder die Zeugen Jehovas, die sich von den christlichen Kirchen losgesagt haben. Aber auch bei den anderen Weltreligionen gibt es Abspaltungen, zum Beispiel die Wahhabiten im Islam.

Gemeinsam ist allen Sekten, daß sie von sich behaupten, sie würden die „wahre" Religion vertreten. In den großen Kirchen, so sagen sie, würde der Glaube verfälscht. Oft nehmen solche Abspaltungen die heiligen Bücher einer Religion ganz wörtlich, also die Bibel der Christen oder den Koran der Muslime usw. Nur sie, sagen die Sektenmitglieder und ihre Oberen, würden die heiligen Schriften richtig auslegen. Der Hintergrund ist, daß jede Religion im Lauf der Jahrhunderte große Wandlungen durchmacht. Die heiligen Bücher werden anders interpretiert (= ausgelegt) als früher, der Glaube und seine Inhalte paßt sich den veränderten Zeiten an.

Im Christentum zum Beispiel sind sich die Theologen, also die Religionswissenschaftler, der beiden großen Kirchen einig, daß man die Bibel nicht wie früher wörtlich verstehen solle. Niemand behauptet heute mehr ernsthaft, daß der erste Mensch der Überlieferung, Adam, von Gott aus einem „Erdenkloß" geformt und dann zum Leben erweckt worden sei. Oder daß Eva, die „erste" Frau, aus der Rippe Adams geschaffen sei.

Auch andere Begebenheiten, die im Alten Testament festgehalten sind, werden nicht wörtlich genommen. Zum Beispiel, daß eine gewaltige Flut, die Sintflut, die ganze Erde verschlungen hätte und allein die Insassen der Arche, unter der Führung des 600jährigen Noah, diese weltweite Katastrophe überlebt hätten. Auch sehr konservative Theologen verstehen diese Stelle des Alten Testamentes als einen Bericht von einer gewaltigen, aber doch auf ein gewisses Gebiet begrenzten Überschwemmung. Zur Zeit als die Texte des Alten Testamentes verfaßt wurden (zwischen 500 und 200 vor Christus), dachten die Menschen, wie man sich leicht vorstellen kann, die ihnen bekannte Welt sei „die" Welt schlechthin. Also ging bei einer großen Überschwemmung für sie auch „die" Welt unter.

Obwohl wir heute wissen, daß die Menschen nicht aus einem Klumpen Lehm entstanden sind und daß es keine weltweite Überschwemmung gab, die alles Leben vernichtete, glauben manche Menschen daran. Für sie ist die Bibel das Wort Gottes. Und am Wort Gottes dürfe man auf gar keinen Fall zweifeln.

Übrigens: Nicht nur Mitglieder von Sekten weigern sich, zur Kenntnis zu nehmen, daß der Mensch sich im Verlauf von Millionen von Jahren langsam aus den Hominiden (das heißt den „Menschenähnlichen") und deren Vorläufern entwickelt hat. Diese Evolutionstheorie (= Entwicklungstheorie) wurde Mitte des vorigen Jahrhunderts von dem britischen Biologen Charles Darwin aufgestellt und durch naturwissenschaftliche Erkenntnisse bis heute stets aufs neue bestätigt. Dennoch darf die Evolutionstheorie in den Vereinigten Staaten an einer ganzen Reihe von Schulen nicht gelehrt werden, weil sie im Gegensatz zum Wortlaut der Bibel steht.

Ein Kennzeichen von Sekten ist also, daß sie an der wörtlichen Auslegung ihrer jeweiligen heiligen Schriften festhalten. Ein weiteres gemeinsames Kennzeichen von Sekten ist es, daß sie sich im alleinigen Besitz der Wahrheit fühlen. Nur sie, so sagen die Sektenmitglieder und ihre Führer, seien in der Lage, den wirklichen Glauben zu lehren und zu leben. Dieses Gefühl, anders – und „besser" zu sein – als andere religiöse Menschen, schweißt die Anhänger und Anhängerinnen von Sekten zu einer verschworenen Gemeinschaft zusammen.

Wenn sich die Öffentlichkeit gelegentlich lustig macht über die Sekten und ihre Mitglieder – zum Beispiel über die Zeugen Jehovas, die stumm und bewegungslos ihre Zeitschrift „Wachtturm" in den Fußgängerzonen und U-Bahnhöfen der Städte feilbieten –, dann empfinden die Sektenanhänger das eher als Bestätigung ihres Glaubens. Denn für sie ist die Welt schlecht. In der Ablehnung durch die meisten Menschen erkennen sie die Macht des „Bösen". Die Mehrheit ist nach ihrer Meinung den Verlockungen der Welt verfallen. Das Interesse dieser „Ungläubigen" würde nur Vergnügen, Geld oder Sex gelten.

Die Macht des Bösen (z.B. des Teufels) hat also alle Menschen, außer den Mitgliedern der jeweiligen Gemeinschaft, fest im Griff. Dieses sehr einfache Denken, das die Welt in Gut und Böse einteilt, erleichtert Sektenangehörigen, die Ablehnung durch die anderen zu ertragen. Denn sie, die im Besitz der Wahrheit sind, haben nach ihrer Meinung recht. Und wer recht hat, der wird am Schluß auch recht bekommen. Deswegen haben die Sekten auch durchwegs eine „Heilserwartung". Ihre Angehörigen wissen heute schon, daß sie am Ende der Tage, beim Jüngsten Gericht, zu denen gehören werden, die in die ewige Glückseligkeit, das Paradies, aufgenommen werden. Dieses „Wissen" entschädigt sie für alle Demütigungen, die sie auf Erden ertragen müssen.

Natürlich bringt das Gefühl, im Besitz der Wahrheit zu sein, ein sehr enges Zusammengehörigkeitsgefühl der Sektenmitglieder. Sie haben meist Freunde und Bekannte, die ebenfalls der Gemeinschaft angehören. Das ist auch ganz logisch: Wenn alle anderen „böse" sind, dem Reich des Satans angehören, dann will man mit ihnen auch nichts zu tun haben. Mit Gleichgesinnten hingegen läßt sich viel einfacher die Freizeit verbringen – lästige Fragen und Diskussionen entfallen.

Bei vielen Gruppierungen wird von den Sektenführern angeordnet, daß es Kontakte nur unter Mitgliedern geben darf. So entsteht ein regelrechtes Kontrollsystem. Denn wann immer jemand Zweifel an den Lehren der Gruppe hat, wird er oder sie von den anderen auf den „rechten Weg" zurückgeführt werden. Und wenn jemand durch solche Diskussionen nicht beeinflußt werden kann, besteht noch die Möglichkeit, die Leitung der Sekte darüber zu informieren, daß dieses Mitglied die Ideen der Gruppe nicht ernsthaft vertritt. So wissen die Sektenoberen auch über das Privatleben ihrer Anhängerinnen und Anhänger Bescheid.

Der enge Zusammenhalt unter den Sektenmitgliedern und die Abschottung gegen die als feindlich empfundene Umwelt bedeuten, daß sich die Sekten sehr stark auf sich selbst konzentrieren. Nur was die Gemeinschaft lehrt, zählt. Mit der „bösen" Wirklichkeit außerhalb der Sekte will man nichts zu tun haben.

Im Gegenteil: Viele Sekten bauen eine eigene Welt auf. Die Mitglieder leben in Wohngemeinschaften, die Arbeit in den erlernten Berufen wird aufgegeben, man ist nur für die Sekte da. Dieses Gemeinschaftsleben isoliert die Mitglieder von der übrigen Gesellschaft. Manchmal ist es sogar verboten, Zeitung zu lesen oder fernzusehen.

Die Einflüsse der Welt draußen sollen komplett ausgeschaltet werden. Die Sektenoberen begründen das damit, daß so eine tiefere Versenkung in den Glauben möglich sei; daß, wer Gott dienen wolle, die Annehmlichkeiten der Welt nicht brauche.

In Wirklichkeit bedeutet dieses abgeschiedene Leben aber, den Mitgliedern einer solchen Sekte den Sinn für die Wirklichkeit zu nehmen. Sie kennen nur das Leben in der Gemeinschaft. Sie kennen nur ihre eigenen Regeln. Und sie kennen nur, was der Sektenobere ihnen sagt. Dieser wird oftmals wie ein Gott verehrt. Die Abhängigkeit von der Gemeinschaft wird total. Ein Leben außerhalb können sich die Mitglieder dann gar nicht mehr vorstellen. Und oft wären sie dazu auch gar nicht fähig.

Bei einer ganzen Reihe von Gemeinschaften ist es üblich, daß die Mitglieder alles, was sie besitzen, der Sekte übergeben. Das persönliche Eigentum, die Wohnungseinrichtung und das Auto zum Beispiel, werden verkauft. Wer ein Haus oder eine Eigentumswohnung hat, ist verpflichtet, diesen Besitz aufzugeben und das Geld der Gemeinschaft zu spenden. Wer für solche Sekten arbeitet, sei es in der Landwirtschaft, als Kindergärtnerin oder im Verkauf von Büchern oder Broschüren, erhält dafür meistens kein Geld. Viel mehr als Unterkunft, Verpflegung und vielleicht ein minimales Taschengeld steht den Mitgliedern nicht zu. Manche Sekten sparen sogar die Krankenversicherung ein. Wenn jemand zum Arzt oder gar ins Krankenhaus muß, fallen hohe Kosten an. Für diese sollen dann die Angehörigen der Sektenmitglieder aufkommen. Das funktioniert natürlich in den meisten Fällen. Denn wer würde schon seiner Tochter, seinem Sohn oder einem anderen Familienmitglied im Krankheitsfall die Hilfe verweigern?

Einige der religiösen Gemeinschaften sind so zu viel Geld gekommen. Die Mitglieder allerdings haben nichts davon. Das Geld fließt direkt in die Taschen der Sektenoberen. Einige sind durch die Ausbeutung ihrer Anhänger steinreich geworden. Sie fahren Luxusautos, wohnen in wunderbaren Villen, genießen ein sorgloses Leben als Millionäre.

Sektenführer wie der Koreaner San Myung Mun oder der legendäre Bhagwan (1931-1990) geben (bzw. gaben) sich keine Mühe, ihren Reichtum zu verbergen. Im Gegenteil: Sie zeigen ihn ganz bewußt. So hatte der Baghwan im US-Bundesstaat Oregon, wo er mit Tausenden seiner Anhängerinnen und Anhänger für mehrere Jahre lebte, eine ganze Flotte von Rolls-Royce-Limousinen (Stückpreis: mehr als 300 000 Mark). Täglich fuhr er mit einem anderen Fahrzeug über die staubigen Straßen der Zeltstadt, in der die Mitglieder seiner Bewegung lebten.

Diese mußten mehr als 12 Stunden täglich schuften, bekamen kein Geld, sogar am Essen wurde gespart, so daß viele Menschen krank wurden. Die Lage auf der riesigen Farm war verzweifelt.

Trotzdem jubelten die Menschen dem Baghwan auf seinen täglichen Ausfahrten zu. Sie waren begeistert, wenn sie ihren Führer aus der Nähe sehen durften. Dann fühlten sie sich für ihre ganze Mühsal entschädigt. Kritik am luxuriösen Lebensstil des Sektenführers übten sie nicht – zumindest nicht offen.

Als Journalisten, die die Farm besuchten, Sektenmitglieder auf den Widerspruch zwischen ihrem entbehrungsreichen und dem äußerst bequemen Leben des Bhagwan ansprachen, war die erstaunliche Antwort: Man verstehe die Frage nicht ganz, es sei doch ein wunderbares Gefühl für sie, wenn es dem Bhagwan gutgehe. Sie würden gerne dafür arbeiten, daß ihr Führer alle nur erdenklichen Annehmlichkeiten hätte.

Auch die Anhängerinnen und Anhänger der Mun-Sekte (Vereinigungskirche) sind damit einverstanden, daß San Myung Mun und seine Familie über sehr viel Geld verfügen. Dem koreanischen Sektenführer gehört eine ganze Anzahl von blühenden Industrieunternehmen.

Geld und Glauben

Eine Reihe von Sekten sind eher Geldbeschaffungs-Institutionen als religiöse Gemeinschaften. Die bekannteste dieser Gruppen ist die Scientology Church. Sie hat ihre meisten Anhänger in den Vereinigten Staaten, ist aber auch in der Bundesrepublik aktiv – vor allem in den Großstädten. Der Scientology Church wird vorgeworfen, unter dem Mantel der „Religion" den Menschen Geld aus der Tasche zu ziehen.

Das machen die Anhänger der Sekte sehr trickreich. Sie haben erkannt, daß viel Geld in die Kasse kommt, wenn man den Menschen vermittelt, sie würden etwas für sich selbst tun. Also sammeln die Scientologen nicht wie andere Sekten Geld für wirkliche oder angebliche wohltätige Zwecke oder für das Wohlleben eines gottähnlich verehrten Anführers. Die Mitglieder dieser Gruppe verkaufen vielmehr Kurse und Seminare. Durch diese Veranstaltungen sollen Menschen, die Schwierigkeiten haben, besser mit ihrem Leben zurechtkommen – behaupten die Scientologen.

Meist gehen die Sektenanhänger so vor: Sie sprechen in den Fußgängerzonen oder an anderen belebten Plätzen Menschen an und laden sie zu einem „kostenlosen Persönlichkeitstest" ein. Die meisten Leute gehen achtlos vorbei, manche aber sind neugierig und wollen sich das Gratis-Angebot nicht entgehen lassen.

Ein besonders gerne eingesetzter Test ist die sogenannte „Oxford-Persönlichkeits-Analyse". Insgesamt 200 Fragen sind zu beantworten. Auf dem Titelblatt heißt es neben einem Bild des genialen Wissenschaftlers Albert Einstein (der gewiß kein Anhänger der Scientology Chruch gewesen wäre): „Ihre Zukunft wird positiv sein, wenn Sie Ihre Fähigkeiten kennen und wissen, wie Sie Ihre Möglichkeiten voll nutzen. Warum sollen Sie nur 10% Ihres Potentials (= Fähigkeiten) nutzen? Machen Sie die Oxford-Persönlichkeits-Analyse, und finden Sie heraus, was wirklich in Ihnen steckt."

Das klingt natürlich sehr interessant. Welcher Mensch würde nicht gerne intelligenter sein, mehr wissen, mehr Erfolg haben wollen? Vor allem dann, wenn man daran glaubt, daß man nur einen Bruchteil seiner eigentlichen Fähigkeiten nutzt – wie der Einleitungstext vermittelt. Die Fragen im Test können mit „Ja", „Vielleicht/Bin unsicher" und „Nein" beantwortet werden.

Der Bogen der Fragen ist weit gespannt: Er reicht von Frage eins „Machen Sie gedankenlose Bemerkungen oder Anschuldigungen, die Sie später bereuen?" über Frage 100: „Gehen Sie bei Ihrem Denken wissenschaftlich vor?" bis zur Frage 200: „Glauben Sie, daß Sie viele gute Freunde haben?"

Unabhängige Wissenschaftler sind sich einig, daß dieser Test nicht geeignet ist, eine vernünftige Einschätzung der Persönlichkeit zu liefern. Daran liegt den Scientologen auch gar nichts. Für sie ist der Test vielmehr der Einstieg in ein Gespräch mit den Menschen, die geduldig alle 200 Fragen beantwortet haben. Bei dieser Diskussion kommt in mehr oder weniger allen Fällen heraus, der Test habe ernsthafte Störungen der Persönlichkeit gezeigt. Die Scientology-Mitarbeiter sind um guten Rat nicht verlegen. Man habe, so versichern sie den schockierten Test-Teilnehmern dann, Kurse im Angebot, die solche seelischen Störungen beheben könnten.

Und zu den wenigen, denen keine „seelischen Störungen" angehängt werden, sagen die „Tester", daß durch die Seminare ihre geistigen Fähigkeiten, also Konzentration, Gedächtnis etc., wesentlich erweitert werden könnten.

Seelisches Tief

Warum gelingt es den Scientologen relativ einfach, zufälligen Passantinnen und Passanten einzureden, diese litten unter seelischen Störungen? Ein Grund dafür ist sicher, daß viele Menschen sich nicht ganz wohl in ihrer Haut fühlen. Manche haben vielleicht gerade eine Krise mit dem Partner oder der Partnerin. Andere fühlen sich durch Schule oder Studium überfordert. Wieder andere leiden womöglich im Augenblick unter einem angespannten Verhältnis zu ihren Eltern.

Das alles sind Schwierigkeiten, die jeder Mensch kennt. Und jeder, der halbwegs ehrlich mit sich umgeht, wird wissen, daß solche Gefühle immer wieder auftauchen, daß man manchmal ganz schön „fertig" sein kann. Und genauso weiß jeder, daß man aus einem solchen Stimmungstief wieder auftauchen kann. Man muß sich etwas Zeit und Ruhe nehmen, um nachzudenken und zu überlegen, welche Lösungen es geben könnte.

Solche gelegentlichen und manchmal etwas düsteren Grundstimmungen nützen die Scientologen aus. Sie bestärken die Menschen, die sich auf den Test einlassen, darin, daß es ihnen schlecht ginge. Im Prinzip kann ein geschickter Interviewer mit jeder beliebigen Frage aus diesem Test und unabhängig davon, welche der drei Antwortmöglichkeiten man auswählt, nachweisen, daß man seelische Probleme hat. Ein Beispiel: Die völlig unverfängliche Frage 75 lautet: „Zeigen Sie offen Bewunderung für schöne Dinge?". Antwortet man mit „Ja", kann das als oberflächlich und etwas naiv ausgelegt werden. Lautet die Antwort „manchmal", gilt man als entscheidungsunfreudig und schwankend. Wer bei dieser Frage „Nein" ankreuzt, wird als verschlossen und pessimistisch bezeichnet.

Der „Persönlichkeits-Test" dient aber nicht nur dazu, den Menschen einzureden, sie seien seelisch erkrankt und müßten unbedingt einen Kurs bei der Scientology Church belegen. Er dient auch dazu, Informationen über die Menschen zu sammeln, die Kontakt zu der Organisation suchen: Denn wer alle 200 Fragen ehrlich beantwortet, hinterläßt viele persönliche Angaben. Diese Informationen werden gesammelt und ergänzt um all die Dinge, die die Scientologen erfahren, wenn jemand regelmäßig die Kurse besucht. Wer nach einiger Zeit aussteigen will, kann dann vielleicht erpreßt werden: Denn Scientologen wissen vieles, z.B. über die finanziellen Verhältnisse eines Menschen, über seine Partnerschaften, über seine politischen Ansichten usw. Es soll sogar schon Fälle gegeben haben, so berichten ehemalige Mitglieder, daß Leute, die die Organisation verlassen wollten, mit dem Tode bedroht wurden.

Warum Sekten gefährlich sind

Die Scientology Church, die uns hier als Beispiel für das Wirken von Sekten gedient hat, ist sicher eine der „gefährlichsten" Organisationen. Aber auch andere Gruppen können Menschen in ihre Abhängigkeit bringen. In vielen Fällen ist es schwierig zu entscheiden, wo die Abhängigkeit beginnt oder jemand nur eine festgefügte Meinung hat. Denn manchmal sind auch Menschen, die Mitglieder der großen christlichen Kirchen sind, ganz schön „komisch".

Wer zum Beispiel die Zehn Gebote des Christentums wirklich ernst nimmt, also versucht, niemals zu lügen, nichts Schlechtes über andere zu sagen usw., wird seinen Freundinnen und Freunden sicherlich wie ein „seltsamer Heiliger" vorkommen, wie jemand, der nicht ganz von dieser Welt ist. Es ist sehr schwer, hier die Grenze zu ziehen zwischen einer Überzeugung, die jemand hat und die man respektieren kann und einer Lebenseinstellung, die den Betreffenden und auch andere Menschen vielleicht kaputtmacht.

Viele Menschen, auch Politikerinnen und Politiker, erregt es besonders, daß die verschiedenen Gruppierungen, die als Sekten bezeichnet werden, nicht christlich sind. Für sie ist das Christliche das Normale. Aber diese Behauptung ist schwer aufrechtzuerhalten.

Denn das Christentum selbst ist bekanntermaßen gespalten in mehrere Kirchen. Zwei davon, die evangelische und die katholische, stellen bei uns in der Bundesrepublik die allergrößte Mehrheit. Aber auch innerhalb der beiden großen Kirchen gibt es die verschiedensten Ansichten. Zwischen einer kleinen katholischen Gemeinde in einem landwirtschaftlich geprägten Gebiet weitab der Städte und einer evangelischen Studentengemeinde in einer Millionenstadt klaffen riesengroße Unterschiede. Man möchte kaum glauben, daß beide Gemeinden einen gemeinsamen christlichen Glauben haben. Wo also die „Normalität" bei den Christen liegt, ist schwer festzustellen.

Das Abweichen von christlichem Gedankengut kann also nicht die Ursache dafür sein, daß „Sekten" als gefährlich gelten. Das wäre im übrigen auch eine Verletzung all jener Gläubigen, die einer nichtchristlichen Religion anhängen, wie die vielen Muslime, die in der Bundesrepublik leben. Oder auch gegenüber jenem Viertel der Bevölkerung, das gar keiner Religionsgemeinschaft angehört.

Wer nur den einen Glauben (nämlich seinen) zur Richtschnur dessen macht, was erlaubt sein darf oder nicht, der verhält sich nicht viel anders als die „Sekten" selbst. Wenn zum Beispiel, wie in der Vergangenheit schon öfter vorgekommen, dazu aufgerufen wird, bestimmte Filme nicht zu besuchen, weil in ihnen Schauspieler mitwirken, die der Scientology Church angehören sollen, dann ist das nichts anderes als Unduldsamkeit gegenüber Andersdenkenden. Ein Film kann gut oder schlecht sein, langweilig oder spannend. Er kann Meinungen verstärken, beispielsweise, daß Probleme gemeinsam besser und einfacher zu lösen sind. Oder er kann die Idee fördern, nur der Einzelkämpfer habe eine Chance. Man kann also Filme (und alle anderen Kunstwerke wie Bilder, Theaterstücke, Fotografien, Bücher, Opern usw.) verschieden beurteilen. Und je nach Urteil einen Film weiterempfehlen oder auch nicht. Kein Maßstab aber darf sein, welchen Glauben der Urheber oder die Urheberin des Kunstwerkes hat.

Welchen Maßstab kann man nun anlegen, wenn man herausfinden will, ob ein bestimmter Glaube, eine Gruppierung, eine Sekte, ein Psychokult gefährlich ist oder nicht?

Am wichtigsten ist ganz sicher, die eigenen Überzeugungen nicht zum Maß aller Dinge zu machen. Wer irgendwann feststellt, daß ein Freund, eine Freundin, ein Verwandter Kontakte zu einer Gruppe hat, die einem sehr seltsam vorkommt, dann sollte man sich natürlich zunächst fragen, warum sie einem komisch vorkommt. Vor allem deswegen, weil man eine solche Überzeugung selbst nicht hat? Weil sie vielleicht von der Mehrheit nicht gebilligt wird? Weil man irgendwo einmal gelesen hat, eine solche Gruppe oder Sekte sei besonders „gefährlich"? Das alles können natürlich keine wirklichen Gründe dafür sein, daß man eine „Sekte" ablehnt. Man muß sich nur einmal vorstellen, wie seltsam einem frommen Muslim, einer gläubigen Muslima der christliche Glaube vorkommen mag. Da behaupten die Christen, sie würden, wie die Muslime, nur an einen einzigen Gott glauben, und dennoch hat der Gott der Christen einen Sohn, der ebenfalls göttlich verehrt wird. Obwohl das alles sehr verwirrend klingen mag, käme sicher kein Muslim auf die Idee, die Christen als gefährliche Sekte zu bezeichnen.

Das Besondere, das Gefährliche an den „Sekten" muß also woanders liegen. Der wichtigste Grund, warum zu Recht vor solchen Gruppen gewarnt wird, ist: Im Lauf der Zeit kann sich durch die Mitarbeit der Charakter, das Wesen eines Menschen so sehr verändern, daß er oder sie kaum eine Chance hat, die Gruppe wieder zu verlassen. Wo aber die Entscheidungsfreiheit eingeschränkt ist, ob man einem bestimmten Glauben, einer Überzeugung, treu bleiben will oder nicht, da beginnt der Zwang. Natürlich werden in den allerseltensten Fällen Sektenmitglieder mit körperlichem Zwang darin gehindert, ihre Gemeinschaft zu verlassen. Der Zwang, der ausgeübt wird, ist vielmehr seelischer Art. Die Menschen werden über ihre Mitarbeit in den Gruppen so verändert, daß sie das Wohl der Gruppe, oft auch das Wohl des Führers dieser Gruppe, über ihr eigenes stellen. Nun wäre es an sich nicht schlimm, wenn Menschen nicht egoistisch, selbstsüchtig sind, sondern auch berücksichtigen, was mit den anderen los ist; wenn sie nicht nur an sich selbst, sondern auch an die Gruppe denken. Doch im Fall von Sekten liegen die Dinge anders. Denn hier geht es nicht um die Entscheidung, ob man selbstsüchtig im Vordergrund stehen will oder auch die Bedürfnisse von anderen Menschen berücksichtigt. Bei vielen Sekten wird ganz bewußt der Wille des einzelnen gebrochen. Er oder sie gelten dann gar nichts mehr. Sie sind ohne die Gemeinschaft geradezu wertlos. Und tatsächlich können sich viele Sektenmitglieder ein Leben außerhalb ihrer Gemeinschaft nicht vorstellen. Ihnen wurde das Bewußtsein genommen, für sich alleine (also jenseits der Gruppe) ein lebensfähiger Mensch zu sein.

Wie schaffen es nun die Sektenführer, Menschen so sehr zu verändern? Einer, der es wissen muß, ist Steven Hassan. Der US-Amerikaner hat Psychologie studiert,

38

weiß also einiges von der menschlichen Seele. Und er war selbst Mitglied einer Sekte. In der Vereinigungskirche (Mun-Sekte) in den USA hatte er eine führende Position. Als er mit vielen Schwierigkeiten den Ausstieg aus der Gruppe gefunden hatte, begann er darüber nachzudenken, wie es passieren konnte, daß er in die Fänge dieser Gruppe geriet. Außerdem machte er sein doppeltes Wissen – als Psychologe und als ehemaliges Sektenmitglied – auch anderen Menschen zugänglich. Er führte Gespräche mit Tausenden von Sektenopfern und hat in vielen Fällen die Angehörigen beraten, wie sie sich verhalten sollen. Seine Erfahrungen, warum es die Sekten schaffen, Menschen so sehr in ihren Bann zu ziehen, faßte er in fünf Punkten zusammen. Nach Steven Hassans Meinung sieht das Erfolgsrezept der Sektenführer so aus:

• *Vermittle das Gefühl, die Mitglieder gehören einer besonderen, einer auserwählten Gruppe (Elite) an.*
Denn wer glaubt, daß er oder sie Teil einer ganz ungewöhnlichen Gemeinschaft von Menschen ist, wird dieses Auserwähltsein immer als etwas besonders Positives empfinden. Die anderen, die nicht zur Gruppe gehören, haben eben nicht verstanden, worauf es ankommt. Zusätzlich schafft das Gefühl, einer Elite anzugehören, die „Einsicht", daß man hart arbeiten muß. Denn das Wohl des einzelnen, der Gruppe (und bei manchen Sekten auch der ganzen Menschheit) hängt davon ab, wie sehr der einzelne bereit ist, aufopferungsvoll seinen Dienst zu versehen. Darüber hinaus schweißt das Gefühl, etwas „Besonderes" zu sein, die Gruppe stark zusammen. Mit den anderen „Auserwählten" und „Besonderen" sind die Anfeindungen von außen viel leichter zu ertragen. Das Gefühl, man wisse viel mehr als die übrigen Mitglieder der Gesellschaft, läßt das harte Leben in einer Sekte in einem angenehmeren Licht erscheinen.

• *Unterwerfe die Mitglieder dem Willen der Gruppe oder dem Willen des Führers.*

Auch wenn die Sektenmitglieder den Eindruck haben, etwas Besonderes zu sein (wie oben geschildert), werden sie in vielen Gruppierungen doch wie unmündige Kinder gehalten. Steven Hassan: „Die diversen Sektenoberhäupter benutzen erstaunlich ähnliche Taktiken zur Förderung von Abhängigkeit. So versetzen sie ihre Anhänger ständig an neue und fremde Orte, ändern dauernd ihr Aufgabengebiet, befördern oder degradieren sie nach Lust und Laune, binden sie ein in ein Geflecht aus Lob und Bestrafung – alles, damit sie niemals zu einem inneren Gleichgewicht finden." Diese Vorgehensweise ist sehr geschickt: Wer soviel arbeitet, daß er oder sie niemals dazu kommt, Abstand zu gewinnen, darüber nachzudenken, was denn der Sinn und der Inhalt der Arbeit ist, der funktioniert wie ein Zahnrädchen im Sektengetriebe. Die Sektenmitglieder sind von der eigenen Wichtigkeit überzeugt und übernehmen viele Aufgaben, arbeiten ständig woanders – und finden Gefallen daran. Denn der Wille des Führers, der in vielen Gruppen fast wie ein Gott verehrt wird, ist wie ein Gesetz. Sich diesem Willen zu unterwerfen bringt die Mitglieder, so glauben sie, der Glückseligkeit ein Stück näher.

• *Belohne gute Leistungen.*

Für viele Mitglieder ist die Gruppe der Ersatz für die Familie und den Freundeskreis – kurzum für die Gruppe von Menschen, in deren Mitte man sich geborgen fühlt. Wer in dieser Gruppe aufgrund guter Leistungen besonders hervorgehoben oder gelobt wird, der ist stolz und freut sich. Die Autorität, die die Sektenführer in ihren Gemeinschaften genießen, macht jedes Lob, jede Bevorzugung zu etwas besonders Wertvollem. Um dieses Lob zu erhalten, unternehmen die Mitglieder auch außergewöhnliche Anstrengungen. Insbesondere bei Neulingen

40

wird in der ersten Zeit ihrer Mitgliedschaft in einer solchen Gemeinschaft mit Lob nicht gespart. Das neue Mitglied fühlt sich in der Mitte der Gruppe geborgen, so gut aufgehoben wie sonst nirgends in der Gesellschaft. Endlich werde ich akzeptiert, endlich liebt mich jemand – das ist die Reaktion der meisten Sekteneinsteiger. Da viele Menschen, die sich Sekten anschließen, im „normalen" Leben Schwierigkeiten haben, ist dieses Gelobt-und-geliebt werden für sie etwas ganz Besonderes. Dazu kommt, daß in den meisten Gruppierungen die Führerpersönlichkeit den Ruf eines ganz außergewöhnlichen Menschen genießt. Wenn dieser Führer, der oft wie ein übergroßer Vater empfunden wird, jemanden besonders bevorzugt, besonders „liebt", dann ist das für die Sektenmitglieder wie das Paradies auf Erden. Das Gefühl der Geborgenheit und des Gut-aufgehoben-Seins bindet sie fest an die Gruppe. Einen Kreis von Menschen, in dem man sich nicht nur wohl fühlt, sondern der einem auch das Gefühl des Schutzes und der Liebe gibt, verläßt man natürlich nicht freiwillig. Bei den meisten Gruppierungen wird diese „bedingungslose Liebe" vor allem den Neueingetretenen zuteil. Nach einigen Monaten kommen die wieder neu Hinzugekommenen in den Genuß der besonderen Aufmerksamkeit. Die Mitglieder, die schon länger dabei sind, müssen sich nun Lob und Zuwendung hart erarbeiten: Nur wer gute Leistungen bringt, darf sich auch weiterhin im Wohlwollen der Sektenführung sonnen. Auch dieser „Liebesentzug" ist für die Mitglieder kein Grund, der Gruppe den Rücken zu kehren. Da sie sich ja als „Auserwählte" empfinden, werden sie die besonderen Anstrengungen gerne auf sich nehmen.

• *Mache den Mitgliedern angst vor dem Leben außerhalb der Gruppe.*
Wenn man den Ansichten von Sektenanhängern folgt,

dann ist die Welt voller Anfechtungen, voll des Bösen –
kurzum, voll von Teufeln. Ein Leben außerhalb der Gruppe ist deshalb gefährlich. Denn überall lauern Kräfte, die
nichts anderes im Sinn haben, als die Mitglieder von ihren
Gruppierungen zu entfremden. Jedes Gespräch mit jemandem, der nicht der Gruppe angehört, der Kontakt zu Familienangehörigen oder Freunden, die Teilnahme an Vergnü-
gungen wie Kino oder Disko – all das kann von den Mächten des Bösen ausgenutzt werden, um die Sektenangehörigen ihrer Gemeinschaft und ihrem Führer zu entfremden.
Nur innerhalb der Gemeinschaft und nur bei völlig über-
zeugten Anhängern der jeweiligen Lehre gibt es Sicherheit. Dieses Freund-Feind-Denken bringt die Mitglieder
dazu, sich noch fester in ihre Gemeinschaft zu begeben. Sie
kapseln sich von der Außenwelt geradezu ab, wissen kaum
mehr, was in der wirklichen Welt vorgeht. Manche Gruppierungen verbieten ihren Mitgliedern sogar, Zeitungen zu
lesen oder fernzusehen. Gelesen werden darf nur, was die
Sektenführung erlaubt hat. So sind die Mitglieder von der
Welt „da draußen" völlig isoliert. Wer lange genug so abge-
schottet gelebt hat, für den ist die Außenwelt etwas, was
angst macht, eine Welt, in der man nicht zurechtkommt.
Und auch gar nicht zurechtkommen möchte, denn statt des
Bösen draußen in der Welt hat man das Gute drinnen in der
Gruppe. So wird die Abhängigkeit von der Sekte total.

• *Zeige, daß es keinen Weg aus der Sekte gibt.*
Auch die intensivste Abschottung einer Gemeinschaft
nützt nichts. Irgendwann einmal bekommen die Mitglieder mit, daß der eine oder die andere der Glaubensgenos-
sen die Gruppe verlassen hat. Solche Abtrünnigen werden
von der Gruppe mit Verachtung gestraft. Sie seien nicht
stark genug gewesen, um den Anfechtungen des Teufels,
des Bösen, standzuhalten, heißt es dann. Mitglieder, die
die Überzeugung verloren haben, nur der Weg der Sekte

sei der einzig wahre und richtige, werden zu Sündern erklärt. Selbst wenn es ein besonders guter Freund oder eine gute Freundin war, der oder die einen anderen Weg eingeschlagen hat, brechen die Sektenangehörigen meist „freiwillig" den Kontakt mit diesen Menschen ab. Denn es besteht die Gefahr, so versichern die Sektenoberen, daß sie einen negativen Einfluß auf die Zurückgebliebenen ausüben würden. Manchmal wird sogar behauptet, die Menschen, die den Weg aus der Sekte gewählt haben, seien geisteskrank geworden. Die Gemeinschaft, so wird den Mitgliedern eingebleut, habe recht – auch wenn die Außenwelt die Thesen einer Sekte noch so absurd findet. Doch die Mitglieder fühlen sich im Besitz der absoluten Wahrheit. Und wer die Wahrheit kennengelernt hat, wie die ehemaligen Mitglieder, und sich trotzdem von ihr lossagt, der kann nach dem Gefühl der Sektenmitglieder wohl tatsächlich nur verrückt geworden sein. Oder ist ein Verräter.

Man wird gut verstehen können, daß es für Sektenmitglieder nicht einfach ist, die Gemeinschaft zu verlassen, wenn sie einem solchen Druck ausgesetzt sind. Alles was für andere in einem weiten gesellschaftlichen Umfeld mit sehr vielen verschiedenen Menschen stattfindet, schränkt sich bei Sektenmitgliedern auf die Gruppe ein. Die Kontakte, die die meisten Leute im Alltag haben, sind vergleichsweise vielfältig: Es gibt den Freundeskreis an der Schule oder am Arbeitsplatz. Mit anderen Leuten treibt man Sport oder geht einem Hobby nach. Wieder andere lernt man in der Disko oder im Café kennen. Es gibt die Familie, es gibt den Freundeskreis der anderen Familienmitglieder. Jeder hat also normalerweise mit sehr vielen verschiedenen Menschen zu tun. Dabei lernt man die unterschiedlichsten Ansichten kennen, kann sich streiten oder einer Meinung sein, man kann sich verkrachen und wieder verstehen, man kann Freundschaften beenden und andere neu beginnen. Das Leben bleibt so vielfältig, da sich ja jeder frei entscheiden kann, mit wem er Kontakt haben will und mit wem nicht. Durch diese Kontakte hat man die Möglichkeit, die Welt in ihrer Vielfalt kennenzulernen. Was die Schule und die Eltern vermitteln, kann so mit anderen Meinungen verglichen und überprüft werden. Niemand ist darauf angewiesen, blind zu glauben, was ihm eine Autoritätsperson erzählt.

Die unterschiedlichen Sekten sind also deswegen gefährlich, weil sie alles dafür tun, daß die Mitglieder keine Entscheidungs- und auch keine Gedankenfreiheit haben. Wer den Menschen diese Möglichkeiten nimmt, der bringt sie in einen Zustand der Unfreiheit.

Sekten sollte man nicht mit der Begründung ablehnen, daß sie andere Meinungen vertreten als der Durchschnitt der Bevölkerung. Zumal in unserer Gesellschaft eine Fülle von Meinungen und Verhaltensweisen durchaus anerkannt werden, die nicht eben besonders intelligent sind. Entscheidend bleibt einzig und allein, ob die Möglichkeit besteht, eine Gruppierung, in die man freiwillig eingetreten ist, auch wieder verlassen zu können.

Darüber hinaus lohnt es sich nachzudenken, welches Menschenbild die verschiedenen religiösen Gruppierungen und Sekten anbieten. In vielen Fällen ist es gegen die Menschlichkeit gerichtet. Manche behaupten, eine Ungleichkeit der Menschen sei von Gott gewollt. Andere sagen, der Mensch müsse sich in sein Schicksal ergeben und könne nichts dagegen tun. Wieder andere meinen, die Menschen würden von Kräften aus dem Kosmos gelenkt. Manche sind der Auffassung, jeder könne nur für sich allein seine „Glückseligkeit" erlangen, was die anderen Menschen täten, wie sie lebten, sei unwichtig.

Allen diesen Auffassungen ist gemeinsam, daß sie unterstellen, die Menschen seien nicht von sich aus in der Lage, ihr Zusammenleben vernünftig zu organisieren. Sie

bräuchten vielmehr den Beistand eines „höheren Wesens".
Für alle Ungerechtigkeiten auf dieser Welt werden Kräfte
außerhalb des menschlichen Wirkens verantwortlich
gemacht. Das heißt: Hunger, Kriege und menschliches
Elend sind nicht etwa von Menschen gemacht, sondern
beruhen auf Naturgesetzen, der Vorsehung, göttlichem
oder kosmischem Wirken. Manchmal wird den Menschen,
die leiden, sogar unterstellt, sie seien selbst schuld.

Wer die ungerechte Verteilung des Reichtums auf dieser
Welt, die Frage, ob jemand gesund oder krank ist, eine
gute oder eine schlechte Schulbildung hat, auf das Wirken
einer göttlichen (oder anderen) Macht schiebt, der verhin-
dert, daß sich diese Mißstände ändern. Denn sowenig ein
wütender Wettergott im Himmel sitzt und Blitz, Hagel und
Donner auf die Erde schickt, weil die Menschen ungehor-
sam waren, so wenig sitzt ein anderer Gott irgendwo und
straft die Menschen mit Krieg oder Armut.

Wer ist „anfällig" für Sekten?

Manche Leute haben richtige Angst vor den Sekten. Sie
meinen, durch geschickte Missionare könnten sie fast
gegen ihren Willen in eine Gemeinschaft hineingezogen
werden und würden dann Schwierigkeiten haben, die
Gruppe wieder zu verlassen. Manche christliche Gruppen
behaupten sogar, durch den Einfluß von Musik würden
Jugendliche, ohne es zu merken, zu Satanisten gemacht.
Das alles ist Unsinn. Denn der Weg in eine Sekte hinein ist
stets freiwillig. Mit Ausnahme der Kinder und Jugendlichen, deren Eltern bereits Mitglied einer solchen Gruppe
sind. Dann werden die Kinder im Sinne der Sekte erzogen
und haben oft keine Chance, dem Sektenleben zu entrin-

nen. Bei den Zeugen Jehovas sollen es etwa 80 000 Kinder und Jugendliche unter 18 Jahren sein, die über ihre Eltern Mitglieder der Sekte wurden.

Dennoch ist dieser Weg in eine Sekte die Ausnahme. Die meisten Mitglieder wurden von Freunden, Kollegen, Mitschülern oder Studenten angeworben. Dies ist das erste Geheimnis des Erfolgs von Sekten. Meist sind es Leute, die man mag, denen man vertraut, die den Weg in eine solche Gemeinschaft bereiten. Natürlich muß der- oder diejenige, die sich überzeugen lassen, in irgendeiner Form empfänglich sein für die Botschaft einer Sekte. Diese Bereitschaft kann sich auf mehreren Ebenen zeigen:

• Wer von Bekannten angesprochen wird, wird zunächst eher positiv eingestellt sein. Selbst wenn man in Zeitungen und Zeitschriften eine Menge über die verschiedenen Gruppierungen gelesen hat und von sich selbst sagt, man würde niemals zu einer solchen Gemeinschaft gehen, ist das Vertrauen in Freunde oder Bekannte groß. Oft wird versichert, es sei ganz anders, als man es sich vorstelle, und schon ganz anders, als in den Zeitungen darüber geschrieben werde. Es seien sehr nette Leute dort, alles sei so offen und angenehm. Wer dann, und sei es um dem Freund einen Gefallen zu tun, tatsächlich mitgeht, wird vielleicht positiv überrascht sein. Es sind tatsächlich nette Leute da, es wird angeregt diskutiert, über interessante Themen gesprochen. Wer so in Kontakt zu einer Sekte kommt, wird vielleicht noch zwei-, dreimal hingehen, bis es langweilig wird.

• Wer nicht ganz glücklich mit seinem Leben ist, vielleicht weil eine Beziehung zu Ende gegangen ist oder es Schwierigkeiten mit den Eltern oder mit der Schule gibt, wird einen Nachmittag oder Abend im Zentrum einer Gemeinschaft womöglich wirklich als schön empfinden. Endlich ist jemand da, der zuhört, ähnliche Erfahrungen hat. Die

Leute, die man trifft, sind aufgeschlossen, offen, nett. Der Freund hatte also wirklich recht. Die Gruppenmitglieder sind interessiert an einem, laden sehr herzlich zu nächsten Treffen ein und rufen sogar an, wenn man nicht kommen konnte. Gerade Leute, die Enttäuschungen zu verarbeiten haben oder deren Selbstbewußtsein angeknackst ist, freuen sich über die Zuwendung. Sie fühlen sich ernst genommen, erhoffen sich von dem neuen Bekanntenkreis eine Lösung der Probleme. Daß die Probleme erst beginnen werden, wenn man sich mit der Gemeinschaft allzu tief einläßt, macht sich zu diesem Zeitpunkt niemand klar.

• Gerade die aufmerksameren und sensibleren Mitmenschen leiden unter dem Zustand der Welt. Sie machen sich Gedanken darüber, warum es Hunger gibt, warum die Umwelt immer kaputter wird, sind traurig, daß es Kriege gibt. Antworten auf diese Fragen zu finden ist nicht leicht. Lösungen für die vielfältigen Krisen weiß kaum ein Politiker, eine Politikerin. Für viele ist auch das tägliche Leben schwer geworden. Die Menschen leben nebeneinanderher, haben sich nichts zu sagen, interessieren sich nicht füreinander. Jeder ist sich selbst der Nächste. Die Sorgen des Alltags wachsen: Werde ich einen Arbeitsplatz bekommen, wenn meine Schule, meine Ausbildung beendet ist? Wie soll ich in einer Umwelt leben können, die immer giftiger wird? Was kann ich tun, damit das alles anders wird? Für Sekten ist dies ein idealer Ansatzpunkt. Denn sie haben für die allerschwierigsten Probleme der Welt einfache Lösungen: Komm zu uns, wir wissen, wie alles anders, alles besser werden wird. Wir wissen, wer schuld ist an all dem Schlechten auf der Welt. Für manche Leute haben diese einfachen Lösungen etwas Bestechendes: Man muß nur erfahren, wo die Wurzel allen Übels liegt, dann kann man alles ändern. Daß aber all die Ungerechtigkeiten und Grausamkeiten, die Menschen begehen, sehr viele und sehr verschiedene Ursachen haben, daß man sich sehr genau informieren muß, um herauszubekommen, warum zum Beispiel die einen reich und die anderen arm sind, das bekommt man bei den Sekten nicht zu hören.

• Wer Lust hat, anders zu sein als die anderen, wem das Langweilig-Durchschnittliche in unserer Gesellschaft nicht gefällt, der oder die wird von den Sekten umworben. Hier werden junge Menschen gebraucht, so wird gesagt, die sich von den Spießern unterscheiden, Leute, die für etwas eintreten wollen. Und wenn die Erwachsenen, die Eltern und Lehrer dagegen sind, daß man sich engagiert, dann ist das fast schon der Beweis dafür, daß die Gruppe nicht so langweilig, nicht so angepaßt ist. Daß aber innerhalb der Gruppe ein ungeheurer Zwang zur Anpassung da ist, daß niemand sich erlauben darf, anders zu sein, als die Sektenführer es vorschreiben, wird vor den Menschen, um die sich die Sekten bemühen, sorgfältig verborgen.

• Wer über den eigenen Tellerrand hinausschaut, wer sich für andere Kulturen, andere Lebensweisen als unsere europäische interessiert, findet bei den verschiedenen Gruppen ein reichhaltiges Angebot. Gerade Jugendliche, die gemerkt haben, daß die westliche Lebensweise viele Nachteile hat, können die verschiedenartigsten anderen Modelle kennenlernen. Versatzstücke aus den unterschiedlichsten Kulturen finden sich im Supermarkt der neuen Religiosität. Freilich sind all die interessanten und spannenden Einflüsse aus anderen Teilen der Welt für den bundesdeutschen Religions-Endverbaucher leicht konsumierbar gemacht. Mit der Kultur und auch der Religiosität von Menschen in anderen Erdteilen hat das, was Gurus, Sekten und Schamanen bei uns anbieten, herzlich wenig zu tun.

Gibt es also Jugendliche, die für Sekten besonders

48

anfällig sind? Gibt es die typische Sektenpersönlichkeit? Offensichtlich nicht. Zwar sind all die Problemstellungen, mit denen die verschiedensten Gruppen von den klassischen Sekten (wie der Scientology Church) bis zu den unzähligen New-Age-Gruppen an Jugendliche herantreten, die Fragen, für die sich viele interessieren. Doch hängt es stark vom Einzelfall ab, ob jemand bereit ist, sich näher auf eine dieser Gemeinschaften einzulassen.

Wenn man aus den verschiedenen Untersuchungen, die über Sekten und Jugendliche angefertigt wurden, eine Schlußfolgerung ziehen will, dann diese: Jugendliche, die sich für religiöse Fragen interessieren, sind heute eher bereit, eine Form der Religionsausübung außerhalb der großen christlichen Kirchen zu suchen als vor dreißig oder vierzig Jahren. Das mag für die großen Kirchen ein bedauerlicher Tatbestand sein. Natürlich fürchten die christlichen Kirchen, daß ihnen eines Tages die jungen Menschen wegbleiben. Sie sind zusätzlich verunsichert, weil viele Erwachsene ihren Austritt aus den Kirchen erklären. Also beobachten die Kirchen besonders aufmerksam, an wen sich junge Menschen, die sich für Religion interessieren, wenden. Sie sehen zwangsläufig in den verschiedenen Sekten und religiösen Gruppierungen nichtchristlichen Ursprungs eine Konkurrenz. Dies aber sollte nicht der Grund dafür sein, Sekten abzulehnen und ihre Mitglieder in gesellschaftliche Schwierigkeiten zu bringen.

Ablehnen und auch bekämpfen sollte man solche Gruppierungen deswegen, weil sie zum Teil ein Menschenbild vertreten, das mit Solidarität, Gerechtigkeit, Freiheit und Gleichheit überhaupt nichts zu tun hat. Und weil sie sehr oft den Menschen, die sich ihnen anschließen, kaum die Möglichkeit geben, die Gruppe wieder zu verlassen.

Religionen, Gruppen, Kulte

Christentum

Das Christentum beruft sich auf die Bibel und auf die Lehre von Jesus Christus, der als Sohn Gottes gilt. Das Christentum spaltete sich in vier große Gruppen: den Katholizismus, das Christentum der Ostkirche, das evangelische Christentum und das Christentum der Sondergemeinschaften.

Das Christentum hat seinen Ursprung im von den Römern besetzten Palästina zur Zeit des Herodes (72-4 v. Chr.). Jesus von Nazareth, der auf Betreiben der Römer hingerichtet worden war, war von sich selbst und seinen Anhängern als der Messias bezeichnet worden. (Messias kommt vom hebräischen Wort „Maschiach" = der Gesalbte, was wiederum griechisch „christos" heißt). Der Messias ist für die Anhänger der jüdischen Religion der Erlöser, der die Herrschaft Gottes sicherstellen wird. Verschiedene Auffassungen über den Messias-Charakter des Jesus von Nazareth führten dazu, daß sich im 1. und 2. Jahrhundert Judentum und Christentum auseinanderentwickelten. In der griechisch-römischen Welt konnte das Christentum im 3. und 4. Jahrhundert endgültig Fuß fassen und wurde unter Kaiser Konstantin nach langer Zeit der Verfolgung anerkannte Religion. Unter Kaiser Theodosius I. (347-395) wurde es sogar Staatsreligion.

Das Christentum bildete relativ schnell feste und für die Gläubigen verbindliche kirchliche Formen heraus. Diese bestanden vor allem im Bischofsamt (mit dem Bischof von Rom, dem Nachfolger des Apostels Petrus, als Papst an der Spitze), der Formulierung des Glaubensbekenntnisses und der Berufung auf die Schriften der Apostel. Machtfragen und Unterschiede in der Auslegung des Christentums, die schon seit dem 5. Jahrhundert schwelten, führten 1054 zum Bruch zwischen östlichem und westlichem Christentum.

Das enge Zusammenspiel zwischen weltlicher und kirchlicher Macht bereitete in den nächsten Jahrhunderten den Boden für die Idee einer Erneuerung des Christentums. Die Reformation (1517: Veröffentlichung der 95 Thesen Martin Luthers) brachte die zweite großen Spaltung innerhalb des Christentums. Heute gilt das Christentum mit ca. 1,7 Milliarden Anhängern als die größte der Weltreligionen.

Das Christentum hat trotz seiner Vielgestaltigkeit gemeinsame Grundlagen. Das sieht man zum Beispiel daran, daß sich alle Kirchen auf das Glaubensbekenntnis des Konzils von Konstantinopel (381 n. Chr.) berufen.

Die wesentlichen Elemente der christlichen Religion sind:

• Der Glaube an einen Gott, der Schöpfer der Welt und Retter der Menschheit ist. Diesen Glauben an einen Gott (Monotheismus) teilen die Christen mit den Juden und Muslimen. Nach christlichen Vorstellungen ist Gott nicht nur der Schöpfer dieser Welt, sondern greift auch in die Geschichte der Welt und in das Schicksal der Menschen ein.

• Der Glaube an Jesus Christus, den Sohn Gottes. Jesus wird von den Christen als tatsächlicher, leibhaftiger Sohn ihres Gottes begriffen. Dadurch unterscheidet sich das Christentum grundlegend von den beiden anderen monotheistischen Religionen. Besonders wichtig für die Christen ist der Tod von Jesus, dem Gottessohn. Damit habe er sich in die absolute Gottesferne begeben (Hölle) und durch die Auferweckung von den Toten zugleich die Überwindung des Todes aufgezeigt.

• Der Glaube an einen Heiligen Geist, der von den Christen als dritte Person ihres Gottes begriffen wird. Er wird oft verstanden als Gottes Liebe, die Vater und Sohn miteinander verbindet.

Adventisten

Die Adventisten gehören zu den christlich orientierten Glaubensgemeinschaften, die an eine baldige Wiederkunft (Advent) von Jesus Christus glauben.

Gegründet wurde die Gruppe Mitte vorigen Jahrhunderts in den Vereinigten Staaten. Dort war der Farmer und Prediger William Miller (1782-1849) nach genauem Bibelstudium zu der Auffassung gelangt, Jesus würde zwischen dem 21.3.1843 und dem 21.3.1844 wieder zur Erde kommen. Er konnte viele Anhänger um sich scharen. Als auch ein drittes Datum, der 22.10.1844, verstrich, ohne daß Christus erschienen wäre, zerfiel die Gemeinschaft in mehrere Gruppen.

Eine davon, die „Gemeinschaft der Siebenten-Tags-Adventisten", wurde von dem Ehepaar James und Ellen G. White angeführt. Diese Gruppe wuchs schnell. Die Whites setzten durch, daß statt des Sonntags der Sabbat (= Samstag) als Feiertag begangen wurde. Dies zeigt, daß die Adventisten die Bibel ganz wörtlich auslegen. Deswegen sind sie auch davon überzeugt, daß das Ende der Welt und damit die Wiederkehr Christi unmittelbar bevorstehe. Denn der Prophet Daniel des Alten Testaments habe vorausgesagt, daß das Jüngste Gericht bevorstehe, wenn der zehnte König des heidnischen Reiches regiere. Durch vielerlei Geschichtsbetrachtungen und Berechnungen versuchten die Adventisten und andere Glaubensgemeinschaften (z.B. die Zeugen Jehovas), den Tag des Jüngsten Gerichtes, also des Endes dieser Welt, vorherzusagen. Da aber alle in Aussicht gestellten Daten vorübergegangen sind und die Welt immer noch existiert, sind die Adventisten inzwischen der Meinung, daß Christus im Jahr 1844 den Himmel nicht etwa verlassen habe, um zur Erde zu kommen, sondern daß er zu diesem Zeitpunkt das „himmlische Heiligtum" erst betreten habe.

In der Gegenwart findet nach Meinung der Adventisten ein gewaltiger Kampf zwischen Gott und Satan statt, aus dem Gott als Sieger hervorgehen wird.

Wie andere christliche Gemeinschaften auch feiern die Adventisten das Abendmahl. Da sie Alkohol ablehnen, wird Traubensaft gereicht. Getauft werden nur Erwachsene. Wie in der Bibel gefordert, sollen die Adventisten den „Zehnten" (also zehn Prozent ihres Einkommens) an die Gemeinde abgeben.

Ungefähr 7,25 Millionen Menschen auf der Welt bekennen sich zu den Adventisten, in der Bundesrepublik sind es etwa 35 000, die in ca. 650 Gemeinden organisiert sind. In Österreich gibt es 3 000 Mitglieder, in der Schweiz 4 000.

Apokalyptik

Als Apokalypse (griechisch: „Offenbarung") wird ganz allgemein eine Schrift bezeichnet, die das bevorstehende Weltende in Träumen und Weissagungen beschreibt. Im Christentum ist meist die Offenbarung des Johannes gemeint, ein schwerverständliches Buch, an das sich seit Jahrhunderten die unterschiedlichsten Vermutungen knüpfen. Endzeitvorstellungen gibt es auch in der jüdischen und islamischen Tradition.

Die Apokalypse des Johannes entstand um 96 n. Chr. und stammt nicht aus der Feder des Evangelisten. Mit vielen Symbolen wird der Kampf zwischen dem Satan und Christus beschrieben. Dieser Kampf habe bereits im Paradies begonnen und ziehe sich durch die Jahrtausende, bis am Ende der Welt Gott schließlich siege.

Eine ganze Reihe von religiösen Gruppierungen beruft

sich direkt auf die Apokalypse. Sie glauben, daß das Ende der Welt nahe sei, die Menschheit also in einem Endzeitalter lebe. Nur wer Mitglied in der jeweiligen Gruppierung sei (z.B. Fiat Lux, Zeugen Jehovas, Hare Krischna, Osho), würde den Weltuntergang überstehen.

Anlaß zu vielen Spekulationen gibt das geheimnisvolle Tier Sechshundertsechsundsechzig, das Johannes im 13. Kapitel seiner Offenbarung dem Meer entsteigen läßt: „Wer Verstand hat, der überlege die Zahl des Tiers; denn es ist eines Menschen Zahl, und seine Zahl ist sechshundertsechsundsechzig." Johannes beschreibt einen siebenköpfigen Drachen mit zehn Hörnern, der sich die Welt untertan macht. Im christlichen Verständnis ist dies der „Antichrist", der sich über Gott erhebt. Das Tier Sechshundertsechsundsechzig beschäftigt seit jeher Zahlenmystiker, also jene Leute, die glauben, daß Zahlen eine ganz besondere, eine „höhere" Bedeutung hätten. Doch sie konnten sich nie auf eine Deutung einigen. Der Theoretiker des Satanismus, Aleister Crowley, behauptete von sich, er sei das Tier Sechshundertsechsundsechzig, also der Antichrist. Andere, wie zum Beispiel Luther oder eine Abspaltung der Zeugen Jehovas, sind überzeugt, der Papst sei das Tier Sechshundertsechsundsechzig der Apokalypse.

Charismatiker

Das Charisma (griechisch = „Gnadengabe") ist in der Theologie der christlichen Kirchen ein relativ genau festgelegter Begriff, der vom Apostel Paulus im Neuen Testament verwendet wurde. Nach Paulus bedeutet Charisma eine ganz besondere, von Gott verliehene Fähigkeit zum Leben und Dienen in der Kirche und der Welt.

Der Heilige Geist, Teil des dreieinigen Gottes der Christen, wird in der Kunst oft als Taube dargestellt (Holzschnitt von Albrecht Dürer, „Der Gnadenstuhl", 1511, Ausschnitt).

Laut Paulus sind dies (neben Mildtätigkeit und Barmherzigkeit) vor allem folgende Fähigkeiten: Prophetie sowie die Fähigkeit, unterscheiden zu können, ob jemand von einem guten oder einem bösen Geist besessen ist. Dazu kommen Zungenreden (das ist Reden, das sich an Gott richtet und dessen Sinn den Zuhörern verborgen bleibt) und die Fähigkeit, heilen zu können. In der evangelischen wie der katholischen Kirche gibt es charismatische Gemeinden, deren Wirken von den Amtskirchen gebilligt wird. In diesen Gruppierungen ist es üblich, das Bekenntnis zum christlichen Glauben auch öffentlich (zum Beispiel am Arbeitsplatz) abzulegen oder zu versuchen, durch Gesundbeten Heilungen erzielen zu wollen. Die charismatischen Gemeinden der Amtskirchen haben für manche junge Leute eine gewisse Anziehungskraft. Denn hier wird das oft eher einförmige Gemeindeleben durch eine aktive, sehr gefühlsbetonte Art des Glaubens ersetzt.

Christengemeinschaft

Die christliche Religionsgemeinschaft knüpft an die Anthroposophie Rudolf Steiners an. Sie ist hauptsächlich im deutschsprachigen Raum verbreitet, hat aber auch Gemeinden in Südafrika, Australien und Neuseeland. Die Gemeinschaft zählt ca. 30 000 Mitglieder (davon etwa 15 000 in der Bundesrepublik).

Die Christengemeinschaft wurde 1922 von dem Theologen Friedrich Rittelmeyer gegründet. Die Vorträge Rudolf Steiners zur religiösen Erneuerung (1921/1922) wurden Ausgangspunkt zur Bildung der Christengemeinschaft. Der erste Gottesdienst fand am 16. September 1922 im Zentrum der Anthroposophen, dem Goetheanum in Dornach, statt. Das Verhältnis zu den großen christlichen Kirchen war gespannt, da die Christengemeinschaft sich weigerte, ihre Anlehnung an die Anthroposophie aufzugeben.

Die Christengemeinschaft hat keine in sich geschlossene Lehre. Die Gruppe behauptet von sich, die erste christliche Gemeinschaft zu sein, „die konsequent das Prinzip der Lehrfreiheit und Bekenntnisfreiheit durchführt. Niemand, der hier in die priesterliche Wirklichkeit eintritt, muß sich auf ein Bekenntnis verpflichten. Niemand, der Mitglied der Gemeinde wird, hat sich zu irgendwelchen Glaubenssätzen zu verpflichten." Natürlich wurden trotzdem Glaubensgrundsätze formuliert, zum Beispiel im 12teiligen Credo (= Glaubensbekenntnis) der Gemeinschaft, das Rudolf Steiner formulierte.

Die Christengemeinschaft kennt – wie die Katholiken – sieben Sakramente: Taufe, Abendmahl, Beichte, Konfirmation, Trauung, Sterbesakrament und Priesterweihe (auch für Frauen). Die Taufe wird im Kindesalter vollzogen. Dabei wird dem Kind mit Wasser ein Dreieck auf die Stirn gezeichnet, mit Salz ein Viereck aufs Kinn und mit Asche ein Kreuz auf die Brust.

Die Grundlage für den Glauben der Christengemein-schaft ist die Bibel. Sie wird, Steiner folgend, als Mysterienbuch (→Mystik) gesehen. Darin steht, Christus sei als Sonnengott auf die Erde gekommen und durch seine menschliche Gestalt als Jesus und durch das „Mysterium von Golgatha" zum Erdengott geworden. Außerdem hat die Christengemeinschaft aus der anthroposophischen Lehre den Gedanken der Reinkarnation (= Wiedergeburt) übernommen.

Mittelpunkt der Religionsausübung der Christenge-meinschaft ist der Gottesdienst, der „Menschheitsweihe-handlung" genannt wird. Er gleicht im Aufbau einer katholischen Messe. Die liturgischen Texte der Mensch-heitsweihehandlung wurden bisher nicht veröffentlicht. Sie stammen von Rudolf Steiner und sind allein den Prie-stern der Christengemeinschaft bekannt.

Die Christengemeinschaft wird von einem siebenköpfi-gen Lenkerkreis geleitet, an dessen Spitze ein „Erzober-lenker" steht. Erster Erzoberlenker war der Gründer und ehemalige evangelische Pfarrer aus Nürnberg, Dr. Fried-rich Rittelmeyer. Der Sitz der Christengemeinschaft ist Stuttgart, finanziert wird die Organisation ausschließlich durch Spenden.

Christian Science – Christliche Wissenschaft

Das ist eine Glaubensgemeinschaft, die davon ausgeht, daß es allein Gott und die Menschheit wirklich gibt, nicht aber Krankheit und Tod. Krankheiten könnten durch posi-tive Gedanken geheilt werden. In der Bundesrepublik gibt es ca. 150 Gemeinden mit etwa 5 600 Mitgliedern, weltweit sind es 3 000 Gemeinden mit 150 000 Mitgliedern (Schwerpunkt USA).

Mary Baker Eddy (1821-1910), das jüngste von sechs Kindern eines puritanischen Farmers aus New Hampshire, litt seit ihrer Kindheit an nervösen Erkrankungen. Jahrzehntelang blieben alle Versuche, ihren Gesundheitszustand zu bessern, ergebnislos. Als 45jährige fühlte sie sich beim Lesen der Bibel plötzlich gesund. Das führte sie auf Gottes Willen zurück.

Neun Jahre später veröffentlichte sie ihr Hauptwerk „Wissenschaft und Gesundheit mit Schlüssel zur Heiligen Schrift" (1875). 1879 gründete Mary Baker Eddy in Boston den Vorläufer der heutigen Organisation, die „Kirche Christi, Wissenschafter". Erster Pastor dieser Kirche war ihr (dritter) Ehemann, der Nähmaschinenvertreter Asa Gilbert Eddy. Nach einigen Aufbaujahren und einer Fülle von Schwierigkeiten zog sich Mary Baker Eddy aus der Öffentlichkeit zurück und leitete die Kirche und die zugehörige Verlagsgesellschaft aus der Ferne.

Nach dem einzigen – und unveränderbaren – Lehrbuch der christlichen Wissenschaften, Eddys „Wissenschaft und Gesundheit mit Schlüssel zur Heiligen Schrift", gibt es weder Krankheit, das Böse oder den Tod, da Gott sie nicht geschaffen habe. All das seien bloß Vorstellungen der Menschen. Sie könnten Krankheit und Tod schließlich besiegen, wenn sie sich klarmachten, daß diese gar nicht existierten. Nur Gott sei Wirklichkeit.

An der Spitze der Gemeinschaft steht ein fünfköpfiger Vorstand der Mutterkirche in Boston, der auch den Verwaltungsrat der Verlagsgesellschaft beruft. Hier erscheinen neben verschiedenen Zeitungen und Zeitschriften auch die wöchentlichen „Lektionspredigten". Sie werden in allen Zweigstellen der Organsiation sonntags von zwei Lektoren verlesen. Für jede Zweiggemeinde gibt es einen practitioner („Fachmann" – im Englischen wird auch der praktische Arzt so genannt), der für die Heilungen zuständig ist und von der Muttergemeinde in Boston kommen muß. Die Organisation kennt keine Sakramente. In jeder Gemeinde gibt es einen Lesesaal, in dem nur die eigenen Schriften und die Bibel ausliegen dürfen.

Engelswerk – Opus Angelorum

Vereinigung katholischer Priester und Laien mit Sitz in Tirol. Das Engelswerk betont das Wirken von Engeln und Dämonen. Die Organsiation ist nach eigenen Angaben in 50 Bistümern aktiv – auch über den deutschsprachigen Raum hinaus, z.B. in Portugal, Brasilien, Südafrika und auf den Philippinen.

Die Österreicherin Gabriele Bitterlich (1896-1978) gründete 1949 das Opus Angelorum. In einer Erscheinung hatte sie einen Engel gesehen, der ihr die gesamte Engel- und Dämonenwelt erklärte. Außerdem beauftragte der Engel sie, alles aufzuschreiben. Um „Mutter Bitterlich" sammelte sich schnell ein Kreis von Priestern und Laien, die sich der Engelverehrung hingaben. Sie waren überzeugt davon, daß Gabriele Bitterlich ihre Schutzengel sehen könnte.

In den 50er Jahren war die Bewegung vom Innsbrucker Bischof anerkannt und genehmigt worden. 1992 verbot der Vatikan dem Engelwerk Gebrauch und Verbreitung seiner Schriften (insbesondere Bücher von Gabriele Bitterlich).

Das Engelwerk behauptet, daß die Welt bald untergehen werde. Im Kampf um das Reich Gottes kämen den Menschen Engel zu Hilfe. Im nichtöffentlichen „Handbuch des Engelwerkes" (1960) werden Hunderte von Engeln und

Dämonen ganz genau aufgelistet – samt ihren guten oder bösen Taten. So versuche der Dämon Carioth, „Priester und Kirche immer wieder einzukreisen und abzuwürgen". Nach Auffassung des Opus Angelorum verbindet sich jeder Mensch bei der Kommunion mit einem Engel. In teilweise geheimen Gottesdiensten werden Schutzengelversprechen, Schutzengelweihen und Sühneweihen durchgeführt.

Erneuerte Kirche

Der Franzose Michel Collin (1905-1974) gründete 1958 die Erneuerte Kirche, die auch unter dem Namen Kirche der Glorie bekannt ist.

Er behauptet, als 30jähriger von Jesus Christus zum Bischof geweiht worden zu sein. Jesus habe ihn 1950 zum Papst ernannt und ihn schließlich 1963 im Aachener Dom unter dem Namen Clemens XV. gekrönt. 1967 gründete Collin eine weitere Glaubensgemeinschaft, die Innerplanetarische Kirche. Er weihte Millionen von Außerirdischen zu Priestern dieser Gemeinschaft. Im Falle des Weltuntergangs, den Collin für die allernächste Zukunft erwartete, würden von Außerirdischen gelenkte Raumschiffe auf die Gläubigen warten und sie auf den Planeten Maria in Sicherheit bringen. Seit seinem Tod leitet er nach Überzeugung seiner schätzungsweise 25 000 Anhängerinnen und Anhänger die Geschicke der Kirche vom Himmel aus.

Evangelikale Bewegung

Rund 150 Millionen Menschen, vor allem in den USA, sind Mitglieder der verschiedenen Kirchen (z.B. Presbyterianer, Baptisten, Pfingstler, Methodisten), die zur evangelikalen Bewegung zählen. Die Evangelikalen bilden keine feste Organisation, sondern sind ein loser Verband streng konservativer protestantischer Glaubensgemeinschaften.

Die evangelikalen Gruppierungen wurzeln im →Pietismus und den Erweckungsbewegungen. Die Erweckungsbewegungen hatten im 18. Jahrhundert vor allem in Nordamerika eine besonders fromme Glaubensrichtung hervorgebracht. Für die Entwicklung und den Zusammenhalt der Bewegung war die Arbeit von Predigern wie Billy Graham wesentlich. Graham und andere hatten auf Massenveranstaltungen mit Zehntausenden von Zuhörern die Menschen dazu gebracht, leidenschaftlich ihren Glauben zu bezeugen. Eine Reihe von evangelikalen Organisationen konnte unter Geschäftsleuten, Journalisten, Wissenschaftlern und anderen Menschen, die Einfluß auf die Gesellschaft haben, erfolgreich arbeiten. Mit Jimmy Carter, der sich als wiedergeborenen Christen bezeichnete, stellte die Gruppierung von 1977 bis 1981 sogar einen US-Präsidenten.

Die evangelikale Bewegung nimmt die Bibel nahezu wörtlich. Besonders wichtig für die Bewegung ist die Missionsarbeit. Dabei benutzen die Evangelikalen sehr geschickt die Medien: Fernsehauftritte ihrer Prediger, zum Teil auf eigenen Kanälen, finden in den USA große Beachtung. Massenveranstaltungen in Stadien oder Zelten gehören ebenso zur Missionsarbeit wie Sonntagsschulen oder Bibel-Lesekreise. In jüngster Vergangenheit wandten sich die Kirchen vor allem gegen Pornographie und Abtreibung. In der Bundesrepublik organisieren sich die evangelikalen Kräfte vor allem in der Evangelischen Allianz und in der Bekenntnisbewegung „Kein anderes Evangelium".

Exorzismus

Der Begriff kommt aus dem Griechischen und bedeutet „Beschwörung". Die Austreibung eines bösen Geistes, eines Dämonen oder Teufels, der nach Meinung der Gläubigen von einem Menschen Besitz genommen hat, ist in vielen Religionen bekannt. In der katholischen Kirche wird die Teufelsaustreibung heute noch vorgenommen. Dabei unternehmen Priester den Versuch, durch Gebete, Beschwörungen, auch Verfluchungen den Dämon zum „Verlassen" des Körpers zu bewegen. Auch Kruzifixe, Hostien oder Reliquien finden dabei Verwendung.

Wann ein Mensch besessen ist, wurde 1614 im „Rituale Romanum" festgelegt, das in der katholischen Kirche bis heute gilt. Ein Teufel hat danach von einem Menschen „Besitz" genommen, wenn dieser mehrere Worte einer ihm unbekannten Sprache sprechen oder verstehen kann.

Durch Gebete wollen manche katholische Priester „die bösen Geister austreiben" („Ankunft des Antichrist", Holzschnitt von Hartmann Schedel, Ausschnitt)

Außerdem muß er „hellsehen" können und über Kräfte verfügen, die über das Menschenmögliche hinausgehen. Im Codex Iuris Canonici, dem „Gesetzbuch" der katholischen Kirche, ist festgelegt, daß ein Exorzist nur mit Genehmigung des Bischofs tätig werden darf. Eine der Beschwörungsformeln lautet: „Ich beschwöre dich, alte Schlange, bei dem Richter über Lebende und Tote ..., daß du von diesem Diener Gottes, der in den Schoß der Kirche zurückkehrt, voller Furcht mitsamt dem Heer deines Schreckens eilends weichest."

Teufelsaustreibungen sind nach wie vor verbreitet, obwohl die offiziellen kirchlichen Stellen Stillschweigen darüber bewahren. In den USA allerdings hatte 1991 ein Bischof in der Hoffnung, „die teuflischen Aktivitäten um uns herum einzuschränken", die Erlaubnis gegeben, einen Exorzismus im Fernsehen zu übertragen.

Fiat Lux

Der „Orden" mit Sitz in der Schweiz und Niederlassungen in der Bundesrepublik und in Österreich ist in den letzten Jahren mehrfach in die Schlagzeilen geraten. Die Mitglieder halten sich an die Offenbarungen von Uriella, der Leiterin der Organisation. Uriella ist u.a. der Meinung, daß das Ende der Welt bevorstehe und etwa ein Drittel der Menschheit mit Raumschiffen gerettet werde.

Die Organisation wurde 1980 von Erika Bertschinger (geb. 1929) gegründet. Am Heiligen Abend des Jahres 1975 fiel sie zum ersten Mal in Trance und behauptet, seither in ständigem Kontakt zu Jesus Christus zu stehen. Bereits 1972 war ihr angeblich die Jungfrau Maria erschienen. Ein Jahr später, nach einem schweren Reitunfall, entdeckte sie ihre Fähigkeit zum Hellsehen. „Auf Geheiß von Jesus Christus" tritt Erika Bertschinger seit 1984 in der Öffentlichkeit als Uriella auf, um die Offenbarungen, die sie empfangen hat (bisher über 500), weiterzugeben.

Die Anhängerinnen und Anhänger von Fiat Lux leben in ordensähnlichen Gemeinschaften. Sie müssen strenge Regeln befolgen, z.B. auf warmes Essen und Genußmittel wie Zigaretten oder Alkohol verzichten. Das Tragen weißer Kleidung ist ebenso vorgeschrieben wie sexuelle Enthaltsamkeit und der Verzicht auf Zeitungen, Fernsehen und Radio.

Bertschinger-Uriella führt Geister- und Fernheilungen durch und vertreibt u.a. „Ätherampullen", die gleichzeitig gegen Aids, Krebs, Nikotin- und Alkoholsucht helfen sollen. Nach Angaben von Fiat Lux beträgt die Mitgliederzahl 700. Mit der Organisation beschäftigten sich schon mehrfach Staatsanwaltschaft und Gerichte, unter anderem wegen Bestechung, antisemitischer Hetze, unerlaubtem Waffenbesitz und Verdacht auf fahrlässige Tötung.

Geistige Loge Zürich

Die Gemeinschaft wurde 1948 gegründet. Sie entstand um Arthur Brunner, der 1944 das Buch „Die Toten leben" veröffentlicht hatte. Seine Frau Beatrice entdeckte kurz nach dem Tode des jüngsten Kindes, daß sie „hellsehen" könne. Sie vermittelte ab da einer ständig wachsenden Gemeinde (der zeitweise auch die Gründerin von Fiat Lux, Erika Bertschinger, angehörte) die Botschaften des „hohen Geistes Joseph". Später trat die „Engelsschwester Lene" hinzu. Deren Ausführungen erschienen 1961 in Buchform.

Entscheidend aber blieb der hohe Geist Joseph. Er nimmt, so glauben die Anhänger, auch an den Vorstandssitzungen der Geistigen Loge teil. Mehr als 1 000 Vorträge, die Joseph über das Medium Beatrice „vermittelt" hatte, wurden auf Tonband und später auf Video festgehalten. Die Zahl der Mitglieder, die sich auch im Gesundbeten übten und Spenden für die logeneigene „Gesellschaft gegen Hunger und Elend in der Welt" sammelten, war bis zum Ende der 70er Jahre auf über 2 000 angewachsen.

Als 1983 das Medium Beatrice Brunner starb, entstand ein Streit um die Nutzungsrechte der Botschaften aus dem Jenseits. Die Geistige Loge spaltete sich in zwei Organisationen: „Pro Beatrice" und „Geistchristliche Gemeinschaft".

Gnosis

Die Gnosis (griechisch: „Erkenntnis, Wissen") ist die Kenntnis der göttlichen Geheimnisse, die nur eine kleine Zahl Auserwählter besitzt. Der Gnostizismus spielte in der abendländischen Geistes- und Religionsgeschichte eine wichtige Rolle. Einen ersten Höhepunkt hatte er im 2. Jahrhundert. Heute erlebt der Gnostizismus im Denken der New-Age-Anhänger (→New Age) und der Esoteriker (→Esoterik) eine Wiederbelebung und Umdeutung.

Die einzelnen gnostischen Richtungen waren auch in der Vergangenheit immer sehr unterschiedlich. Eines aber ist gemeinsame Auffassung der Gnostiker: Die Welt, in der wir leben, der Kosmos, ist nicht von Gott geschaffen worden. Vielmehr ist die „gute", die göttliche Welt, eine Licht- oder Energiewelt, in die „böse" Welt der Materie herabgesunken. Nach Auffassung der Gnostiker stehen

Abraxas, ein göttlicher Geheimname der griechisch-orientalischen Gnosis. Steine mit dem Bild des schlangenfüßigen Gottes wurden im Mittelalter als Amulett getragen.

sich also zwei völlig unterschiedliche Welten gegenüber: die des „Lichtes" (= Gott) und die der „Dunkelheit" (= Materie, d.h. die „festen" Dinge, also alle Sterne unseres Weltalls und die Lebewesen, die darauf wohnen, auch die Menschen).

Die göttliche Welt ist die gute Welt; die Welt der Materie, also des Körperlichen, ist die schlechte. Allerdings seien, so die Gnostiker, beim „Fall" der Lichtwelt Teile dieser Welt in die gottfeindliche Materie geraten, auch in einige Menschen, die aber davon nichts wissen. Erst „Gesandte des Lichtes", wie Christus, bringen solchen Auserwählten das Wissen (also die „Gnosis"), wer sie eigentlich seien. Diese Menschen könnten sich dann von der bösen Welt des Materiellen, auch von der Körperlichkeit und der Sexualität, loslösen.

Durch gnostisches Denken sind eine Reihe von christlichen Sondergruppierungen geprägt wie die Bogomilen im 10. und 11. Jahrhundert oder die Katharer im 13. und 14. Jahrhundert. →Rosenkreuzer, Anthroposophen (→Anth-

rosophie) und Theosophen (→Theosophie) wurden stark
von der Gnostik beeinflußt. Gemeinsamkeiten zu buddhi-
stischem Denken (→Buddhismus) können leicht herge-
stellt werden und sind vor allem für die Vertreter des
→New Age faszinierend. Hier können nach ihrer Ansicht
östliches und westliches Denken in ein gemeinsames
Weltbild einfließen und so Gegensätzliches vereinen.

Johannische Kirche

Die Gruppierung wurde 1926 durch den gelernten Maurer
und späteren Wunderheiler Joseph Weißenberg gegründet.
Sie sammelte in ihrer Gründungszeit wegen der „Hei-
lungserfolge" Weißenbergs viele Anhänger (1934: 10 000
Mitglieder). Heute hat die Johannische Kirche 4 000 Mitglieder.

1903 erschien Weißenberg angeblich Jesus Christus.
Daraufhin gab er seinen Beruf auf und wurde Wunderhei-
ler. 1904 gründete er die „Vereinigung Ernster Forscher
von Diesseits nach Jenseits, wahre Anhänger der christli-
chen Kirche". Seine „Heilungen" (u.a. behauptete er, elf
Tote wieder zum Leben erweckt zu haben) erregten großes
Aufsehen, beschäftigten aber auch die Gerichte. Sein
Medium Grete Müller, mit der ab 1908 zusammenlebte,
behauptete, Persönlichkeiten der Geschichte (u.a. Luther,
Friedrich der Große, Bismarck) könnten über sie zu den
Anhängern der Johannischen Kirche sprechen.

Weißenberg war ein glühender Anhänger Hitlers, deshalb traf es ihn besonders hart, daß seine Kirche (wie
andere Glaubensgemeinschaften auch) 1935 von den
Nazis verboten wurde. 1946 gründete Weißenbergs
Lebensgefährtin Grete Müller, die er bereits 1932 als sei-

ne Nachfolgerin eingesetzt hatte, die Gruppierung aufs neue. Grete Müller übergab 1961 ihrer Tochter Josephine (geb. 1949) die Führung der Gemeinschaft.

Die sog. Geistfreundreden, die über Medien (also Menschen, die glauben, Geister sprechen zu hören) mitgeteilt wurden, und die Äußerungen Weißenbergs selbst wurden zu einem Buch zusammengefaßt. Es steht gleichberechtigt neben den beiden Teilen der christlichen Bibel. Weißenberg wird als neuer Christus und zugleich Heiliger Geist verehrt. Im Glaubensbekenntnis der Johannischen Kirche heißt es: „Ich glaube ... an Gottes Offenbarung durch Mose, Jesus Christus und Joseph Weißenberg." Prägend für die Gemeinschaft ist außerdem zudem der Geisterglaube. Nach der Lehre Weißenbergs gibt es Geister des Lichtes und Geister der Finsternis. Außerdem ist jedem Menschen ein Schutzgeist zugeteilt, aber auch ein Kontrollgeist, der über die guten wie schlechten Taten Buch führt.

Kinder Gottes/Heaven's Love/Magic Love/Familie der Liebe/Die Familie

Die Bewegung mit den verwirrend vielen Namen entstand um 1968 unter kalifornischen Hippies. Damals hatte der Prediger David Berg (* 1919) die Blumenkinder (für viele war Jesus Christ wie im gleichnamigen Musical ein „Superstar") für seine Missionstätigkeit entdeckt. Er nahm einige Schlagworte der Hippiebewegung (z.B. Make Love not War) auf und deutete sie in seinem Sinne um: Aus der „freien Liebe" der Hippies wurde Flirty-Fishing, kurz FF. Dies war die Aufforderung an die weiblichen Gruppenmitglieder, neue „Kinder Gottes" auch mit den Mitteln des Sex zu werben. In den sittenstrengen USA wurde dies als Aufforderung zur Prostitution betrachtet. Der Gruppe wurde auch sexueller Mißbrauch von Kindern vorgeworfen.

Die Kinder Gottes betreiben nach einigen Jahren Pause wieder aktive Missionsarbeit in Europa, vor allem in Osteuropa. Die letzten zuverlässigen Angaben über die Mitgliedschaft stammen von 1985: Damals sollen etwa 10 000 Menschen Mitglied bei den Kindern Gottes gewesen sein. Von den Sektenbeauftragten der christlichen Kirchen wird der derzeitige Mitgliederstand höher eingeschätzt.

David Berg, der Begründer der Gruppe, wird von seinen Anhängern Mose David (kurz MO) oder auch Dad genannt. Berg sieht sich als König und Prophet. Er verlangt von seinen Mitgliedern absoluten Gehorsam und verkündete eine „Revolution für Jesus". Außerdem rief er zum Kampf gegen die Alte Welt auf, zum Kampf gegen die „Systemiden". Bergs schriftliche Äußerungen, die in den sog. MO-Briefen festgehalten werden, sind für die Gruppenmitglieder verbindliche Auslegung der Bibel.

Die „Kinder Gottes" leben meist in Wohngemeinschaften und gehen hauptberuflich der Missionsarbeit nach. Dabei verkaufen sie Broschüren, Musik- und Videokassetten oder Poster. Die ständige Pflichtlektüre der MO-Briefe, ein ausgeklügeltes Überwachungssystem und die „Vaterfigur" Berg scheinen es vielen Gruppenmitgliedern schwerzumachen, den Ausstieg aus der Gruppe zu finden.

Lorber-Gesellschaft

1840 vernahm der österreichische Komponist Jakob Lorber (1800-1864) die Stimme Gottes: „Steh auf, nimm deinen Griffel und schreibe!" Jakob Lorber schrieb 25 Bände mit ca. 10 000 Seiten – die „Neuoffenbarung Jesu". Für seine Anhänger sind die Ausführungen Lorbers genauso wichtig wie die Bibel.

Die ziemlich verworrenen Schriften bringen mancherlei Erklärungen zur Entstehung der Welt und zum Wesen des Menschen („gefallener Urlebensfunke"). Sie beschreiben außerdem das außerirdische Leben: Auf dem Saturn durchschreiten Elefanten blaues Gras. Die Bücher Lorbers erfreuen sich bei UFO-Anhängern (→UFO) und bei Esoterikern (→Esoterik) steigender Beliebtheit.

Marienkinder

Gründer der Gruppe, die sich auch „Kreuzträger der Jungfrau Maria" nennt, ist Joseph Karl Zenker. Er vernahm erstmals zu Ostern 1976 die Stimme der Jungfrau Maria. Die Marienkinder sind streng konservativ ausgerichtet.

Maria, die Mutter von Jesus Christus, wird von manchen Sekten wie eine Göttin angebetet.

Nach Meinung von Joseph Zenker wird die Welt vom Satan beherrscht, dem als Helfer Dämonen zur Seite stehen. Nur durch ständige Gebete zu Maria ist es möglich, nicht der Macht des Bösen zu verfallen.

Die „Marienkinder" leben in Zentren (früherer Hauptsitz: Mindelheim, heute in den neuen Bundesländern) und müssen sich einem streng geregelten Tagesablauf unterwerfen. Zeitungslektüre, Fernsehen oder Kinobesuche sind verboten. 1987 wurde Zenker wegen Züchtigung und Mißhandlung von „Marienkindern" zu einer zweijährigen Gefängnisstrafe verurteilt. 1995 wurde er wegen ähnlicher Vorwürfe erneut festgenommen.

Methodisten

Die Kirche wurde von den Brüdern John Wesley (1703-1791) und Charles Wesley (1707-1788) begründet. In Großbritannien fanden die Methodisten rasch eine große Anhängerschaft, vor allem unter Arbeitern. Auswanderer aus Irland und Deutschland brachten den Methodismus bereits Mitte des 18. Jh. nach Nordamerika. In den USA sind die Methodisten heute die zweitstärkste protestantische Gruppe. Weltweit gibt es etwa 20 Millionen Methodisten; in der Bundesrepublik haben sich rund 100 000 Mitglieder in der evangelisch-methodistischen Kirche in Deutschland zusammengeschlossen.

Von anderen protestantischen Kirchen unterscheiden sich die Methodisten vor allem durch ihre sehr intensive Missionstätigkeit. Außerdem betonen sie die Wichtigkeit der Bekehrung und die damit verbundene „Wiedergeburt" als echter Christ. Von ihrer Grundhaltung her sind die Methodisten der →Evangelikalen Bewegung verwandt.

Michaelsvereinigung

Die rund 4 000 Anhänger der Michaelsvereinigung mit
Sitz im Schweizer Kanton Thurgau erwarten das baldige
Ende der Welt. Gründer dieser Gruppe ist Paul Kuhn
(* 1920), von Beruf Gärtner. Ab 1964 bereicherte er seine
Vorträge durch das Auftreten zweier Medien (= „Mittler"),
die „Botschaften" von Engeln und Heiligen weitergaben.
In der ersten Zeit wurde die Vereinigung stark geprägt
durch Maria Gallati-Müller, die dem ursprünglich evange-
lisch-reformierten Weltbild Kuhns ihren stark von Marienverehrung geprägten Glauben hinzufügte. Heute ist Ueli
Aeberhardt das Hausmedium der Michaelsvereinigung. Er
empfängt die Botschaften aus dem Jenseits durch automatisches Schreiben und gilt bei den Mitgliedern als Wiedergeburt des Evangelisten Matthäus, während Gründer
Kuhn als wiedergeborener Apostel Paulus verehrt wird.
Für die Michaelsvereinigung ist die Erde „Herrschaftsbe-
reich des Satans". Die Gruppe betreibt eine außerordentliche Marienverehrung und erwartet das Ende der Welt als
unmittelbar bevorstehend.

Missionsgemeinde

Die christlich-fundamentalistisch ausgerichtete Gemeinde
mit Sitz in Frankfurt/Main betreibt vor allem Zeltmission.
Gründer und Leiter der Organisation ist der Bautechniker
Werner Bergmann. Ihm steht eine Gruppe von Mitarbei-
tern, die „Älteste" genannt werden, zur Seite. Bei der Missionsarbeit stehen Erweckungserlebnisse, also Berichte,
wie Menschen zum „richtigen" Glauben gefunden haben,
im Mittelpunkt. Außerdem findet regelmäßig eine „Bela-

steten-Seelsorge" statt, bei der →Exorzismus praktiziert wird.

Ein ehemaliges Mitglied der Missionsgemeinde berichtet: „Amtsträger der Missionsgemeinde schrien die Dämonen an, die angeblich in ihrem Körper hausten, und wiederholten Sätze wie diese unzählige Male: ‚Wir rotten die Mächte aus ... Satan, du hast hier nichts zu wollen ... Fahr aus, fahr aus, aus, aus ...'" Werner Bergmann behauptet, Dämonen würden Besitz von Menschen ergreifen. Jeder Mensch sei von solchen Mächten besessen und müsse sich daher regelmäßigen Teufelsaustreibungen unterziehen. Ehemalige Angehörige der Gruppe berichten, daß sie langsam, aber zielstrebig in eine innere Abhängigkeit von der Gruppe und ihrer Teufelsaustreibung geführt worden seien. Da die „Belasteten-Seelsorge" vorwiegend Menschen anspricht, die sich in Krisensituationen befinden, ist die Gefahr von ernsthaften seelischen Folgeschäden sehr groß. So beging eine junge Frau Selbstmord, weil sie glaubte, vom Teufel besessen zu sein.

Eine ganze Reihe weiterer Gruppierungen, die sich Missionsgesellschaft oder Missionsbund nennen, sind in der Öffentlichkeit aktiv, zum Teil durch Zeltmission oder Veranstaltungen in großen Sälen. Sie gehören durchweg zu den charismatisch oder pfingstlerisch ausgerichteten Gemeinschaften (→Charismatiker, →Pfingstbewegung). Die wichtigsten sind: Jugend mit einer Mission, Missionswerk Der Weg zu Jesus, Missionswerk Jesus Christus, Internationale Weltmission, Missionsbund zur Ausbreitung urchristlichen Evangeliums, Missionswerk „Der Weg zur Freude", Missionswerk „Gute Nachricht", Vereinigte Missionsfreunde.

Mormonen

Die „Kirche Jesu Christi der Heiligen der Letzten Tage", wie sich die Mormonen selbst nennen, versteht sich als christliche Gemeinschaft, die auf göttliche Veranlassung hin entstanden sei. Die Mormonen haben weltweit rund 8,5 Millionen Anhänger mit Schwerpunkt in den USA („Mormonenstaat" Utah). Die mormonischen Gemeinden in der Bundesrepublik zählen ca. 40 000 Mitglieder. Weltweit sind die Mitgliederzahlen steigend.

Dem Farmergehilfen Joseph Smith (1805-1844) wurde als 14jährigem in einer Erscheinung von Gott und von Jesus mitgeteilt, daß alle Kirchen „in den Augen Gottes ein Greuel" seien. 1827 übergab ihm der Engel Moroni einen Stapel uralter „Goldplatten", deren Inschriften Smith mit Hilfe einer „Prophetenbrille" entziffern konnte. So entstand das Buch Mormon. Mormon ist Smith zufolge ein Prophet, der im 5. Jahrhundert n. Chr. in Nordamerika gelebt habe. Nachdem Smith im Juni 1844 von Gegnern seiner religiösen Anschauungen ermordet worden war, übernahm Brigham Young (1801-1877) die Leitung der Gemeinschaft. Er führte die Mormonen, deren Meinungen und Lebensweisen (vor allem die Vielehe) von Staat und Gesellschaft nicht geduldet wurden, schließlich in das völlig unwirtliche Gebiet der Großen Salzseen im Westen der USA. Die Gemeinschaft verwandelte die Wüste in eine Kulturlandschaft. Nachdem die Mormonen offiziell der Vielehe abgeschworen hatten, wurde das Gebiet 1896 als Bundesstaat Utah in die Vereinigten Staaten aufgenommen.

Für die Mormonen ist die Offenbarung durch das „Buch Mormon", das auch „Heilige Schrift des Herren für die westliche Erdhälfte" genannt wird, das wesentliche Buch. Demnach sind nach dem Turmbau zu Babel Nachfahren des jüdischen Stammes Josef nach Amerika („Land der Ver-

Mormonen auf dem Weg nach Salt Lake City (Stich aus dem 19. Jahrhundert)

heißung") ausgewandert. Nach seiner Kreuzigung sei Christus in Amerika erschienen und habe zwölf Jünger berufen. 384 n. Chr. hätten die gottesfürchtigen Nachfahren des Stammes Josef eine Niederlage gegen die vom Glauben abgefallenen (und deswegen von Gott mit einer dunklen Hautfarbe „gestraften") Lamaniten erlitten. Dem Sohn des Propheten Mormon sei es in letzter Minute gelungen, die goldenen Platten, auf denen die bisherige Geschichte festgehalten ist, zu aktualisieren und dann zu vergraben.

Die Mormonen sind davon überzeugt, daß es einen Gott aus Fleisch und Blut gibt, der selbst vor Urzeiten einmal Mensch gewesen sei und sich dann durch das Studium der Gesetze des Kosmos zum Gott gewandelt habe. Nach ihrer Meinung werden auch Menschen dereinst zu Göttern – aber nur Mormonen. Diese höchste Stufe der Vollendung, die „Erhöhung", können außerdem nur jene Mormonen erreichen, die in ihrem irdischen Leben die (geheimen) Tempelrituale vollzogen haben.

Über diese Zeremonien in den weltweit 43 mormonischen Tempeln ist in der Öffentlichkeit wenig bekannt. Der evangelische Theologe Rüdiger Hauth, der eine Doktorarbeit über die Mormonenrituale schrieb, unterscheidet folgende Rituale:

• Die Totentaufe: Da die Erlösung nur Mitgliedern der Mormonen möglich ist, können Menschen, die vor Gründung der Glaubensgemeinschaft gelebt haben oder „ungläubig" blieben, gerettet werden, wenn sich stellvertretend für sie ein Mitglied der Mormonen nochmals taufen läßt. Viele Mitglieder der Glaubensgemeinschaft betreiben Ahnenforschung, um möglichst vielen verstorbenen Familienangehörigen das himmlische Heil zu bescheren.

• Das Endowment: Das bedeutet wörtlich „Ausstattung", und es ist das wichtigste Ritual. Mit seiner Hilfe können die Mormonen jene Worte und Zeichen lernen, die benötigt werden, um beim Eintritt in das Reich Gottes die wachhabenden Engel passieren zu können.

Die zeremonielle Handlung beginnt mit einer Salbung. Dann wird dem „Endowee" das heilige Tempelgewand angelegt, das er/sie in Zukunft als Schutz gegen das Böse stets tragen wird – im Alltag unter der normalen Kleidung. Auf der linken Brustseite befindet sich ein symbolischer Zirkel, auf der rechten das Winkelmaß. Am Bauchnabel und am rechten Knie sind knopflochgroße Einschnitte angebracht, die daran erinnern sollen, daß „sich jedes Knie beugen und jede Zunge bekennen soll, daß Jesus der Christus ist", bzw. „daß Körper und Geist ständig der Nahrung bedürfen". Im weiteren Verlauf der Feier erlernen die Teilnehmer die vier geheimen Erkennungszeichen, die notwendig sind, um nach dem Tode in das himmlische Reich eintreten zu können. Es sind dies ein bestimmter Handgriff, eine Armgeste, ein Geheimwort und eine Strafgeste, die der Priester folgendermaßen erklärt: „Die Strafe wird zeichenhaft durchgeführt, indem man den Daumen unter das linke Ohr hält, die Handfläche nach unten, dann sehr schnell mit dem Daumen über die Kehle zum rechten Ohr zieht und die Hand zur Seite fallen läßt." Am Ende des Rituals durchschreiten alle Teilnehmer einen Vorhang, der die Grenze zum himmlischen Reich symbolisiert. Ein Priester fragt die vier Erkennungszeichen ab und probt sie gegebenenfalls so lange, bis die Kandidaten sie vollständig beherrschen und dann durch den Vorhang dürfen.

• Die Ehesiegelung: Um auch in der Ewigkeit zusammenleben zu können, müssen Ehepaare eine weitere Zermonie absolvieren. Dies ist auch deswegen notwendig, da nach mormonischem Glauben nur Verheiratete in das Reich Gottes gelangen können.

• Zweite Salbung: Dieses Ritual ist nur einigen wenigen ausgewählten Mormonen vorbehalten. Es bedeutet im wesentlichen, daß der Betreffende bereits in seinem irdischem Leben zu einem Gott erhoben wird.

Nazarener

Nach Nazareth, dem Heimatort der Eltern von Jesus Christus, benannte religiöse Gruppierungen, die unabhängig voneinander arbeiten. Die größte dieser Gruppen ist die vor allem in den USA aktive „Church of the Nazarene (Kirche des Nazareners)". Die 1908 entstandene Glaubensgemeinschaft ist missionarisch aktiv und beruft sich auf die Lehre des Methodisten-Gründers John Wesley (→Methodisten).

Im Mittelpunkt steht das persönliche Erlebnis, wie man zu Christus gefunden habe. Die Gemeinschaft hat weltweit etwa eine Million Anhänger, davon ca. 1 000 in der Bundesrepublik. Die „Gesellschaft für nazaräisches Urchristentum" hat sich dem Tier- und Umweltschutz verschrieben und lehnt alle Genuß- und Rauschmittel ab. Die 1832 entstandene „Gemeinschaft Evangelisch Taufgesinnter" tritt auch unter dem Namen „Nazarener" oder (nach ihrem Gründer Samuel Heinrich Fröhlich) „Fröhlichaner" auf. Im deutschsprachigen Raum gibt es rund 5 000 Mitglieder.

Neuapostolische Kirche

Die Wurzeln dieser christlichen Gemeinschaft (rund 450 000 Mitglieder in der Bundesrepublik, weltweit etwa 7,2 Millionen) liegen in einer Glaubensrichtung, die im frühen 19. Jahrhundert in Großbritannien entstanden war. Dort waren einige Laien und Priester der Überzeugung, die Wiederkunft des christlichen Messias, des „Erlösers", stehe unmittelbar bevor. Außerdem hatten „Zungenreden", durch das sich Gemeindemitglieder während der Gottesdienste in fremder, niemand verständlicher Sprache äußerten, Wunderheilungen und Weissagungen zu einem Zerwürfnis mit der Amtskirche geführt. Die Folge war die Gründung einer freien Gemeinde (1832), die die Kirche auf die baldige Wiederkunft Christus vorbereiten wollte. Dies geschah durch die Einsetzung von zwölf Aposteln. Obwohl innerhalb kurzer Zeit rund 1 000 katholisch-apostolische Gemeinden entstanden (davon ca. 340 in Deutschland), blieb der Einfluß auf die großen Kirchen gering.

Als zudem die erhoffte Wiederkunft des Messias ausblieb, entschloß man sich, die durch Todesfälle verringerte Zahl der Apostel nicht wieder auf zwölf zu ergänzen. Dem widersprach der Berliner „Engelprophet" Heinrich Geyer (1818-1896) und setzte neue Apostel ein, die freilich von den anderen Aposteln nicht anerkannt wurden. Dies führte zur Spaltung und Gründung der Neuapostolischen Gemeinde, später Neuapostolischen Kirche, die bald auch das Stammapostelamt einführte, also einen obersten Apostel ernannte. Unter dessen Leitung arbeiten heute weltweit etwa 200 Apostel, 30 davon in der Bundesrepublik.

Die Gemeinschaft ist überzeugt, durch die Apostel, die von Christus selbst eingesetzt würden, die einzige Kirche zu sein, die das Werk des Gottessohnes zu Ende führe. Durch das Sakrament der „Siegelung" werden die Mitglieder der Neuapostolischen Kirche (durch Handauflegen) direkt mit dem Heiligen Geist verbunden. Sie erhalten so die Gewißheit, nicht nur nach dem Ende der Welt einen sicheren Platz an der Seite Gottes zu bekommen, sondern bereits im Diesseits durch den Heiligen Geist beschützt zu sein.

Opus Dei

Die katholische Laienvereinigung Opus Dei (lateinisch = „Werk Gottes") wurde 1928 (für Männer) bzw. 1930 (für Frauen) von Escrivá de Balaguer (1902-1975) gegründet. Die Gruppierung wurde 1950 vom Vatikan als „Weltliches Institut" anerkannt. Opus Dei zeichnet sich durch eine extrem konservative Haltung in allen Fragen des Glaubens und der Politik aus. Zusätzlich verstärkt durch das eigene geradezu geheimniskrämerische Verhalten, geriet die Vereinigung mehrfach in den Verdacht, hinter dunklen Geldgeschäften des Vatikans zu stehen. Ausgetretene Mitglieder berichten, die Organisation übe auf Menschen, die das Opus Dei verlassen wollten, starken seelischen Druck aus.

Besonders aktiv arbeitet Opus Dei in Spanien. Der Orden hatte dort beste Beziehungen zum faschistischen Franco-Regime (1936-1975). Die spanische Regierung unter General Franco kam 1936 u.a. durch die Hilfe Hitlers an die Macht und war eine der schlimmsten Diktaturen in Europa. Auch heute noch bestehen Verbindungen zur extremen Rechten. In der Bundesrepublik gibt es einzelne Häuser der Vereinigung. Über die Zahl der Mitglieder wird Stillschweigen bewahrt.

Ursprünglich sollte das Opus Dei eine reine Männervereinigung werden. Der Gründer Escrivá de Balaguer berichtet: „Damit nicht der leiseste Zweifel aufkam, daß Er derjenige war, der das Werk wollte, bediente Er sich sichtbarer Zeichen. Ich hatte geschrieben: ‚Nie wird es Frauen im Opus Dei geben – nicht einmal im Scherz.' Und wenige Tage später dann ... der 14. Februar: Ich besuchte das Haus einer alten achtzigjährigen Dame, die bei mir zu beichten pflegte, um in ihrer kleinen Hauskapelle die heilige Messe zu feiern. Und dort war es, in jener heiligen Messe, nach der Kommunion, daß die weibliche Abteilung zur Welt kam. Nach der Messe beeilte ich mich, meinen Beichtvater aufzusuchen, der mir sagte: ‚Das kommt genauso von Gott wie alles andere'."

Hier wird der Leitsatz deutlich, den Escrivá de Balaguer stets anwandte: Die Vereinigung sei von Gott selbst gegründet worden. Sie werde auch von Gott selbst geleitet, da er, Escrivá de Balaguer, die Fähigkeit habe, Gottes Wille unmittelbar zu erkennen. Diskussionen schnitt der autoritäre Priester stets mit den Worten ab: „Lo quierre Dios, y basta! – Gott will es so, und damit fertig!" Aus der Umgebung des Gründers wurde zudem das Gerücht verbreitet, die Jungfrau Maria sei ihm ein- oder zweimal persönlich erschienen. Damit sollte Escrivás Stellung hervorgehoben werden. Auch im Tod noch wurde das Außergewöhnliche betont: Als er mit 73 Jahren starb, war er nach

Auskunft der Ärzte kerngesund – nur hatte sein Herz aus unbegreiflichen Gründen aufgehört zu schlagen. Die Ärzte waren Mitglieder der medizinischen Fakultät der Opus-Dei-Universität in Pamplona. Alvaro del Portillo, der damalige Generalsekretär von Opus Dei, verkündete die Todesursache: „Maria gab ihm gleichsam einen Kuß auf die Stirn und holte ihn zu ihrem Sohn."

Im Opus Dei ist alles auf die Führung ausgerichtet. An der Spitze steht der Generalpräsident, dem ein Generalrat beigeordnet ist. In diesem Generalrat, dem Priester wie Laien angehören, sind auch die regionalen Leitungen jener Länder vertreten, in denen das Opus Dei aktiv ist. Die Äußerungen des Generalpräsidenten, die durchwegs in Absprache mit dem Generalrat getroffen werden, gelten als Wille Gottes und sind somit absolut verbindlich und unangreifbar.

Die Einrichtungen des Opus Dei auf örtlicher Ebene werden von Räten geleitet. Es gibt drei unterschiedliche Arten der Mitgliedschaft in der Vereinigung:

Die Numerarier (aus dem spanischen miembro numerario – eingeschriebenes Mitglied) bleiben unverheiratet und üben in der Regel einen (durchwegs hochqualifizierten) zivilen Beruf aus. Leitungsaufgaben innerhalb des Opus Dei werden stets von Numerariern übernommen. Sie wohnen in einem Haus (Zentrum) der Gemeinschaft zusammen. Diese Wohngemeinschaft, die als Familie begriffen wird, ist für die Numerarier höherwertiger als die leibliche Familie. Gegenüber dem Opus Dei geben die Numerarier ein Gelübde der Armut und des Gehorsams ab.

Die Assoziierten sind Mitglieder, die über eine weniger gute Ausbildung als die Numerarier verfügen oder von der Leitung wegen gesundheitlicher Mängel nicht als Numerarier zugelassen wurden. Die Asoziierten geloben ebenfalls Ehelosigkeit und Armut, wohnen aber nicht in Zentren zusammen. Wo (wie teilweise in Spanien) doch, stehen diese Zentren unter der Leitung eines Numerariers. Leitungsfunktionen innerhalb des Opus Dei können die Asoziierten nicht übernehmen.

Die Supernumerarier (aus dem Spanischen: miembro supernumerario – außerplanmäßiges Mitglied) sind verheiratet und leben mit ihren Familien zusammen. Sie sind kaum in die inneren Vorgänge der Vereinigung eingeweiht und werden von Numerariern angeleitet.

Die weibliche Abteilung des Opus Dei ist ähnlich aufgebaut. Freilich unterscheiden sich die Aufgaben von männlichem und weiblichem Opus Dei sehr grundsätzlich voneinander. Ein Großteil der weiblichen Mitglieder, die numerariae auxiliares oder numerariae servientes genannt werden, arbeitet in den sog. Verwaltungen. Diese wurden eingerichtet, um die Zentren, in denen die männlichen Opus-Dei-Mitglieder leben, zu versorgen. Dabei wird peinlich genau darauf geachtet, daß sich Männer und Frauen niemals begegnen. So sind die Räumlichkeiten der Verwaltungen vom Männertrakt aus weder zu betreten noch einzusehen. Die trotz allem notwendige Verständigung mit der Verwaltung darf nur vom Leiter des Hauses über ein Haustelefon erledigt werden, wobei weder Namen genannt noch Höflichkeitsformeln ausgetauscht werden.

Lediglich im Generalhaus des Opus Dei in Rom und an den Sitzen der jeweiligen Länderkommissionen sind die numerariae auxiliares gelegentlich zu sehen: Sie reichen die Mahlzeiten, dürfen aber nur vom Leiter der Kommission angesprochen werden.

Die „Öffentlichkeitsarbeit" des Opus Dei besteht in Gruppenstunden, Wochenendseminaren, Vorträgen etc., die ebenfalls streng nach Geschlechtern getrennt (auch für Ehepaare) durchgeführt werden. Bei solchen Veranstaltungen werden gezielt solche junge Menschen angesprochen, die sich durch besondere Leistungen in Schule oder

Universität auszeichnen. Dabei wird versucht, mögliche Spannungen mit dem Elternhaus auszunutzen, um eine Entscheidung für die Gemeinschaft und gegen die Famile herbeizuführen. Da zwangsläufig alle Jugendlichen, die sich für das Opus Dei interessieren, dem Katholizismus sehr nahestehen, wird in den Diskussionen betont, daß es Gottes Wille sei, sich der Vereinigung anzuschließen. Wer dies tue, dem sei das Seelenheil gewiß. In der Art, wie Opus Dei neue Mitglieder anwirbt und wie es seelischen Druck auf seine Mitglieder ausübt, unterscheidet sich die Vereinigung nicht von den sogenannten Jugendsekten.

Palmarianisch-katholische Kirche

Die streng konservative Gruppierung wird von ihrem Gründer Clemente Dominguez Gomez (* 24. April 1946) geleitet, der sich als Papst Gregor XVII. bezeichnet. Gomez betrachtet Paul VI. als den letzten rechtmäßigen Papst. Dieser hatte das Amt von 1963 bis 1978 inne. Seine Nachfolger seien Freimaurer, Kommunisten und Statthalter des Satans.

Die Gruppierung leitet ihren Namen von dem Ort Palmar de Troya in der spanischen Provinz Sevilla ab. Dort soll es eine Marienerscheinung gegeben haben. Die Palmarianer, die einen Marienkult betreiben, rechnen damit, daß die Erde bis zum Jahr 2015 untergehen wird. Bis dahin dürfen die Anhänger der Kirche weder Zeitung lesen noch Fernsehgeräte oder Radioapparate besitzen. Die Zahl der Mitglieder ist unbekannt, doch gibt es auch im deutschsprachigen Raum eine Reihe von Gemeinden.

Pfingstbewegung

Zur ihr gehören eine Fülle von christlich-religiösen Gemeinschaften, die meist mehr dem Protestantismus als dem Katholizismus nahestehen. Sie berufen sich auf unterschiedliche Stellen im Neuen Testament, wie z.B. auf den ersten Brief des Paulus an die Korinther, in dem es heißt (12. Kapitel): „Einem wird gegeben durch den Geist zu reden von der Weisheit ... einem anderen die Gabe, gesund zu machen ... einem anderen Weissagung ... einem anderen mancherlei Sprachen, einem anderen die Sprachen auszulegen". Diese Fähigkeiten – also zu heilen, in „fremden Zungen" (oder Sprachen) zu sprechen und zu weissagen – hatten nach der Legende auch die Jünger von Jesus, als zu Pfingsten der Heilige Geist über sie kam. Für die Pfingstler sind diese Fähigkeiten ein Zeichen des echten Glaubens.

Weltweit gehören den pfingstlerischen Kirchen etwa 300 Millionen Menschen an (Schwerpunkt USA, Lateinamerika), in der Bundesrepublik haben die verschiedenen Gruppen etwa 50 000 Mitglieder.

Die Ursprünge der Pfingst-Kirchen liegen in der Erweckungsbewegung zu Beginn des 20 Jh. in den USA. Um die Jahrhundertwende war es in mehreren christlichen Gemeinden bei Erwachsenentaufen oder Gottesdiensten mit Handauflegen zu außergewöhnlichen Erscheinungen gekommen: Die Beteiligten redeten in einer unverständlichen Sprache. Dies wurde als Zeichen genommen, daß der Heilige Geist über sie gekommen sei. Diese Erscheinungen nahmen die Züge einer Massenbewegung an, als in Los Angeles der Prediger W. J. Seymour auftrat. In seiner Straßenkirche in der Azusa Street versammelten sich Menschen aus allen Teilen der USA, später auch aus Europa und Lateinamerika. Die Berichte von Wunderheilungen, Prophezeiungen, Weissagungen, Zungenreden ließen die Gemeinde schnell wachsen.

Die meisten Pfingstgemeinden glauben, daß Jesus bald wieder zur Erde zurückkehren werde (Holzschnitt von Albrecht Dürer, „Die Auferstehung", 1510, Ausschnitt)

Der norwegische Methodistenprediger T. B. Barratt, der hier, wie Zeitgenossen berichten, „von solchem Licht und und solcher Kraft erfüllt (wurde), daß er mit lauter Stimme in einer ihm fremden Sprache zu rufen anfing", brachte die pfingstlerische Begeisterung nach Europa. Hier entstand ebenfalls eine Reihe von Gemeinden. Die großen Kirchen lehnten die Pfingstler durchwegs ab, was aber nicht verhindern konnte, daß diese im 20. Jh. die größten Zuwachsraten aller christlichen Glaubensrichtungen hatten. Ursache dafür sind vor allem die großen Missionserfolge in Lateinamerika und Afrika.

Die Grundhaltung der verschiedenen Pfingstgemeinden ist nicht einheitlich. Es lassen sich aber einige Gemeinsamkeiten feststellen: Durchwegs wird die Bibel als unfehlbar angesehen und wörtlich ausgelegt. Die meisten Gemeinden glauben an eine baldige Wiederkunft des Messias. Der Heilige Geist, so sagen sie, wirke direkt auf die Gläubigen ein, was sich in den typischen Pfingsterlebnissen wie Weissagungen, Zungenreden etc. niederschlage. Einige Gruppierungen erkennen die Erwachsenentaufe nur an, wenn sie von solchen Erscheinungen begleitet wird. Bleiben sie aus, ist der Gläubige nicht ausreichend vom Heiligen Geist beseelt.

Ähnlich wird mit den Heilungen, die in vielen Gemeinden praktiziert werden, umgegangen: Tritt der erwartete Erfolg nicht ein, dann, so meinen die Pfingstler, fehle dem Kranken eben der ausreichende Glaube. Die Gottesdienste und Zusammenkünfte werden meist von Predigern oder Ältesten geleitet. Wegen ihrer Strenge und übergroßen Moralität sind die meisten pfingstlichen Gemeinden nicht eben die Gruppen, die großen Zulauf an Jugendlichen haben. Wer aber am Gemeindeleben teilnimmt und überzeugt ist, vom Heiligen Geist beseelt zu sein, hat große Schwierigkeiten, den Ausstieg aus einer solchen Gruppe zu finden.

Folgende Gemeinschaften werden zu den Pfingstgemeinden gezählt: All Nations Gospel Publishers; Apostolic Faith; Apostolische Kirche – Urchristliche Mission; Assemblies of God; Bibelchristliche Gemeinde; Biblische Glaubensgemeinde; Bund Freikirchlicher Pfingstgemeinden; Christengemeinde; Christliche Gemeinschaft; Christlicher Gemeinschaftsverband Mülheim an der Ruhr; Evangelischer Hausgemeindedienst; Evangeliumsgemeinde Menorah; Freie Christengemeinden; Freikirchliches Evangelisches Gemeindewerk; Gemeinde entschiedener Christen; Gemeinde für Urchristentum; Gemeinde

Gottes; Geschäftsleute des vollen Evangeliums – Internationale Vereinigung; Internationale Weltmission; Missionsbund zur Ausbreitung urchristlichen Evangeliums; Missionswerk „Der Weg zur Freude"; Missionswerk „Gute Nachricht"; Missionswerk und Freikirche „Stimme des Glaubens"; Pfingstgemeinde Hamburg; Revival Centers International; Schweizerische Pfingstmission; Spätregen-Mission International; Stiftung Zeugnis und Einheit; Stimme der Erneuerung; United Pentecostal Church International; Vereinigte Missionsfreunde; Volksmission entschiedener Christen in Deutschland; Wahre Jesus Gemeinde.

Pietismus

Ursprünglich war Pietist („Frömmler") ein Schimpfwort in der Debatte um eine neue Form des christlichen Gemeindelebens. Die Diskussion war in Halle von dem protestantischen Theologen August Hermann Francke (1663-1727) begonnen worden. Francke hatte, ähnlich wie sein Theologenkollege Phillip Jacob Spener (1635-1705), zu einer Reform aufgerufen. In sog. „Collegia biblica" sollten sich außerhalb des Gottesdienstes Gläubige treffen und zusammen die Bibel (insbesondere das Neue Testament) auslegen und beten. Bei diesen Zusammenkünften wurde eine besondere, verinnerlichte Frömmigkeit gepflegt, die durchaus schwärmerische Züge annehmen konnte. Die von Graf Nikolaus Ludwig von Zinzendorf (1700-1760) gegründete Herrnhuter Brüdergemeinde ist eine Gründung des Pietismus. Die vor allem in der Missionsarbeit und im Schulwesen, das als außerordentlich gut gilt, aktiven Brüder bilden eine der letzten heute noch bestehenden Gemeinschaften. Sie gaben der Erweckungsbewegung des 19. und 20. Jh. wichtige Anstöße. Heute finden sich pietistische Elemente bei den evangelikalen Gruppen (→Evangelikale Bewegung) sowie bei den protestantischen Fundamentalisten (→Fundamentalismus). In der lutherischen Landeskirche Baden-Württembergs hat sich bis heute pietistisches Gedankengut erhalten.

Priesterbruderschaft St. Pius X.

Die Auseinandersetzungen mit dem Gründer der Priesterbruderschaft, dem früheren Erzbischof Marcel Lefebvre (1905-1991), führten die katholische Kirche in eine ernsthafte Krise. Der Ausgangspunkt war, daß Lefebvre ein entschiedener Gegner der Reformen des Zweiten Vatikanischen Konzils war. Das Zweite Vatikanische Konzil tagte von 1962 bis 1965 und brachte eine gewisse Öffnung der katholischen Kirche gegenüber dem Denken der Neuzeit. Um am Althergebrachten festhalten zu können, gründete Lefebvre eine eigene Ausbildungsstätte für angehende Priester. Die kirchenrechtlichen Genehmigungen dafür lagen vor. Als Lefebvre allerdings begann, Diakone und Priester zu weihen, enthob ihn Papst Paul VI. (1976) von seinen Vollmachten als Bischof und Priester. Lefebvre setzte freilich die Priesterweihen (über 200) fort und provozierte den Vatikan, indem er 1988 vier Bischöfe weihte. Dies zog die Exkommunikation durch Papst Johannes Paul II. nach sich.

Lefebvre, der in Rom studiert hatte, und damals stark von rechtsextremen Kräften beeinflußt war, wurde später Erzbischof von Dakkar/Senegal, dann Päpstlicher Thronassistent und nahm schließlich am Zweiten Vatikanischen Konzil (1962 bis 1965) teil. Dort wurde er einer der Wortführer gegen jede Art von Modernisierung der katholischen Kirche.

Der exkommunizierte Erzbischof und sein Nachfolger Franz Schmidberger stehen für eine Richtung innerhalb des Katholizismus, die sich jeder Änderung verweigert. Lefebvre hatte das Konzil als „größtes Unglück dieses Jahrhunderts und aller vergangenen Jahrhunderte seit der Gründung der Kirche" bezeichnet. Diese Meinung und sein starrköpfiges Festhalten am Althergebrachten, vor allem aber auch an der althergebrachten Form der katholischen Messe, trugen ihm mehr Sympathie ein, als die relativ geringe Zahl seiner Mitpriester in der Bruderschaft St. Pius X. vermuten läßt. Seine Weigerung, sich der päpstlichen Autorität zu unterstellen, ging der Mehrzahl der Katholiken allerdings zu weit.

Universelles Leben (Heimholungswerk Jesu Christi)

Die Gruppierung ist ganz auf ihre Gründerin, die „Prophetin" Gabriele Wittek, zugeschnitten. Die Gemeinschaft verbindet christliches Gedankengut mit buddhistisch-hinduistischen Elementen (→Buddhismus, →Hinduismus) sowie einem ausgeprägten Geschäftssinn. Gegen ihre Gegner geht die Gruppe unnachsichtig vor. 40 000 Anhänger des „Universellen Lebens" soll es in der Bundesrepublik geben, 100 000 weltweit. Das „Heimholungswerk" gibt an, auf allen Kontinenten vertreten zu sein und Materialien in 23 Sprachen herauszugeben.

Gabriele Wittek wurde 1933 in der Nähe von Augsburg

geboren. Ein einschneidendes Erlebnis für sie war, als 1970 unerwartet ihre geliebte Mutter verstarb. Gabriele Wittek sah von nun an Gestalten, auch die ihrer Mutter. Ein paar Jahre später bemerkte auch ihr Mann, der Ingenieur Rudolf Wittek, Geistwesen – das erstmals, als Gabriele Wittek von einem tagelangen Weinkrampf geschüttelt wurde. Da sah er Jesus Christus, der mit erhobenen Händen hinter seiner Gattin stand. Zu Weihnachten 1974 bekam Gabriele Wittek eine holzgeschnitzte Figur geschenkt. Als sie diese genau betrachtete, vernahm sie plötzlich die Worte: „Ich bin dein geistiger Lehrer, Bruder Emanuel!" Ab dem 6. Januar des folgenden Jahres, dem Dreikönigstag, hörte sie täglich innere Stimmen. An diesem Tag war ihr beim Beten plötzlich eine wunderschöne Lichtgestalt erschienen, die sie für ihren Schutzengel hielt. Dabei fühlte sie ein Wehen um ihren Kopf, eine „starke Pulsation" zwischen den Augen und einen „Kraftstrom" zwischen den Schulterblättern.

Neben Bruder Emanuel hörte Gabriele Wittek auch die Stimme von Jesus Christus, der ihr erklärte, daß Emanuel ein hoher Engel sei, der „Gesetzesengel der Weisheit". Außerdem sprach „die Schöpferkraft", also Gott selbst, zu ihr, freilich mit „viel gewaltigerer Schwingung" als der Sohn. Zu diesen drei gesellte sich schließlich noch die Stimme von „Mairadi", der sich als „Bruder aus dem All" vorstellte. Er lebe, so sagte er Gabriele Wittek, auf dem Planenten Maiami-Chuli, außerhalb der Milchstraße. Er befinde sich aber gerade in seinem Raumschiff und nehme mittels Telepathie Kontakt mit ihr auf.

Gabriele Wittek fand nach einiger Zeit Gleichgesinnte, denen sie predigte, was ihr die inneren Stimmen gesagt hatten. Dabei ergab es sich, daß drei ihrer Jünger ebenfalls Stimmen von „Gesetzesengeln" hörten, nämlich die des „Trägers des Willens, des Ernstes und der Ordnung Gottes." 1978 gründete Gabriele Wittek das „Heimholungswerk", das „Großoffenbarungen" mit Tausenden von Zuhörern veranstaltete. 1985 wurde die Gruppe in „Universelles Leben" umbenannt. Dazu kam ein ebenso erstaunlicher wirtschaftlicher Aufschwung der Gruppierung. Heute gehören mehrere Betriebe in der Region Würzburg zum „Universellen Leben". Eine Siedlung, Bauernhöfe, Läden, eine Druckerei, Hotels, eine „Christusklinik" und eine eigene Schule runden den Besitz des „Heimholungs"-Konzerns ab.

Da Gott bzw. der „Geistlehrer Bruder Emanuel" direkt aus Gabriele Wittek sprechen, darf die Prophetin nicht kritisiert werden. Die Lehre von Gabriele Wittek setzt sich aus den unterschiedlichsten Bestandteilen verschiedener Religionen und religiöser Strömungen zusammen. Zusammengefaßt ergibt dieser bunte Teppich folgende Lehre: Gott schuf ein Universum aus reinen Geistwesen. Satana, die Göttin, wandte sich von Gott und dem gemeinsamen Sohn Christus ab – aus dieser „bösen" Göttin wurde die Materie, also Stoffliches. Die Erde und die Menschen entstanden daraus. Um die Menschen zu erlösen, wurde Christus geboren. Als er starb, gab er allen Seelen, auch der der Satana, einen „Erlöserfunken", der alle dereinst befähigen wird, zu Gott heimzukehren. Vorher aber sind die Menschen der Folge von Wiedergeburten unterworfen, die durch das Beschreiten eines siebenstufigen Pfades der Erleuchtung unterbrochen werden kann.

Wer sich dem „Universellen Leben" anschließt, muß sich nicht nur dem strengen Regiment der Leitung unterwerfen, sondern die Gruppe auch wirtschaftlich unterstützen. Einzelne Mitglieder haben dabei sehr hohe Schulden gemacht, um der Gruppe Geld geben zu können.

Vereinigungskirche (Mun-Sekte)

Die Mun-Bewegung (auch: Gemeinschaft vom Heiligen Geist für die Vereinigung der Weltchristenheit) betrachtet den 1920 geborenen Koreaner San Myung Mun als Messias (oder „Herren der Wiederkunft"). Unter seiner Führung soll die gesamte Welt „vereint" werden. Nach eigenen Angaben ist die Vereinigungkirche in 130 Ländern aktiv. Weltweit soll es zwei Millionen Anhänger geben, in der Bundesrepublik wird die Zahl der Mitglieder auf 1 000 und der Sympathisanten auf 2 500 geschätzt.

Mun sieht sich selbst als Erleuchteten, als Auserwählten. In einem nur für Mitglieder der Vereinigungskirche bestimmten Lebenslauf wird der Tag seiner Geburt folgendermaßen beschrieben: „An diesem Tag wurde einem Menschen das Leben geschenkt, dem der göttliche Auftrag für die schwierigste Aufgabe der Geschichte bestimmt war – die Welt zu erneuern. Die Geschichtsschreibung wird jenen Tag als den Beginn eines kosmischen Übergangs kennzeichnen."

Mun trat 1930 zum christlichen Glauben über. Nach dem Besuch der Grundschule ging Mun nach Seoul und besuchte dort ein Gymnasium. In dieser Zeit fand er Kontakt zu einer Pfingstgemeinde (→Pfingstbewegung) sowie zur Jesus-Kirche des ehemaligen Methodistenpfarrers Lee Yong Do. Am Ostersonntag des Jahres 1936 hatte der 16jährige sein „Erleuchtungserlebnis". Als er frühmorgens auf einem Berg betete, erschien ihm Christus. Dieser forderte ihn auf, seine, Christus', Mission zu vollenden. Neun Jahre lang, so hielten die Mun-Chronisten fest, kämpfte ihr Messias gegen den Satan und andere Mächte des Bösen, die ihn von seinem Erlösungswerk abbringen wollten. Die Vorstellung, Mun habe den Auftrag, die Welt zu erlösen, nicht einfach von Gott erhalten, sondern in heftigsten Kämpfen gegen Satan selbst errungen, wurzelt im traditionellen koreanischen →Schamanismus. Solche Ideen finden sich aber auch bei den Theosophen (→Theosophie), die Mun ebenfalls beeinflußten.

Eine weiterer wesentlicher Bestandteil der Munschen Lehre läßt sich aus seiner (offiziellen) Biographie ableiten: Der Antikommunismus. Nach der Befreiung Koreas von der japanischen Kolonialherrschaft 1945 hatte Mun einige Zeit im „Israel-Kloster" von Kim Baek Mun verbracht, der sich ebenfalls für den Messias hielt, und überdies lehrte, die Koreaner seien das „auserwählte Volk". Wesentliche Teile seines Hauptwerkes „Göttliche Prinzipien" soll Mun aus Kims „Christlichen Grundprinzipien" übernommen haben. Mun erhielt schließlich „von Gott" den Auftrag, in Nordkorea zu missionieren, wo er alsbald verhaftet und in ein Arbeitslager eingewiesen wurde. Während des Koreakrieges (1950-1953) gelang es ihm zu entkommen und sich nach Südkorea durchzuschlagen. Er arbeitete als Hafenarbeiter und versuchte, erneut eine Gemeinde um sich zu scharen. Größere Erfolge hatte er allerdings erst, als er 1953 nach Seoul in Südkorea umzog und dort einige Intellektuelle für sich gewinnen konnte. 1954 gründete Mun seine Glaubensgemeinschaft Tong-Il-Kyo (Vereinigungsbewegung), die er Holy Spirit Association for the Unification of World Christianity (Heilig-Geist-Bewegung für die Vereinigung des Weltchristentums) nannte.

Der 40jährige Messias Mun hatte Gefallen an der 18jährigen Han Hak Ja gefunden und sie dazu auserwählt, an seiner Seite dazu beizutragen, die „wahre Familie reinen Blutes und ohne Erbsünde" zu gründen. Freilich mußte sich Han Hak Ja dafür erst qualifizieren: „Ich behandelte ‚Mutter' (Sekten-Jargon für Muns Ehefrau/d. Verf.) mehr wie eine Dienerin als wie meine eigene Frau. Wir waren Braut und Bräutigam, aber für ‚Mutter' gab es keine Flitterwochen, sondern nur schwere Prüfungen. Ich wollte, daß sie ganz von unten anfängt, gleich einer Dienerin ... Ich erfüllte den Himmlischen Plan. Es war der geschichtsträchtigste Tag in der göttlichen Geschichte: Der Sohn des Himmels kam auf die Erde und empfing die erste Braut des Himmels. Von diesem Tag an gab es die erste wirkliche Grundlage auf Erden, von der aus Gott weiterarbeiten konnte", schreibt Mun. Mit 13 Kindern aus dieser Ehe bemühte sich das Paar, eine breite Grundlage zu schaffen.

Auch geschäftlich war Mun erfolgreich: 1959 gründete er die Waffenfabrik und Maschinenbaufirma Yeohwa Shotgun, die zunächst Luftgewehre produzierte. Heute ist der Betrieb unter dem Namen Tong Il Company Ltd. ein wichtiger Lieferant der südkoreanischen Armee. 1961 rief er die „International Federation for Worldpeace und Unification (IFWU)" ins Leben, ein Jahr später das Kinderballett „The little Angels", das in aller Welt auftritt. Ebenfalls 1961 gründete er die Studentenorganisation „The Collegiate Association for the Research of the Principles (CARP)". Erste Missionserfolge in Japan ermutigten Mun 1965, eine zehnmonatige Reise durch 40 Länder zu unternehmen. In den USA wurde er dank der Vermittlung durch die südkoreanische Regierung, die großen Gefallen an dem antikommunistischen Kämpfer gefunden hatte, vom ehemaligen Präsidenten Eisenhower empfangen. Mun sah bald in den Vereinigten Staaten das geeignete Zentrum für den Auf- und Ausbau seines Imperiums – auch aus finanziellen Gründen. 1972 übersiedelte er mit seiner Familie in den Staat New York. Seine Anhänger hatten ihm zur Begrüßung ein prächtiges Landgut im Wert von 850 000 Dollar gekauft. Mun: „Gott bat mich, Amerika zu erhalten, Amerika mit Asien verbunden zu halten, um seine Segnungen für die ganze christliche Welt wiederherzustellen und dann die Kommunisten zu befreien. Das ist Gottes Auftrag."

Für seinen Kampf hatte Mun die USA als Hauptquartier gewählt, wirtschaftlich blieb er zu jener Zeit noch stark in Korea verwurzelt. Er wurde mit seiner Firma Il Hwa Pharmaceutics Ltd größter Exporteur des Landes von Ginseng-Wurzeln und Ginseng-Tee, baute die Zementfabrik Il Shin auf, ebenso die Tong Wha Titanicum Company und erwarb Grundstücke und Gebäude in bis heute nicht bekannter Größenordnung. Er entwickelte nach seiner Ankunft sehr erfolgreiche Aktivitäten: In New York brachte Mun 30 000 begeisterte Anhänger in den völlig überfüllten Madison Square Garden, in Seoul organisierte seine Vereinigungskirche eine weltweit beachtete Massenzusammenkunft von einer Million seiner Anhänger.

1981 sollte nach Mun das Reich Gottes entstehen. 1980 aber änderte Mun seine Meinung und gab bekannt, daß eine 21-Jahres-Periode, gegliedert in drei Abschnitte, dem Reich Gottes auf Erden vorausgehen werde.

Zwischenzeitlich erweiterte der Sektenfürst seine Besitztümer. Er kaufte das Hotel „The New Yorker" (2 100 Betten), schuf sich ein ansehnliches Medien-Imperium (Washington Times, New York City Tribune, Sekai Nippon, Tokio, Ultimas Noticias, Montevideo, Middle East Times), wurde im Schiffbau aktiv, gründete Computerfirmen, baute eine Autofabrik in China und soll sogar an der Errichtung eines Atomkraftwerkes (ebenfalls in China) beteiligt sein. Ob Mun auch im internationalen Bankgeschäft tätig ist, läßt sich nicht mit Sicherheit feststellen.

Zugleich versuchte er durch eine kaum mehr überschaubare Vielzahl von Instituten, Vereinen und Vereinigungen auch politischen Einfluß auszuüben. Einige Beispiele: Internationale Stiftung für Hilfe und Freundschaft (IRFF), Internationale Christen für Einheit und soziale Aktion (ICUSA), Internationale Kulturstiftung (ICF), Internationale Konferenz über die Einheit der Wissenschaften (ICUS), Akademie der Professoren für den Weltfrieden (PWPA), Washingtoner Institut für Werte der öffentlichen Politik, Internationale Religionsstiftung (IRF), Die Versammlung der Religionen der Welt (AWR), Rat für Religionen der Welt (CWR), Jugendseminar über die Weltreligionen (YSWR), Religiöser Jugenddienst (RYS), Interkonfessionelle Konferenz für Geistliche (ICC).

Besonders erfolgreich war Mun, als im April 1990 gleich drei seiner Organisationen in Moskau eine internationale Konferenz abhielten: Die World Media Conference (WMC), die Association for the Unity of Latin America (AULA) und The Summit Council for World Peace. Viele hochrangige Politiker folgten der Einladung der Mun-Tarnorganisationen. Auch der damalige Präsident Michail Gorbatschow empfing San Myung Mun. Für Mun war das ein unerhörter Triumph. 1980 hatte er verkündet: „Mein Ziel ist Moskau und die Befreiung der kommunistischen Welt. Wenn ich das Königreich (Gottes) in der freien Welt errichte, wie kann Moskau mich zurückweisen?" Für die Vereinigungskirche war der Auftritt in Moskau so etwas wie die Bestätigung des göttlichen Willens. In einem internen Papier heißt es: „Der Marsch nach Moskau war der triumphale Höhepunkt von Reverend Sun Myung Muns 44 Jahren öffentlichen Wirkens. Es war eine glorreiche Stunde für die ganze Vereinigungs-Bewegung."

Die Vereinigungskirche (Mun-Sekte) ist ganz auf Mun zugeschnitten. An der Spitze stehen er und seine Frau als ideale, vollkommene Eltern mit absoluter Machtvollkommenheit. Auf Landesebene beruft Mun Landesväter, die für ihren Bereich die gesamte Verantwortung tragen. Vorsteher der örtlichen Gemeinden sind die Väter der Center-Familie. Im Gegensatz zur Frühzeit wohnen die Mitglieder heute meist nicht mehr in Gemeinschaften. Die meisten bleiben bei ihrer Familie und in ihrem Beruf. Sie unterstützen die Vereinigungskirche aber finanziell nach allen Kräften.

Am wichtigsten für die Mun-Anhänger (die sich auch selbst Munis nennen) ist die Eheschließung, denn nur verheiratete Mitglieder können in das „Königreich Gottes" eingehen. Eine freie Partnerwahl gibt es dabei nicht. Sehr oft führt Mun selbst die Ehekandidaten zusammen. Wenn der Sektenführer nicht selbst entscheidet, dann sucht der Landesvater nach „seelsorgerischer Beratung" unter den Bewerbern nach den passenden Partnern. Männer wie Frauen können eine Liste mit fünf Wunschkandidaten einreichen, die Mitglied der Vereinigungskirche sein müssen.

Hauptpunkt der oft pompös durchgeführten Hochzeitsfeiern, zu denen Mun und Gattin mit goldenen Kronen erscheinen, ist die „Blutreinigungszermonie". Denn nach Ansicht der Vereinigungskirche ist durch die verbotene Beziehung zwischen Eva und Luzifer das Blut der Menschheit seit Anbeginn verunreinigt. Die Zeremonie erfolgt unter Ausschluß der Öffentlichkeit. Ein nach genau festgelegten Regeln gekelterter Wein steht im Mittelpunkt der symbolischen Reinigung. Nach der Eheschließung müssen die Ehepaare 40 Tage lang völlig enthaltsam leben, Sexualität ist anschließend nur zur Zeugung möglichst zahlreichen Nachwuchses zugelassen.

Die Andachtsräume in den Zentren der Vereinigungskirche sind mit einem Bild Muns und seiner Frau geschmückt, an Sonn- und Feiertagen brennen sieben Kerzen. Zentraler Punkt jeder Andacht ist die Wiederholung eines fünfteiligen Gelöbnisses, das jeder Mun-Anhänger abzugeben hat. Darin heißt es unter anderem: „Ich bin stolz auf die eine Herrschaft, stolz auf das eine Volk, stolz auf das eine Land, stolz auf eine Sprache und Kultur, die Gott als Mittelpunkt haben ... Ich werde unter Einsatz meines Lebens kämpfen. Ich werde verantwortlich sein, meine Pflicht und meine Mission zu erfüllen. Das gelobe und schwöre ich."

Weltweite Kirche Gottes

Radio und Fernsehen als Instrumente der Verkündigung entdeckte sehr frühzeitig der US-amerikanische Werbefachmann Herbert W. Armstrong. Weltweit 380 Fernsehstationen übertragen die Botschaft der „Weltweiten Kirche Gottes". Über „Radio Luxemburg" und „Radio Monte Carlo" wurden von 1953 bis ca. 1973 Radiosendungen der Gemeinschaft auch für den deutschsprachigen Raum ausgestrahlt. Die Gruppierunng zeichnet sich durch die wörtliche Auslegung der Bibel aus: Seit ihrer Erschaffung vor etwa 6 000 Jahren würden die Menschen dem Satan anhängen. Die Wiederkunft von Jesus Christus stehe unmittelbar bevor (als Termine wurden 1972 und 1977 genannt; heute legt sich die Weltweite Kirche nicht mehr so genau fest). Dann bräche ein 1000jähriges Reich an, während dessen die Mitglieder der Weltweiten Kirche Gottes die Aufgabe hätten, „die Völker der Erde unter der persönlichen Leitung Christi zu regieren". Ausdrücklich betont wird die Pflicht zur Abgabe des „Zehnten", also von zehn Prozent des Einkommens. Die Vernachlässigung dieser Pflicht sei Diebstahl an Gott, in dessen Stellvertretung die „Weltweite Kirche Gottes" die einzig rechtmäßige Empfängerin der Zahlungen sei. Die Zeitschrift „Plain Truth" (deutsche Ausgabe: Klar und Wahr) hat weltweit 2,6 Millionen Auflage. Rund 100 000 Menschen sind getaufte Mitglieder der „Weltweiten Kirche Gottes", in der Bundesrepublik gibt es neun Gemeinden mit 560 Mitgliedern.

Zeugen Jehovas

Für viele sind die Zeugen Jehovas „die" Sekte. Das liegt hauptsächlich an der unübersehbaren Missionsarbeit. In nahezu allen Bahnhöfen stehen stumm Menschen, die den „Wachtturm" anbieten. Missionarinnen und Missionare ziehen von Haustür zu Haustür. Die oftmals belächelten „Zeugen" haben eine wachsende Mitgliedschaft. Wer sich von der Glaubensgemeinschaft lösen will, kann in außerordentlich große seelische Konflikte kommen. Die Zeugen Jehovas haben bisher drei Millionen Anhänger, davon 100 000 in der Bundesrepublik.

Gegründet wurde die Gemeinschaft von Charles Taze Russell (1852-1916). Er beschäftigte sich bereits als Jugendlicher mit religiösen Fragen. Mit 18 Jahren trat er einer adventistischen Vereinigung (→Adventisten) bei (Second Adventist), die für 1874 die Wiederkunft von Jesus Christus erwartete. Die Vorstellung, man könne die Wiederkunft und damit nach christlicher Meinung auch das Ende der Welt berechnen, hat Russell tief geprägt. Zusammen mit seiner Frau (von der er 1907 geschieden wurde) gründete er 1879 die Zeitschrift „Zion's Watchtower" (Der Wachtturm) und zwei Jahre später die „Wachtturm-Bibel- und Traktat-Gesellschaft". In den folgenden Jahren bereiste Russell Rußland, Deutschland, Österreich, Griechenland, Palästina, Ägypten, Indien, Japan, China und die Philippinen. Den Weltuntergang sagte er für 1914 voraus, korrigierte sich dann auf 1915, später 1916 und schließlich auf 1918. Er selbst starb 1916.

Sein Nachfolger wurde der Rechtsanwalt Joseph Franklin Rutherford (1869-1942). Er sagte die baldige Wiederauferstehung Abrahams voraus, für den er in San Diego eine prächtige Villa bauen ließ. Bis zu Abrahams Ankunft, so teilte er seinen Anhängern mit, wolle er selbst das Haus bewohnen. Das tat er bis zu seinem Tod 1942.

Der dritte Präsident der Zeugen Jehovas wurde Nathan Homer Knorr (1905-1977). Er nahm entscheidende Veränderungen vor. So richtete er eine Missionssschule für hauptberufliche Zeugen Jehovas ein, gründete die „Predigtdienstschule" für die einfachen Glieder der Gemeinschaft und händigte jedem Mitglied ein sog. Organisationsbuch aus. In dieses Buch müssen alle Aktivitäten, teils sogar aus dem Privatleben, eingetragen werden. Die Zahl der Mitglieder wuchs unter Knorr von 150 000 auf 2,2 Millionen. Dabei mußte die Gemeinschaft den Austritt von Hundertausenden von Zeugen Jehovas hinnehmen, als 1975 ein abermals angekündigter Weltuntergang nicht eintrat. Seit 1992 ist Miltion Henschel (* 1920) Präsident der Gruppierung.

Wichtigster Begriff für die Zeugen Jehovas ist das „Harmagedon", eine bald stattfindende Endschlacht zwischen Gut und Böse. Christus, der nach der Vorstellung der Zeugen am Marterpfahl gestorben ist, wird diese letzte Schlacht von seinem himmlischen Thron aus als Feldherr Gottes leiten. Da aber nach dem biblischen Text der „Offenbarung" nur 144 000 Menschen dereinst mit Christus im Himmel werden regieren können, wird für die anderen Zeugen Jehovas (und nur für sie) ein Paradies auf Erden errichtet.

Das tägliche Leben der Mitglieder wird bestimmt durch den absoluten Gehorsam, den sie ihren Führern entgegenbringen müssen. Die oberste Leitung ist die „Leitende Körperschaft der Zeugen Jehovas", die für sich in Anspruch nimmt, das Sprachrohr Gottes zu sein. Jede Kritik an der Leitung, auch an den Leitungen auf örtlicher Ebene, wird so zur Kritik an Gott selbst. Wichtig für die Zeugen ist auch der Predigtdienst, den die Zeugen Jehovas „Felddienst" nennen. Er ist für sie höchster Ausdruck der Nächstenliebe, denn dadurch geben sie ja den „Ungläubigen" die Möglichkeit, ebenfalls errettet zu werden. Um für den „Felddienst" vorbereitet zu sein, werden die Zeugen Jehovas an durchschnittlich fünf Abenden pro Woche geschult, Anwesenheit und Aktivitäten während des „Felddienstes" werden durch das Organisationsbuch kontrolliert.

Die Mitglieder der Zeugen Jehovas befinden sich also in einer Abhängigkeit von ihrer Leitung. Außerdem bedeutet die immerwährende Bereitschaft, für die Zeugen aktiv zu sein, daß Bekanntschaften, Freundschaften und auch Ehen außerhalb der Gemeinschaft der Zeugen gar nicht möglich sind. Wer mit dem Gedanken spielt, die Gemeinschaft zu verlassen, wer an seinem Glauben zweifelt oder wer gar Kritik üben möchte, wird deshalb von der Leitung mit Gemeinschaftsentzug bestraft. Da die Mitglieder normalerweise Freunde und Bekannte nur innerhalb der Gemeinschaft haben, hat der Gemeinschaftsentzug schlimme Folgen.

Abspaltungen von den Zeugen Jehovas sind: Die „Laien-Heim Missionierung", die „Tagesanbruch Bibelstudien-Vereinigung", die „Freie Bibelgemeinde", die „Studiengruppe Christliche Verantwortung", die Vereinigung „Engel des Herren" (früher: „Menschenfreundliches Werk") und die „Amis Sans Frontières".

Islam

Zum Islam bekennen sich etwa eine Milliarde Menschen, Schwerpunkte sind die arabische Welt einschließlich Nordafrikas, der Türkei, weiter Teile Zentralasiens, Ländern des Fernen Ostens und in zunehmendem Maße afrikanischer Länder südlich der Sahara. Auch in Europa gewinnt der Islam an Gewicht. Hauptursache dafür ist die Zuwanderung aus Nordafrika (Frankreich), der Türkei (Bundesrepublik) sowie Pakistan und Indien (Großbritannien).

Islam bedeutet wörtlich übersetzt Unterwerfung (unter Gott).

Der Islam ist eine Offenbarungsreligion. Er versteht sich also als ein Glauben, der der Menschheit über einen Propheten direkt von Gott (arabisch: Allah) mitgeteilt worden sei. Im Islam war Mohammed (eigentlich: Abu Kasim Muhammad Ben Abdullah) dieser Prophet. Ihm wurde zwischen 610-632 n. Chr. zunächst in Mekka, später in Medina das Wort Gottes verkündet. Es ist im heiligen Buch des Islam, dem Koran (Qur'an), festgehalten.

Mohammed wurde als Halbwaise geboren. Als er sechs war, starb seine Mutter. Er wuchs zunächst bei seinem Großvater auf, und nach dessen Tod zwei Jahre später lebte er bei einem Onkel aus der Familie der Mutter. Wie sein Onkel Abu Talib wurde Mohammed Kaufmann. Als etwa 25jähriger trat er in seiner Geburtsstadt Mekka in den Dienst der verwitweten Kauffrau Khadidscha. Die 20 Jahre ältere Khadidscha wurde seine erste Frau.

Mekka war zu jener Zeit bereits ein religiöses Zentrum mit der Kaaba (arabisch „Würfel") als Mittelpunkt. Die Kaaba ist ein würfelförmiger, fensterloser Bau und das wichtigste Heiligtum des Islam. Schon zu Lebzeiten des Propheten Mohammed wurde die Kaaba, in die ein schwarzer, heiliger Stein eingemauert ist, verehrt. Die Mekkaner verdienten sehr gut an den Pilgern. Sie nahmen die verschiedensten Gottesbilder in den heiligen Bezirk auf, um Wallfahrer unterschiedlicher Glaubensrichtungen in die Stadt zu locken. Die mekkanische Gesellschaft befand sich zur Zeit des jungen Mohammed in einer entscheidenden Umbruchphase. Der Zusammenhalt innerhalb des Stammes, also einer Gruppe von miteinander verwandten Familien, wurde abgelöst durch die Einzelinteressen reich gewordener Kaufleute.

Mohammed, der aus einer einfachen Familie stammte, wurde zum heftigen Kritiker der Zustände in seiner Heimatstadt. Allerdings rebellierte er zunächst erfolglos (wenn auch mit Unterstützung seiner reichen Frau und des begüterten Kaufmannes Abu Bakr, der später erster Kalif, d.h. Nachfolger des Propheten, wurde) gegen die Mißachtung der Armen.

Er zog sich immer öfter in die Einsamkeit der Wüste zurück. Mohammed erlebte Trance-Zustände und fühlte sich von Dämonen verfolgt. Über eine erste Offenbarung des Wortes Gottes berichtete er nur im Familienkreis. Nach der Legende wurde dem Propheten eine zweite Offenbarung zuteil: In einer Höhle in der Nähe Mekkas erschien ihm der Engel Gabriel (arabisch: Dschibril) und

Kalligraphische Gestaltung des Koranverses: „Ich nehme meine Zuflucht bei Gott vor dem verfluchten Satan. Im Namen des barmherzigen und gütigen Gottes. O Gott, o Öffner der Türen, eröffne (uns) das Beste."

verkündete, Mohammed sei von Gott als dessen Bote ausersehen. Mohammed wollte die Einwohner Mekkas von seiner Vision eines einzigen Gottes überzeugen. Dies aber verstieß unmittelbar gegen die Geschäftsinteressen der Mekkaner. Denn diese verdienten ja gut daran, daß die Pilger in ihrer Stadt die verschiedensten Götter anbeteten. Zugleich war zu dieser Zeit der Glaube an mehrere Götter brüchig geworden. Viele Menschen begannen daran zu glauben, daß es nur einen Gott gäbe. In dieser Umbruchzeit fand der Prophet durchaus Gehör, aber nicht in Mekka.

Die Unterdrückung wurde ab 615 so stark, daß ein großer Teil der Anhänger Mohammeds nach Abessinien auswanderte. Mit einer Schar Getreuer blieb der Prophet in Mekka, und er erlebte, daß seine Familie (auch geschäftlich) geschnitten wurde. Überdies starben kurz nacheinander (etwa 619) seine Frau und der Onkel Abu Talib, so daß Mohammed ohne Schutz dastand. Er nahm Kontakt mit den Einwohnern des benachbarten Yathrib, dem heutigen Medina, auf. Sie waren in ständige Auseiandersetzungen mit den Mekkanern verwickelt und so durchaus bereit, die Oppositionellen aus der Nachbarstadt in ihrer Gemeinde zu dulden. In kleinen Gruppen und unauffällig verließen die Anhänger Mohammeds die Stadt. Der Prophet selbst machte sich im September 622 zusammen mit Abu Bakr, dem späteren ersten Kalifen, auf den Weg. Diese Flucht nach Medina ist die berühmte Hedschra, was im wörtlichen Sinne „Aufgabe der Bindungen an den Stamm" bedeutet. Das Jahr des Einzugs in Medina, 622, ist der Beginn der islamischen Zeitrechnung.

In Medina (nach der Legende hatte sich Yathrib beim Einzug des Propheten in Medinet al Nabi, die Stadt des Propheten, umbenannt) gewann er bald an Einfluß. Die Familien der Stadt und ihrer Umgebung übernahmen den Glauben an einen einzigen Gott und erkannten den Pro pheten als obersten Richter an. Innerhalb kurzer Zeit gelang es Mohammed teilweise durch Überzeugungsarbeit, teilweise durch kriegerische Auseinandersetzungen einen großen Teil der Stämme der Arabischen Halbinsel hinter sich zu versammeln. 630 schließlich konnte Mohammed nach langen Kämpfen auch Mekka unter seinen Einfluß stellen.

Der Islam fand schnelle Verbreitung – auch nach dem Tod Mohammeds. Bereits ein Jahrhundert nachdem der Engel Gabriel dem Propheten erschienen war, reichte der Einfluß des Islam von Europa bis in den Fernen Osten.

Mohammed war am 8. Juni 632 ca. 62jährig gestorben, ohne eine/n Nachfolger/in zu benennen. Es entbrannte ein wütender Streit um die Nachfolge des Propheten. Denn der war ja nicht nur religiöser, sondern auch politischer Führer gewesen. Diese enge Verbindung zwischen Politik und Religion, die den Islam bis heute kennzeichnet, hat ihren Ursprung also in der doppelten Funktion Mohammeds. In schneller Reihenfolge lösten sich die ersten vier Kalifen (arabisch: Khalifa = Nachfolger) ab: Abu Bakr As-Siddik (632-634), Omar Ibn-al-Khattab (634-644), Osman Ben Affan (644-656) und Ali Ibn Abi Talib (656-661). Diese ersten Nachfolger werden die „vier rechtgeleiteten Kalifen" genannt. Einzig Abu Bakr starb eines natürlichen Todes. Im Jahr 655 entbrannte ein Kampf zwischen Muawijja, dem Führer des mächtigen Ommaijaden-Clans und Gouverneur von Damaskus, und dem Kalifen Ali, Cousin und einziger Schwiegersohn Mohammeds. Die entscheidende Schlacht von Siffin am Oberlauf des Euphrat endete unentschieden. Die beiden Parteien kamen überein, die Entscheidung einem Schiedsgericht zu überlassen. Dieses bestand aus Vertretern beider Gruppen. Teile der Anhänger Alis verließen ihn, weil sie nicht bereit waren, die Entscheidung, die sie als Willen Gottes empfanden, einem menschlichen Schiedsgericht zu übertragen. Alis Stellung wurde so im Verlauf der Monate, während derer das Schiedsgericht tagte, geschwächt. Schließlich wurde er in seiner Heimatstadt Kufa ermordet.

Die Mehrzahl der Gläubigen wandte sich nun Muawija zu und berief sich auf die Sunna (daher Sunniten), das heißt auf die Aufzeichnung der Lebensweise des Propheten, seine verschiedenen Lehrsätze und Aussprüche. Die Sunna ist wesentliche Richtschnur für theologische, juristische und gesellschaftliche Entscheidungen. Die Minderheit, die Schiiten, nahm Partei für Ali (arabisch: Shia = Partei) und beharrte darauf, daß er alleine rechtmäßiger Nachfolger des Propheten sei. Sie wollten, daß nur Kalif werden könne, wer, wie Ali, aus der Familie des Propheten stammte.

Sunniten und Schiiten stellen heute die beiden größten Gruppen der Muslime (Sunniten ca. 90 Prozent). Wesentlicher Unterschied zwischen den Muslimen sunnitischer und schiitischer Glaubensrichtung ist die Stellung der Geistlichen. Die Sunniten kennen keine „Amtskirche", keine Hervorhebung innerhalb der Gemeinschaft der Gläubigen. Das Kalifat, das bereits im 13. Jahrhundert unter den Osmanen die politische Macht abgeben mußte, verlor im Lauf der Jahrhunderte auch in Glaubensfragen an Einfluß und wurde schließlich 1924 ganz abgeschafft. Heute äußern sich die Gelehrten der großen islamischen Universitäten zu Glaubensfragen, und zwar durchaus in unterschiedlicher Weise. Den größten Einfluß hat die 1000jährige Al-Azhar-Universität in Kairo.

Die Schiiten hingegen kennen das Amt des Imam (arabisch: Führer, Vorbild). Imam kann nur werden, wer unmittelbar von Ali abstammt. Der Hintergrund: Der Prophet, so sagen die Schiiten, habe ausdrücklich Ali, seinen Schwiergersohn, als seinen Nachfolger bestimmt und ihm besondere Erkenntnisse anvertraut. Diese Erkenntnisse müßten stets innerhalb der Linie Alis weitergegeben wer-

112

den. Die Einsetzung des Imam, der als Verkörperung Gottes auf Erden gilt, ist für die Schiiten ein göttliches Gebot. Der Imam ist unangefochtener Führer der Gemeinschaft, durch die besondere Gnade Gottes und durch die besondere Einweihung durch den Propheten erhält er den Charakter eines Unfehlbaren und Sündlosen. Die Sunniten lehnen diese Sichtweise der Schiiten entschieden ab. Freilich wurden die schiitischen Untergruppierungen (Imamiten, Ismailiten und Saiditen) schnell uneins, wie der „richtige" Iman zu bestimmen sei, so daß jede der Gruppen einen eigenen erkor.

Nicht verwechselt werden darf der schiitische Iman mit den sunnitischen. Hier sind die Imame Religionsgelehrte, von denen es viele Zehntausend gibt. Der schiittische Imam, den man mit dem Papst vergleichen kann, ist auch das weltliche Oberhaupt der Schiiten. Da die Schiiten in unterschiedlichen Staaten leben, war die Funktion des Imams für lange Zeit nicht besetzt worden. Lediglich Ayatollah (= Zeichen Gottes, Bezeichnung für einen hohen schittischen Geistlichen) Khomeini ließ sich in den letzten Jahren seiner Herrschaft im Iran als Imam bezeichnen. Khomeini (ca. 1900-1989) war der Führer der islamischen „Revolution" im Iran (1978/79). Während seiner Amtszeit fand der Erste Golfkrieg (zwischen Iran und Irak) statt. Daß sich Khomeini als Imam bezeichnen ließ, wurde von den Staaten mit einer schiitischen Minderheit, deren „Staatsoberhaupt" Khomeini dann gewesen wäre, natürlich als Angriff auf die Eigenständigkeit gewertet.

Der Glaube der Muslime läßt sich so zusammenfassen: Nach ihrer Auffassung hat Gott mehrfach durch Propheten (u.a. Jesus) zu den Menschen gesprochen. Die letzte dieser Offenbarung sei durch Mohammed erfolgt. Er habe zugleich die Irrtümer und Verfälschungen, denen die Botschaft Gottes im Lauf der Zeit unterlegen war, bereinigt. Dahinter steht die Idee, daß die Menschen immer wieder die Worte Gottes falsch ausgelegt hätten, so daß Gott in seiner Gnade gelegentlich neue Propheten schickt, um die unverfälschte Wahrheit wieder unter die Menschen zu bringen. Die Botschaft Gottes, die Mohammed durch den Engel Gabriel überbracht wurde („Gabriel gab dir auf Allahs Geheiß die Offenbarung ein, die das erfüllt, was schon früher an Weissagung vorhanden war; als eine Richtschnur und frohe Verheißung für die Gläubigen", Sure 2 Vers 98), wurde sehr schnell schriftlich festgehalten. Noch Mohammed selbst diktierte wesentliche Texte in Medina verschiedenen Sekretären. Dennoch entstanden mehrere Fassungen. Eine erste Sammlung der Texte veranlaßte der unmittelbare Nachfolger Abu Bakr. Die bis heute gültige Fassung des Koran besorgte ein „Redaktionskomitee" während der Regentschaft des dritten Kalifen Osman (644-656). Auch dieses sehr frühe Niederschreiben der Texte veranlaßt die Muslime, daran zu glauben, daß der Koran Wort für Wort die unverfälschte Botschaft Gottes sei.

Dies wird als Gegensatz gesehen zu den Bibeln der Juden und Christen, die respektiert, aber als fehlerhaft empfunden werden. Denn die Texte dieser Bücher wurden erst relativ spät nach den jeweiligen Offenbarungen niedergeschrieben.

Der Koran, das heilige Buch der Muslime, umfaßt 114 Suren (Kapitel), die ab der zweiten Sure nach der Länge der Texte geordnet sind, was auf westliche Leser verwirrend wirkt. Nach islamischer Auffassung läßt sich der Inhalt des Koran in die in Mekka entstandenen und die in Medina entstandenen Suren einteilen. Die mekkanischen Suren aus der ersten (erfolglosen) Verkündigungsperiode des Propheten wenden sich gegen die Vielgötterei (Polytheismus). Sie betonen, daß der Mensch für seine Taten verantwortlich ist, und sie wenden sich dagegen, daß stets gut sei, was dem Stamm nutzt. Die medinensischen Suren entstanden, als es bereits die Umma, die Gemeinschaft der Muslime, gab. Sie geben genaue Handlungsanweisungen für die verschiedensten Lebenslagen. Es werden allgemeine Gesetze festgelegt (im Sinne der 10 Gebote). Außerdem finden sich erb-, ehe- und strafrechtliche Vorschriften, aber auch Hinweise, wie man sich verhalten solle (zum Beispiel beim Betreten des Hauses).

In den medinensischen Suren ist der Grundstein gelegt für die Auffassung der Muslime, daß der Koran auch ein Gesetzbuch sei. Die Handlungsanweisungen des Koran wurden bald ergänzt durch Texte, die nicht in diesem Buch vorkommen. Dies ist vor allem die Sunna (arabisch: Tradition), die die Lebensführung des Propheten beschreibt und in der außerdem verschiedene Anweisungen, Wertungen und Verordnungen des Propheten festgehalten sind. Die Sunna besteht aus einzelnen Hadith (arabisch: Erzählungen). Besonders wichtig sind jene Hadith, die sich direkt auf Mohammed zurückführen lassen. Die wichtigsten Sammlungen der Hadith entstanden zwischen 800 und 900 n. Chr. Koran, Sunna und deren Auslegung ergeben die Scharia (arabisch: Gesetz).

Im Koran, der von den Muslimen aller Richtungen als verbindlich empfunden wird, werden als „die fünf Grundpfeiler" (Arkan) des Glaubens folgende Pflichten besonders hervorgehoben:

• Das Glaubensbekenntnis (Schahada): „Es gibt keinen Gott außer Gott, und Mohammed ist der Gesandte Gottes"

• Das Pflichtgebet (Salat): Fünfmal täglich muß jede/r erwachsene Muslim/Muslima das Pflichtgebet (im Gegensatz zum freien Gebet) verrichten. Die Salat muß in ritueller Reinheit (Waschungen, bestimmte Körperhaltungen etc.) erfolgen, aber nicht unbedingt in einer Moschee abgehalten werden.

Fünfmal am Tag soll ein frommer Muslim, eine fromme Muslima beten.

• Wohltätigkeit üben (Zakat): Die Spenden sind nach dem Koran bestimmt für die Armen und für Menschen, die ihres Glaubens wegen in Not geraten sind. Verpflichtend für alle Muslime ist die Spende beim Fastenbrechen (zakat al fitr) zu Ende des Ramadan. In islamischen Staaten wird die Zakat als Steuer erhoben.

• Das Fasten (Saum): Während des 29tägigen Fastenmonats Ramadan dürfen die Muslime zwischen Sonnenauf- und -untergang nichts essen, aber auch nichts trinken oder rauchen. In der Nacht darf gegessen und getrunken werden. Der Ramadan ist für die Muslime der Monat des

Zusammenhalts der islamischen Gemeinschaft (Umma), des Gedenkens und des Mitleides mit den Armen, der Demut sowie der →Meditation. Der Ramadan wird trotz der Anstrengungen des Fastens oft als besonders schön empfunden.

• Die Pilgerfahrt nach Mekka (Hadsch): Die letzte der fünf Säulen, die Hadsch, soll von jedem/r Muslim/a nach Möglichkeit einmal im Leben wahrgenommen werden. Die Hadsch beginnt am 7. Tag des 12. Monats des islamischen Kalenders und besteht aus mehreren Teilen: Dem Aufbruch von Mekka in das acht Kilometer entfernte Mina, dem Aufenthalt in der 25 Kilometer von Mekka entfernten Ebene Arafat, der sinnbildlichen Steinigung des Satans wiederum in Mina, der rituellen Schlachtung von Schafen und schließlich dem siebenmaligen Umschreiten der Kaaba in Mekka. Die Pilger gehen dann für drei weitere Tage nach Mina, wo wiederum der Teufel gesteinigt wird. Außerdem ist es üblich, die Grabstätte Mohammeds in Medina zu besuchen.

Bis heute ist der Islam, viel stärker als das Christentum bei uns, prägend für die Menschen. Er wird nicht alleine als eine Religion empfunden, sondern auch als Kultur, als Lebensweise. So bestimmt er in vielen Familien auch den Alltag. In den islamischen Ländern sind Kultur, Religion und Staat nur schwer voneinander zu trennen. Die Meinung, daß Religion Privatsache sei, wird von kaum jemandem gebilligt. In den meisten Ländern gibt es außerdem die Trennung von Staat und Kirche, so wie wir sie kennen, nicht.

Ahmadijja

10 Millionen Menschen bekennen sich zu dieser Glaubensrichtung. Die Grundlage ist der Koran, das heilige Buch des →Islam. Die Ahmadijja-Anhänger betrachten sich als die einzig wahren Muslime. Von diesen werden sie allerdings als Ketzer betrachtet. Gründer der Gemeinschaft ist Mirsa Ghulam Ahmad (1835-1908). Im Jahr 1899 verkündete er, er sei der Messias (von Gott gesandter Erlöser) der Muslime, Christen und Juden. Darüber hinaus war er der Meinung, Christus hätte die Kreuzigung überstanden und anschließend in Indien gelebt. Die Anhänger des Glaubens sind in zwei Richtungen gespalten: Die einen betrachten Ahmad als Erneuerer des Islam. Sie nennen sich nach ihrem Hauptsitz der pakistanischen Stadt Lahore Lohoris. Die anderen glauben, Ahmad sei ein neuer Prophet (Verkünder einer Glaubensbotschaft). Das verstößt gegen die feste Glaubensüberzeugung der Muslime, Mohammed sei der letzte von Gott gesandte Prophet gewesen. Die Anhänger dieser Gruppe nennen sich Kadijamis, ihr Zentrum ist die Stadt Rahwe in Pakistan. Die Glaubensgemeinschaft wird in Pakistan als „unislamisch" verfolgt, immer wieder kommt es zu blutigen Übergriffen.

Die Ahmadijja haben nicht nur in ihrem Ursprungsland Pakistan viele Anhänger, sondern auch in den USA. Auch in Frankfurt am Main, Hamburg, München und Zürich gibt es aktive Zentren.

Aleviten

Etwa ein Fünftel der Bevölkerung der Türkei zählt zu den Aleviten. Sie sind eine Abspaltung der muslimischen

Schiiten (Islam). Wie die Schiiten verehren sie besonders Ali, den Schwiegersohn und Cousin des Propheten Mohammed. Sie haben ihn aber nicht vergöttlicht wie die Alaviten (mit denen sie oft verwechselt werden). Die Aleviten halten sich nicht an die strengen Gebetsvorschriften des Koran und begehen auch nicht den Fastenmonat Ramadan. Außerdem ist es ihnen von ihrem Glauben her erlaubt, Alkohol zu trinken. Deswegen werden sie von den anderen Muslimen als Ketzer betrachtet. Bei den Aleviten haben sich viele Bräuche aus der Zeit vor dem Islam erhalten, zum Beispiel eine besondere Verehrung des Feuers.

In der Türkei zählen viele Kurden zu den Aleviten. Die Kurden streben nach Unabhängigkeit und werden von der türkischen Regierung unterdrückt. Besonders die strenggläubigen (fundamentalistischen) Muslime gehen manchmal gewaltsam gegen die Aleviten vor.

Bahai

Der Bahaismus ist aus dem schiitischen →Islam hervorgegangen. Er versteht sich als Vollendung von →Buddhismus, →Christentum, →Hinduismus, →Islam und →Judentum. Weltweit gibt es rund 6 Millionen Bahai-Anhänger, vor allem im Ursprungsland Iran (dort ist die Religion verboten), auf den Philippinen, in Brasilien, Bolivien, Uganda. In der Bundesrepublik wird die Zahl der Anhänger auf rund 4 500 geschätzt.

Die Wurzeln des Bahaismus liegen im schitischen Islam. Der Gründer der Religion, Sayyid Ali Muhammad (1819-1850) hatte im Jahr 1844 in Persien das baldige Kommen des Mahdi, des islamischen Messias" verkündet. Bald gab Muhammad, der von seinen Anhängern Hazrat-i

Bab (Tor zur Weisheit) genannt wird, an, selbst der Messias zu sein. Er veröffentlichte eine eigene heilige Schrift, den Bayan („Erklärung"). 1850 wurde Hazrat-i Bab hingerichtet. Seine Anhänger wurden verfolgt. Der Nachfolger, Mirza Yaha, erst 19jährig, fühlte sich mit der Führung der Gemeinschaft überfordert und übergab die Leitung seinem älteren Halbbruder Husain Ali Nuri. 1853 wurde das Brüderpaar aus Persien ausgewiesen. Im Istanbuler Exil verkündete Husain Ali Nuri, der ältere Bruder, selbst der Messias zu sein, und nannte sich fortan Baha'ulla („Herrlichkeit Gottes"). Es kam zu Kämpfen zwischen den Anhängern der beiden Brüder. Sie wurden von der Regierung der Türkei schließlich ausgewiesen: Baha'ulla nach Akko in Palästina, Mirza Yaha nach Famagusta auf Zypern, wo er und seine Anhänger in Bedeutungslosigkeit versanken. Seither ist Akko (später Haifa) Hauptsitz und heilige Stätte der Baha'i.

Der Bahaismus wurzelt im Islam. Zugleich versteht sich der Bahaismus als die Vollendung aller anderen Bekenntnisse, die dadurch überflüssig geworden seien. Die 12 Grundprinzipien der Baha'i umfassen unter anderem folgende Aussagen: Die gesamte Menschheit ist als Einheit zu betrachten. Alle Religionen haben eine gemeinsame Grundlage. Die Religion muß mit Wissenschaft und Vernunft übereinstimmen. Mann und Frau haben die gleichen Rechte. Der Weltfriede muß verwirklicht werden.

Die Bahai haben eine gemeinsame Führung von neun Männern („Universales Haus der Gerechtigkeit"). Auf Länderebene arbeiten die „Nationalen Geistigen Räte" (derzeit 165).

Die Gottesdienste ähneln denen der Muslime, allerdings sind nur drei Gebete täglich vorgeschrieben. Die Pilgerfahrt geht zu den heiligen Stätten in Akko und Haifa im heutigen Israel. Die Bahai haben einen eigenen Kalender mit 19 Monaten zu je 19 Tagen.

Sufismus

Sufismus ist die Bezeichnung für die islamische →Mystik. Das Wort leitet sich vom arabischen suf = Wolle her und erinnert an das wollene Gewand früher islamischer Asketen (das sind Menschen, die in Enthaltsamkeit leben). Die Sufis selbst führen das Wort auch auf safa = Reinheit zurück. Der Sufismus ist in Marokko, Tunesien, Ägypten, Indien, dem Sudan und in der Türkei verbreitet. In der Bundesrepublik bestehen verschiedene sufistische Gemeinschaften, an deren Wirken das Interesse wächst.

Einer der wichtigsten Grundsätze des Sufismus ist die „reine Gottesliebe", die nicht nach Belohnung oder Bestrafung fragt. Er wurde zuerst von einer Frau, von Rabi'a al-Adawiya (Rabi'a von Basra, gestorben 801), aufgestellt. Das war geradezu revolutionär, denn die anderen religiösen Führer dieser Zeit betonten in erster Linie den Gehorsam gegenüber dem Koran. Weitere Bestandteile sufistischer Frömmigkeit entwickelten sich in Ägypten. Dort wurde die Vorstellung, die Natur preise ihren Schöpfer, zum erstenmal in Gebeten ausgedrückt. Später spielte die Idee, die Natur bemühe sich gleichsam um Schönheit, um Gott zu gefallen, in der sufistischen Dichtung eine große Rolle. In Bagdad, dem damaligen Zentrum der islamischen Welt, wurden im 9. Jahrhundert zum erstenmal jene mystischen Musikaufführungen erwähnt, die, begleitet von wilden Tänzen, typisch für den Sufismus sind.

Der Sufismus spielte innerhalb des Islam stets eine große Rolle, auch wenn die Mystiker des öfteren von den herrschenden Religionsgelehrten und/oder den Regierenden angriffen wurden. In der Gegenwart betätigen sich viele Sufi-Orden, die meist „Laien-Orden" sind, auf sozialem Gebiet.

Wesentliches Element des sufistischen Wirkens ist die sehr häufige →Meditation über Inhalte des Koran. Die

Methoden der Meditation können sehr unterschiedlich sein. Getreu dem Koranvers „Gedenket Gottes oft" entwickelten die Sufis den „dikhr" (= Gedenken). Dabei wird dem Neuling vom Sufimeister ein passendes „dikhr" gegeben: Das kann einer der 99 „schönsten Namen Gottes" sein (die in der islamischen Welt jedes Kind kennt) oder eine religiöse Formel. „Diese Formel muß Tausende von Malen Tag um Tag wiederholt werden, bis der gesamte Körper vom dikhr durchdrungen ist, so daß, wie die Quellen berichten, selbst die Blutstropfen des Meditierenden das Wort ‚Allah' auf den Boden schreiben und jedes Glied seinen eigenen starken dikhr vollführt", so die Professorin Annemarie Schimmel, eine der besten Sufismus-Kennerinnen. Die Rezitation des dikhr wird oftmals verbunden mit rhythmischen Bewegungen und unterstützt durch Musik, so daß tranceähnliche Zustände sehr häufig sind. Bei Treffen der Sufi-Orden, z.B. am Geburtstag des Propheten, wird die dikhr-Rezitation auch öffentlich praktiziert. Die Volksfrömmigkeit (vor allem in Ägypten) geht davon aus, daß die Teilnahme an solchen Treffen auch eine heilende Wirkung haben könne, so daß diese gerne auch von Nicht-Sufis besucht werden. Die Sufis kennen aber auch eine „stille" Form der Meditation. Annemarie Schimmel: „Die Entwicklung der Meditation ist von einem indischen Sufi des 18. Jahrhunderts als eine geistige Wanderung durch die Buchstaben des Wortes Allah beschrieben worden, an deren Ende der Meditierende im leuchtenden Ring des letzten Buchstabens von Allah, dem h (O), in völliger Seligkeit ruht."

Sufi-Orden sind in den meisten islamischen Ländern zu finden. Eine Organisation, die sich „Sufi-Bewegung" oder auch „Sufi-Orden" nennt und in westlichen Ländern aktiv ist, wurde in den 20er Jahren von dem in Indien geborenen Hazrat Inayat Khan (1882-1927) gegründet. Diese Sufi-Bewegung gibt an, an keine Religion besonders gebunden zu sein, sie will vielmehr die innere Weisheit aller Religionen vermitteln. Die Gruppierung ist in vielen Städten in der Bundesrepublik aktiv und lädt zu „universellen Gottesdiensten" ein, bei denen aus Koran, Thora, Bibel sowie den heiligen Schriften des Buddhismus und Hinduismus gelesen wird.

Judentum

14 Millionen Menschen bekennen sich zur jüdischen Religion, davon leben ca. sechs Millionen in den USA und Kanada, vier Millionen in Europa und etwa drei Millionen in Israel. Der Begriff „Judentum" ist äußerst vielschichtig und umfaßt neben religiösen auch philosophische, kulturelle und politische Gesichtspunkte.

Die Geschichte des Volkes Israel, in dem der Glaube an Jahwe (= Gott oder Jehova) entstand, liegt teilweise im dunklen. Aus dem Alten Testament, das von der Wissenschaft als wichtiges historisches Buch gesehen wird, und aus anderen Quellen kann man schließen, daß es sich beim Volk Israel um einen lockeren Verband von mehreren Stämmen gehandelt hat. In der Bronzezeit (etwa 3100-1600 v. Chr.) lebten die Stämme in Mesopotamien, dem Zweistromland (heute Irak). Später (ab etwa 1600 v. Chr.) zogen sie in die Berge Palästinas (heute Israel, Palästina und Jordanien). Gemeinsam war den Stämmen der Glaube an Gott (Jahwe). Dieser wurde an einem Heiligtum verehrt, das sich im Wechsel bei jeweils einem der Stämme aufhielt.

Um etwa 1000 v. Chr., unter König David, wandelte sich die Stämmegesellschaft in ein Königreich. Jerusalem wurde die Hauptstadt mit einem Tempel als höchstem Heiligtum. Doch das Königreich zerbrach nach dem Tode von Davids Sohn, dem König Salomon, in zwei Teile: Israel und Juda. 587 v. Chr. zerstörten die Babylonier den Tempel, ein Teil der Bevölkerung wurde nach Babylon verschleppt. 516 v. Chr. schließlich wurde in Jerusalem als höchstes Heiligtum ein neuer Tempel errichtet. Zur Zeit dieses Zweiten Tempels (ca. 500 v. Chr.-70 n. Chr.) ging es den verschiedenen Gruppen innerhalb des Judentums vorwiegend darum, den religiösen und kulturellen Einfluß der damaligen Großmächte (insbesondere Griechenlands, später Roms) abzuwehren. 70 n. Chr. wurde Jersualem von den Römern zerstört. Das Reich Israel hatte aufgehört zu bestehen.

Die jüdische Religion hat im Gegensatz zum Christentum kein festes Lehrgebäude hervorgebracht. Innerhalb des Rahmens der heiligen Bücher des Judentums ist ein vielfältiger Glauben entstanden. Im Mittelpunkt steht die Verehrung und Anbetung Gottes. Für die jüdischen Gläubigen ist ein Satz aus dem 5. Buch Mose ganz entscheidend. Hier spricht nach jüdischer (und auch nach christlicher Auffassung) Gott zu Mose: „Höre Israel! Jahwe, unser Gott Jahwe ist einzig." Fromme Jüdinnen und Juden sollen diesen Satz beim täglichen Gebet sprechen. Außerdem beten Gläubige das Schma'Jisrael (Höre Israel) in der letzten Stunde ihres Lebens. Das häufige Beten des Schma'Jisrael zeigt, daß das Judentum nur einen einzigen Gott kennt, also streng monotheistisch ist. Und es zeigt weiterhin, daß das Judentum eine Buchreligion ist (wie auch Islam und Christentum), in der ein Heiliges Buch eine zentrale Rolle spielt. In diesem Buch habe Gott über Menschen (Propheten) seinen Willen mitgeteilt. Eine besondere Rolle spielt die Thora. Das sind die fünf Bücher Mose, wie man sie auch im Alten Testament der christlichen Bibel findet. In diesen Büchern wird von der Entstehung des Himmels und der Erde berichtet. Außerdem enthalten sie die wichtigsten Gesetze, die Gott erlassen habe, wie z.B. die Zehn Gebote. Die Thora, also die fünf Bücher Mose, werden als Schriftenrolle in jeder Synagoge (das ist das Gebetshaus) aufbewahrt. Stets am Sabbat (= Samstag, der wöchentliche Feiertag der Juden) wird ein Stück aus der Thora vorgelesen.

Weitere Teile der hebräischen Bibel sind die Bücher der Propheten (Nebiim) sowie die Psalmen, die Bücher Hiob und Daniel und weitere Schriften (Ketubim). Die Schriften der Thora wurden verhältnismäßig früh schriftlich festgehalten. Neben dieser schriftlichen Offenbarung des Willens Gottes gibt es noch eine mündliche Offenbarung (Halakha). Sie wurde erst 200 n. Chr. aufgeschrieben.

Vorher war sie mündlich weitergegeben wurden. In dieser mündlichen Offenbarung sind viele Vorschriften und Gesetze festgehalten, die das alltägliche Leben regelten. In der schriftlichen Form heißt diese mündliche Offenbarung Mischna. Zusammen mit der Gemara, in der viele Vorschriften ausgelegt und kommentiert werden, bilden diese beiden Bestandteile den Talmud (hebräisch: Lehren oder Lehre). Im Talmud sind also die Diskussionen von Rechtsvorschriften, aber auch Hinweise für den Alltag, philosophische Erwägungen, Legenden, selbst humorvolle Erzählungen zusammengefaßt. Das Buch entwickelte sich über viele Jahrhunderte. Für die gläubigen Jüdinnen und Juden, die in vielen Landern der Welt lebten und leben, war der Talmud immer ein besonders wichtiges, gemeinsames Lehrbuch. Aber nicht nur religiöse Menschen lesen im Talmud. Für Leute, die sich für die jüdische Kultur, Lebensauffassung, für das äußerst reiche geistige Leben der Juden interessieren, ist der Talmud eine Fundgrube.

Heute teilen sich die Anhängerinnen und Anhänger der jüdischen Religion in mehrere Gruppen. Diese Gruppen sind aber nicht fest organisiert, sondern stellen eher Schulen dar. Die zahlenmäßig größte ist der „Reform Judaism". Für sie ist alleine die Thora die verbindliche religiöse Schrift, nicht aber der Talmud. Dieser wird eher als ein Geschichtsbuch betrachtet. Die Mehrheit der in den USA und in Israel lebenden Jüdinnen und Juden zählt zu dieser liberalen Gruppe. Die orthodoxen Juden nehmen (wie die Fundamentalisten anderer Religionen auch) die heiligen Bücher wörtlich. Ein Teil dieser Orthodoxen in Israel verleugnet die Rechte der (meist muslimischen) Palästinenser. Sie wollen ein „Groß-Israel" schaffen, in dem nur Juden leben sollen. Ein Teil dieser Orthodoxen hat sich in Israel in kleinen, aber einflußreichen Parteien organisiert. Sie sorgen, sehr zum Ärger der Liberalen in Israel, dafür,

128

daß bestimmte Gebote aus den Schriften peinlich genau eingehalten werden. Zum Beispiel sollen nach ihren Vorstellungen am Sabbat (Samstag) keine Autos fahren dürfen. Es gibt auch orthodoxe Kräfte, die den Staat Israel ablehnen. Für sie kann ein solcher Staat erst dann bestehen, wenn der Messias, der Gesandte Gottes, erschienen ist.

Buddhismus und Hinduismus

Tanzender Shiva (der Gütige, der Freundliche), kleine Bronzestatue aus Südindien (etwa 12. Jahrhundert). Die vedische Gottheit gehört zusammen mit Wischnu und Brahma zu den drei am meisten verehrten Göttern des Hinduismus. Shiva ist zugleich „Herr des Tanzes" (Nataraja). Oft wird Shiva auch als mit einem Fell bekleideter Asket dargestellt, der einen Kranz von Totenschädeln trägt.

Der **Buddhismus** ist eine der Weltreligionen. Der Glaube wurde im 6. Jahrhundert v. Chr. im nördlichen Vorderindien von Buddha begründet. Heute bekennen sich mehr als 300 Millionen Menschen vor allem in Asien zum Buddhismus. In Deutschland gibt es seit der Jahrhundertwende verschiedene buddhistische Gesellschaften. Durch die „Guru-Bewegung" (→Guru) ist das Interesse für den Buddhismus in den letzten 20 Jahren gestiegen.

Buddha heißt „der Erwachte, der Erleuchtete" und ist der Ehrentitel für Siddharta Gautama (ca. 560 v. Chr. – ca. 480 v. Chr.) aus dem Stamm Shakya, der im heutigen südlichen Nepal siedelte. Nach der Überlieferung verließ der Fürstensohn mit 29 Jahren seine Heimat, um als Asket (also als jemand, der auf alle Annehmlichkeiten verzichtet) Erlösung zu finden. Nach sechsjähriger, zunächst vergeblicher Meditation findet er schließlich die Erleuchtung und teilt diese seinen ersten fünf Schülern mit. Buddha zieht lehrend durch das nördliche Indien und stirbt etwa 80jährig in Kusinara an der Grenze zu Nepal.

Ausgangspunkt der buddhistischen Lehre sind die „Vier edlen Wahrheiten", die Buddha entwickelte:

• Alles Dasein ist unablässigem Leid unterworfen.

• Die Ursache des Leidens ist der „Durst" (tanha) nach Existenz, nach Sinnesgenüssen.

• Die Beseitigung des „Durstes" hebt das Leiden auf.

• Der Weg zur Beseitung des Leides ist der „Edle achtteilige Pfad". Dieser umfaßt: rechte Anschauung, rechten Entschluß, rechte Rede, rechtes Tun, rechten Lebenserwerb, rechtes Bemühen, rechte Achtsamkeit, rechte Sammlung.

Ein entscheidender Bestandteil der buddhistischen Lehre ist das „Nicht-Selbst" (anatman): Es gibt keine vom Selbst losgelöste Existenz, also keine „unsterbliche Seele". Was in der Wiedergeburt von einem Leben in das andere übergehe, sei der bloße „Durst" nach Existenz. Erlösung kann die Existenz erst im „Nirwana" finden, dem Zustand völliger Befreiung. Nirwana ist zu verstehen als Ende, als Auslöschung der persönlichen Existenz. Nirwana ist aber auch die Erlösung aus dem Kreislauf der Wiedergeburten und Befreiung von den Leiden der Welt. Das „Karma", ein Begriff für das Handeln und seine Folgen, bestimmt, wie oft und in welcher Gestalt jemand wiedergeboren wird. Kennzeichnend für den Buddhismus ist das Fehlen der Idee von Ewig-Unvergänglichem – sei es als Materie oder als Seele.

Im Lauf der Jahrhunderte entstanden innerhalb des Buddhismus drei Schulen: Der Mahayana-Buddhismus („Großes Fahrzeug"), der Hinayana-Buddhismus („Kleines Fahrzeug") und der tibetische Buddhismus („Diamantfahrzeug", Lamaismus). Hinter dem Bild des Fahrzeuges steht die Idee, der Buddhismus sei ein Floß, das das Übersetzen an das sichere Ufer, das Nirwana, ermögliche. Der traditionelle Hinayana-Buddhismus des „Kleinen Fahrzeugs" hält an der Überzeugung fest, daß das Nirwana, die völlige Befreiung, nur erreichen könne, wer Einsicht in die Wirklichkeit der Welt habe. Diese Einsicht sei nur durch Meditation und Versenkung zu erlangen, ein Weg, der allein Mönchen (also wenigen) offenstehe. Diese Glaubensrichtung ist heute vor allem in Sri Lanka, Birma, Thailand, Laos und Kambodscha verbreitet.

Der Mahayana-Buddhismus, das „Große Fahrzeug", kennt die Figur des Bodhisattva. Der Bodhisattva ist vergleichbar einem „Heiligen". Er verzögert seine Befreiung, seinen Übergang ins Nirwana vor allem deswegen, um anderen Lebewesen auf diesem Weg behilflich zu sein.

Die Bodhisattva erfreuen sich bei Mönchen wie Laien

fast gottähnlicher Verehrung. Der Mahayana-Buddhismus kennt überdies eine ebenfalls geradezu gottähnliche Verehrung der Person Buddhas. Diese ging in der Frühzeit des Buddhismus aus einem Kult um die Reliquien des Religionsstifters hervor (den die Vorläufer des „Kleinen Fahrzeuges" strikt ablehnten). Um den Widerspruch zwischen dem Eingehen Buddhas in das Nirwana und den Kult um seine Person aufzulösen (denn im Nirwana ist er ja „ausgelöscht", nicht mehr existent), entwickelte sich in der Ideologie des „Großen Fahrzeugs" die Lehre von den drei Körpern des Buddha: Dem Erscheinungskörper (der historische Mensch Buddha), dem Seligkeitskörper oder Entzückungsleib, der verschiedene Gestalt annehmen kann und kultisch verehrt wird, und dem Transzendenzkörper, dem wahren Wesen Buddhas jenseits aller Begriffe. Der Mahayana-Buddhismus kennt viele Spielarten und ist in Nepal, Vietnam, China, Korea und Japan verbreitet.

Der →Lamaismus wurzelt im „Diamantfahrzeug" und ist eine in Tibet entstandene Form des Buddhismus.

Der Buddhismus hatte im 19. und zu Beginn des 20. Jahrhundert großen Einfluß auf religiöses und philosophisches Denken in Europa, insbesondere in Deutschland (z.B. auf den Philosophen Schopenhauer oder den Schriftsteller Hermann Hesse). Aber auch Esoteriker (→Esoterik) wie Helena Petrowna Blavatsky oder später Fritjof Capra übernahmen eine Fülle von Anregungen. Der populäre Guru Shri Rajeneesh (→Osho/Bhagwan) ließ sich für kurze Zeit von seinen Anhängern als Buddha feiern und verwendete für sich den Titel Bhagwan (Erhabener) – wie Buddha.

Götter des Hinduismus: (A) Der Gott Wischnu gehört zu den drei am meisten verehrten Göttern, der „Dreigottheit" Trimurti. Seine Hauptaufgabe ist es, die Welt zu erhalten. (B) Shiva gehört ebenfalls zur „Dreigottheit". Er gilt sowohl als Gott der Zerstörungen als auch als Heilsbringer. (C) Hanuman, „der mit den Kinnbacken", ein göttlich verehrter Affe. Da er nach der Sonne griff, die er für etwas Eßbares hielt, zerschlug ihm der Gott Indra mit einem Donnerkeil die linke Backe. Hanuman wird auch als Gott der Gelehrsamkeit verehrt. (D) Ganesha, „Herr der Schar", ist der Gott der Weisheit und der Schreibkunst. Er ist der Sohn des Gottes Shiva.

Dem **Hinduismus** gehören rund 720 Millionen Menschen an, vorwiegend in Indien. Er hat sich aus den verschiedensten Einflüssen seit dem 2. Jahrtausend vor Christus entwickelt. Heute zeichnet sich der Hinduismus in Indien durch eine enge Verflechtung von Religion, Sozialsystem und Kultur aus. Durch das Wirken verschiedener hinduistischer Gruppierungen im Westen, die teilweise den sogenannten Jugendreligionen zugeordnet werden, hat hier eine relativ breite Auseinandersetzung mit der Religion der Hindus begonnen.

Zwischen 1700 und 1200 v. Chr. wanderten aus dem Westen und Nordwesten halbnomadische Völker, die sich Arya (Arier) nannten, in die Indus-Region ein (im heutigen Pakistan im Norden des indischen Subkontinents). Dort trafen sie auf die sich bereits im Niedergang befindende städtische Induskultur. Die Arier unterjochten die einheimische Bevölkerung und zerstörten die Reste der einst hochentwickelten städtischen Kultur. Sie hatte sich unter anderem durch ein ausgeklügeltes Be- und Entwässerungssystem und durch eine fortgeschrittene Bauweise ausgezeichnet. Die Arier übernahmen Elemente der Kultur und Religion der Indusvölker, zum Beispiel Baumgottheiten, wahrscheinlich aber auch den Yoga. Die Arier selbst brachten die vedische Religion mit, die in der altiranischen Religion wurzelt. Die Mythen und die Namen mancher Götter legen nahe, daß auch ein Einfluß von griechischen, römischen und germanischen Vorstellungen vorliegt. Aus der Vermischung der Kulturen und der Ideenwelt der verschiedenen Völker entstand eine neue, gemeinsame Religion, der Brahmanismus. Dessen wichtigste religiöse Schrifen sind die Veden (veda = Wahrheit, Wissen), die Brahmanas und die Aranyakas (Bücher der Wildnis).

Die Veden sind eine Sammlung der religiösen Texte der eingewanderten Völker. Sie enthalten das gesamte Wissen

136

der Priesterschaft über die komplizierte vedische Opferreligion. Dieses Wissen wurde über Jahrhunderte mündlich weitergegeben. Die Brahamana-Schriften sind jünger. Sie enthalten Erklärungen und die Ursprungsgeschichte der einzelnen Riten und erklären die Zusammenhänge zwischen Kosmos und Opfergaben. Die Aranyakas beschreiben die Geheimlehren der Priester. Etwa 500 v. Chr. verwarfen einige Priester die Veden. Zu dieser Zeit entstand auch der Buddhismus.

Das Buch der Veden wurde durch die Upanischaden weitergeführt und ergänzt. In diesem Buch finden sich als wichtige Bestandteile die Lehre der Wiedergeburt und das Karma-Gesetz. Das Karma-Gesetz besagt, daß die guten wie die schlechten Taten sich im nächsten Leben auswirken werden. Damit war die Reihe der Schriften abgeschlossen, die heute von den Hindus als ihre wichtigsten religiösen Texte betrachtet werden. Später entwickelt sich die Religion weg von der vedischen Vielgötterei (Polytheismus) zu einem gewissen Monotheismus, der sich in den Gottheiten Schiwa und Wischnu ausdrückt. Die Verehrung der beiden Götter ist bis heute eine entscheidende Strömung innerhalb des Hinduismus.

Der zum Teil nationalistische Neo- oder Reformhinduismus, der ab dem Beginn des vorigen Jahrhunderts eine Rolle zu spielen beginnt, versucht christliche und islamische Elemente mit dem traditionellen Hinduismus zu vereinen. Diesem Reformhinduismus entstammen fast alle Gurus (→Guru), die auch im Westen lehren.

Der Einfluß des Hinduismus auf den Westen erreichte in der Mittes des vorigen Jahrhunderts einen gewissen Höhepunkt: August Wilhelm von Schlegel, der Bruder des Philosophen Friedrich von Schlegel, begründete die altindische Philologie (Sprachwissenschaft) in Deutschland und gab die Texte der Bhagavad Gita (altindisches religiöses Gedicht) heraus, die große Begeisterung auslösten.

Der Philosoph Arthur Schopenhauer stellte eine innere Verwandtschaft der Upanischaden mit seinen eigenen Schriften fest. Er erhoffte sich eine Änderung und Erweiterung des abendländischen Denkens durch das Einströmen indischer Weisheit. Die 1875 in New York gegründete Theosophische Gesellschaft (→Theosophie) wurde stark von der „östlichen Weisheit" beeinflußt, die sie mit westlichem →Okkultismus verband. Auch der Begründer der →Anthroposophie, Rudolf Steiner, öffnete sich den Einflüssen der indischen Religionen und übernahm viele ihrer Elemente. Zu Beginn unseres Jahrhunderts wurden insbesondere die Schriften des Philosophen und Lyrikers Rabindranath Tagore (Nobelpreis für Literatur 1913) und das Wirken des Yoga-Philosophen Sri Aurobindo Gosh (der eine Verbindung aller Menschen durch das Yoga anstrebte) bekannt. In der Mitte der 50er Jahre schließlich begannen junge Menschen in den USA und Europa auf ihrer Suche nach dem Sinn des Lebens den Hinduismus zu entdecken.

Der Hinduismus ist eine äußerste vielfältige Religion, die sich in sehr viele verschiedene Schulen und Richtungen teilt. Einige gemeinsame Grundzüge aber gibt es:

Die Erkenntnis: Jedes Wesen ist eingebunden in die Abfolge der Wiedergeburten. Es muß stets nach der Erkenntnis der absoluten Wirklichkeit, dem Brahma, suchen. Für den Menschen ist ein Teil dieser Erkenntnis, daß er das Göttliche in sich trägt. Auf dem Weg ins eigene Innere kann er die Göttlichkeit verwirklichen.

Die Liebe: Der Hinduismus entwickelte den Gedanken, daß die letzte Wirklichkeit, das „Höchste", keine Gestalt oder Form habe. Doch habe sich diese letzte Wirklichkeit „herabentwickelt" und zeige sich in Gestalt der Götter Schiwa oder Wischnu. Diese Götter wiederum fordern von ihren Anhängern liebevolle Verehrung ein.

Das Karma: Nach dem Karma-Gesetz ist der Mensch

gezwungen, auch nach seinem Tod in höheren oder niederen Lebensformen weiterzuleben – je nach seinen Taten (was Karma wörtlich übersetzt bedeutet). Entscheidend ist freilich, nicht durch „gutes" Karma, also durch gute Taten in höhere Lebensformen (die bis zur Göttlichkeit gehen können), aufzusteigen, sondern den Kreislauf der Wiedergeburten zu unterbrechen. Diese Befreiung vom Kreislauf der Wiedergeburten wird als Vereinigung mit dem Göttlichen verstanden.

Der Yoga: Ein Bewußtseinszustand jenseits von Wachen, Schlafen und Träumen wird durch den Yoga angestrebt. Diese Form des „höheren Bewußtseins" kann bis zum Einswerden mit der Göttlichkeit reichen.

Auch der Neohinduismus, der seit dem vorigen Jahrhundert entstanden ist, beruht im wesentlichen auf diesen Grundlagen. Hinzu kommen Einflüsse aus Christentum und Islam. Wichtiger Erneuerer des Hindusismus ist Swami Vivekananda (1863-1902), der das Ideal eines weltzugewandten, sozial aktiven Hindu-Mönchstums prägte. Der fundamentalistische Hinduismus hingegen wendet sich ausdrücklich gegen solche Einflüsse aus dem Westen und lehnt auch die Übernahme islamischen Gedankenguts strikt ab. Die 1964 gegründete Vishva Hindu Parishad (World Hindu Convention) versteht sich als Dachverband der traditionalistischen Hindus. Ihre Anhänger haben diese Kräfte vorwiegend bei den weniger Gebildeten innerhalb der städtischen Bevölkerung und auf dem Land. Aktiv innerhalb der Vishva Hindu Parishad (VHP) sind auch Kräfte wie der Rashtriya Svayamsevak Sangh (RSS), die „Nationale Freiwilligen Vereinigung", ein Kampfbund, der das „heilige Land" Indien vor fremden Einflüssen bewahren und alle in Indien entstandenen Religionen unter den Dach des Hinduismus vereinen will. Der VHP missioniert, um die „Arianisierung der Welt" voranzutreiben. Er gehört zu jenen Kräften, die zu den Massendemonstrationen gegen Muslime aufrufen, die teilweise in Blutbädern endeten.

Ananda Marga

Ins Deutsche übersetzt heißt diese Gemeinschaft „Gesellschaft zur Verbreitung des Weges der höchsten Glückseligkeit" (Ananda Marga Pracaraka Samgha). Ananda Marga lehnt sich an den Hinduismus an. Die Gruppe gehört zu jenen Gemeinschaften, die ihre Mitglieder stark unter Kontrolle haben. Sie ist ganz auf ihren Führer (bis zu seinem Tode 1990 den Gründer Prabhat Ranjan Sarkar) zugeschnitten. Die Mitglieder müssen jeden Tag meditieren (→Meditation) und ständig ein Mantra (das ist eine Gebetssilbe) wiederholen. Sie verpflichten sich, die „16 Punkte der Selbstverwirklichung" einzuhalten. Diese 16 Punkte regeln das Leben der Mitglieder bis in jede Einzelheit – auch was man essen darf und wie oft man sich waschen soll. Oberstes Gebot für alle ist der absolute Gehorsam gegenüber dem Meister, dem Guru.

Die Gruppe kennt verschiedene Arten der Mitgliedschaft. Die einfachen Mitglieder werden Margis genannt. Sie führen ein ganz normales Leben, gehen ihrem Beruf nach, leben bei ihren Familien. Die Margis spenden oft viel Geld für die Gruppe. Über ihnen stehen die sogenannten Local-Full-Timer, hauptberufliche Gruppenmitglieder also. Sie leben in Wohngemeinschaften und arbeiten den ganzen Tag für die Organisation. Die nächste Stufe bilden die Acraya, die Lehrer. Sie tragen orangefarbene und weiße Kleidung. Noch höher stehen die Avadhutas („ein Mensch, der göttliche Erkenntnis erlangt und jede Verhaftung an diese Welt aufgegeben hat"). Sie werden vom obersten Leiter der Gruppe persönlich eingesetzt. Ananda Marga wurde 1954 von dem Inder Prabhat Ranjan Sarkar (1921-1990) gegründet. Von seinen Anhängern wurde er Shree Shree Andanamurti („hocherhobene Gestalt der Glückseligkeit") genannt. Wegen Anstiftung zum Mord saß er ab 1971 für sieben Jahre im Gefängnis. In Berlin verbrannten sich 1978 zwei junge Menschen selbst aus Protest gegen die Gefängnisstrafe für Ananda-murti, der von seinen Anhängern auch „Baba" genannt wurde. Seit 1990 ist Acharya Shraddhananda Präsident der Organisation.

Ayurveda

Die alte indische Heilkunst Ayurveda (wörtlich: die Wissenschaft vom gesunden Leben) wird in esoterisch (→Esoterik) interessierten Kreisen seit einigen Jahren sehr geschätzt. In den Zeitschriften der Szene wird eine Fülle von Workshops, Seminaren etc. angeboten. Ayurveda geht von drei Energien in Körper aus, die zueinander im Gleichgewicht stehen müssen. Ist das Gleichgewicht von „vata" (vermittelnder Wirkkraft), „pitta" (innerer Wirkkraft) und „kapha" (aufbauender Wirkkraft) gestört, dann stellt sich Krankheit ein. Ayurveda ist eine ganzheitliche (→Ganzheitlichkeit) Methode, die nicht allein die Erscheinungsformen einer Krankheit behandelt. Bei der Behandlung werden ausschließlich mineralische und pflanzliche Wirkstoffe verwendet, die aus der traditionellen indischen Medizin stammen, z.B. Fenchel, Koriander, Gelbwurz. Bestandteil von Ayurveda sind auch Massagen und die Verwendung von Heilölen. Nicht alle Anbieter dieser Heilmethode sind seriös.

Der Sekte →Transzendentale Meditation sind nach Angaben des katholischen Arbeitskreises Neue Jugendreligionen folgende Organisationen zuzuordnen: Maharishi Ayur-Veda, Maharishi Ayur-Veda Gesundheitszentrum, Maharishi Ayur-Veda GmbH, Deutsche Gesellschaft für Ayurveda.

Brahma Kumaris

Brahma Kumaris (die Töchter Brahmas) versteht sich als Meditationsbewegung (→Meditation) in der Tradition des Hinduismus. Nach eigenen Angaben hat sie 150 000 Anhänger (davon 80 000 in Indien) und unterhält 1 400 Zentren in 48 Ländern.

Die Organisation wurde in der 30er Jahren von dem ehemaligen Juwelier Lekh Raj (1876-1969) gegründet. 1937 hatten ihm die Gottheiten Wischnu und Schiva mitgeteilt, es sei an der Zeit, mit der „Schöpfung einer neuen Weltordnung zu beginnen". Lekh Raj sammelte zunächst vorwiegend Anhängerinnen um sich. 1952 gründete er in Mount Abu im nordwestindischen Bundesstaat Rajasthan die Brahma Kumaris World Spiritual University (BKWSU), die sich um „das vertiefte Verständnis für die Zusammenhänge zwischen Seele und Körper, Vernunft und Gefühl, Individuum und Gesellschaft, Mensch und Natur" annehmen will. Seit seinem Tod tritt Lekh Raj seinen Anhängern als „Brahma Baba" gegenüber, der als Geist durch „Dadis" (wörtlich: ältere Schwestern) spricht.

Für die Anhänger der Organisation ist Lekh Raj wie ein Gott, ein Schöpfer einer neuen Welt und einer neuen Zeit. Nach seiner Vorstellung spielt sich die Weltgeschichte in Kreisläufen von 5 000 Jahren ab. Diese immer wiederkehrenden Zeiträume sind jeweils in Abschnitte von 1 250 Jahren unterteilt. Diese „Zeitalter" sind: Kali Yuga, das eiserne Zeitalter, das von Untergang, Katastrophen und Tod gezeichnet ist; Dwapur Yuga, das kupferne Zeitalter, in dem Religionen entstehen; Treta Yuga, das silberne Zeitalter, das den Weg zur Vollkommenheit bringt, die schließlich im Sat Yuga, dem goldenen Zeitalter, erreicht ist, in dem es weder Krankheiten oder Tod gibt. Die Gruppe glaubt, daß die Menschheit am Übergang zum nächsten goldenen Zeitalter steht. Die Mitglieder von Brahma Kumaris befinden sich bereits darin. Die übrige Welt wird durch einen Atomschlag, der „alle Unreinheiten zerstört", untergehen. Eine zentrale Rolle spielt die Meditation, die sich auf das „Dritte Auge" in der Mitte der Stirn, den Sitz der Seele, bezieht.

Ein äußerst strenger Tagesablauf regelt das Leben jedes Mitgliedes. Die erste Meditation hat morgens um 3.30 Uhr stattzufinden, der Tag endet pünktlich um 22.00 Uhr. Dazwischen liegen weitere Meditationen und Lesungen der „Murli". Murli sind Botschaften, die Lekh Raj aus dem Jenseits schickt. Sie werden von den „älteren Schwestern" aufgezeichnet und weitergegeben. Sexualität, auch unter Eheleuten, gilt als unrein und muß vermieden werden. Eine Fülle von Verboten (Fleisch, Fisch, Eier, Genußmittel, Alkohol) und der dringend erwünschte Abbruch familiärer Bindungen führen zwangsläufig zur Isolierung von der Umwelt.

In die Kritik geriet die Gruppierung unter anderem durch die häufig wiederholte, aber falsche Behauptung, von den Vereinten Nationen unterstützt zu werden. Bei der Missionsarbeit wurden zudem Namen von Wissenschaftlern und Künstlern verwendet, die in keinem Zusammenhang mit Brahma Kumaris stehen. Brahma Kumaris gilt als besonders aggressive Sekte. Die völlige Abkehr von der normalen Welt und die Unterwerfung unter die Geister-Botschaften des Lekh Raj binden die Mitglieder fest in die Gruppe.

Chanten

Das ist die eingedeutschte Form des englischen chant = Kirchengesang, Singsang. In der →Esoterik und New-Age-Szene (→New Age) häufig benutzter Begriff für das oft stundenlange Singen eines →Mantras. Auch Zauber-sprüche des Hexenkultes werden „gechantet", ebenso die Beschwörungsformeln und zeremoniellen Gesänge der indianischen Kulte.

Divine Light Mission

Die Gruppe kommt aus dem Reformhinduismus (Hinduis-mus). Die Mitglieder wollen durch bestimmte Techniken zur Erkenntnis des wahren Selbst kommen. In der Bun-desrepublik soll es etwa 500 Mitglieder geben.

Die Divine Light Mission geht zurück auf Shri Hansji Maharaj (ca. 1890-1966), der unter dem Einfluß eines Gurus eine eigene Lehre entwickelte. Nach seinem Tod übernahm sein jüngster Sohn Prem Pal Singh Rabat, der sich Guru Maharaj Ji nennt, die Leitung der Gruppe. Er wurde 1975 wegen seines ausschweifenden Lebensstils von seiner Mutter abgesetzt, die 1975 zusammen mit ihrem ältesten Sohn Bal Bhagvan Ji die Führung des indi-schen Zweiges übernahm. Im Westen blieb Guru Maharaj Ji an der Macht und benannte Anfang der 80er Jahre die

Organsiation in Elan Vital um. Seit dieser Zeit ist auch der indische Zweig wieder in Europa aktiv, jetzt unter dem Namen Spiritual Life Society.

Guru Maharaji Ji betrachtet sich als gottähnlich. Allein durch seine Anwesenheit könne er seine Schüler zur „Glückseligkeit" führen. Auch vier besondere spirituelle Techniken (Kriyas) führten zur Glückseligkeit. Die Kriyas bestehen in der häufigen Wiederholung der Mantras (→Mantra) „Hamsa" und „Soham" sowie in dem Versuch, durch Fingerdruck und Zungenstellung bestimmte Geschmacks-, Licht- und Tonempfindungen hervorzurufen. Die Mitglieder glauben, sie würden bei ihren Meditationen das „göttliche Licht" und schließlich auch Gott selbst sehen. Die Anhänger der Gruppe wohnen in Wohngemeinschaften und üben sich in sexueller Enthaltsamkeit und dem Verzicht auf Alkohol und Nikotin.

Divine Light Zentrum

Die Organisation ist unabhängig von der Divine Light Mission entstanden. Sie bemüht sich um die Zusammenführung aller Religionen zu einer „Überreligion".

Der 1929 geborene Mönch Swami Omkarananda wurde 1965 von einer Schweizer Anhängerin nach Winterthur eingeladen. Dort gab es bald größere Schwierigkeiten um den Auf- und Ausbau eines Zentrums, die dazu führten, daß Omkarananda verhaftet und aus der Schweiz ausgewiesen wurde. Heute lebt er abwechselnd in Österreich und Süddeutschland.

Die Lehre Omkaranandas besteht aus einer Mischung christlicher und hinduistischer Bestandteile. Jeder soll innerhalb seiner angestammten Religion gefördert werden. Deswegen gibt es im Zentrum der Organisation Gottesdienst-Möglichkeiten für alle Religionen. Das häufig verwendete →Mantra „Om", die Verehrung der Muttergottheit Durga und die allgegenwärtige Farbe Blau weisen auf die hinduistischen Wurzeln hin.

Guru

Der Guru war bei den Hindus (→Hinduismus) ursprünglich der Vermittler religiösen Wissens, teilweise auch als Familienlehrer. Heute haben Gurus die Funktion eines „erleuchteten Meisters" oder „vollkommenen Lehrers". Im Westen müssen sich Guru-Persönlichkeiten nicht an den Traditionen des Hinduismus messen lassen, also treten „erleuchtete" Meister auf, die eher Schwindler sind als religiöse Lehrer.

In der hinduistischen Tradition werden hohe Anforderungen an einen Guru gestellt: Er soll ein genauer Kenner der heiligen Schriften sein, Liebe zu seinen Jüngern empfinden, über ein angenehmes Äußeres und ein feierliches Auftreten verfügen. Vom Guru wird erwartet, daß er die Mantras (→Mantra) kennt, auch, daß er übersinnliche Fähigkeiten hat. Erst dann wird die Autorität eines Gurus anerkannt. Manchmal wird er wie ein Gott verehrt. Meist aber wird der Guru als Symbol Gottes, des höchsten Gurus, gesehen. Zum hinduistischen Bewußtsein gehört es, daß Guru und Jünger erst nach genauer gegenseitiger Prüfung zueinander finden. Der Gedanke, daß ein Guru sich bemühen könnte, Schüler um sich zu scharen, ist dem Hinduismus fremd. Im Gegenteil: Jeder Schüler findet zu dem Guru, der ihm entspricht. Im Westen kann der absolute Wahrheitsanspruch, mit dem viele Gurus auftreten, zu ernsthaften Konflikten der Jünger mit ihrer Umwelt führen.

Hare-Krischna-Bewegung

Die in knöchellange, safranfarbene Gewänder gehüllten kahlköpfigen Jünglinge, die singend und bettelnd durch die Straßen liefen, waren lange Zeit ein vertrautes Bild in den Fußgängerzonen der großen Städte. Inzwischen treten die Hare-Krischna-Mönche kaum mehr in der Öffentlichkeit auf. Trotzdem gehört die International Society for Krishna-Consciousness (ISKCON), wie die Gruppierung offiziell heißt, nach wie vor zu den Organisationen, die zum Kern der sogenannten Jugendreligionen gezählt werden. In Europa soll es 750 000 Anhänger geben, davon 5 000 in der Bundesrepublik. 300 Hare-Krischna-Mönche und Hare-Krischna-Nonnen leben als Vollmitglieder der Bewegung in klosterähnlichen Gemeinschaften.

Die Hare-Krischna-Bewegung wurde 1966 von dem Bengalen A.C. Bhaktivedanta Swami Prabhupada (1896-1977) gegründet. Zentren entstanden zunächst in den USA. Von dort aus wurde ab 1969 auch in der Bundesrepublik missioniert. Heute ist die ISKCON auch in Indien, Osteuropa und in afrikanischen Staaten vertreten. Nach dem Tod von Bhaktivedanta Swami Prabhupada übernahmen elf Gurus die Leitung der Gruppe. Einige mußten wegen verschiedener Verfehlungen zurücktreten, einer eine Gefängnisstrafe von 30 Jahren antreten.

Wichtigstes Buch für die Hare-Krischna-Bewegung ist die Bhagaad Gita, eines der wichtigsten und ältesten Bücher des Hinduismus. Hier sind die Lehren Krischnas, der menschlichen Gestalt des Gottes Wischnu, aufgezeichnet.

Für die ISKCON ist Krischna der „höchste persönliche Gott". Die Hare-Krischna-Bewegung sieht ihre Wurzeln in einer um 1500 entstandenen Spielart der bengalischen Bhakti-Bewegung (Bhakti = Gottesliebe). Hier war das →Chanten, das Singen oder Sprechen des Krischnanamens, eine Möglichkeit, das Heil zu erlangen. Dieses Chanten („Hare Krischna, Hare Krischna, Krischna, Krischna, Hare, Hare, Hare, Rama, Hare Rama, Rama, Rama, Hare, Hare") praktizieren die Krischna-Jünger mit Hilfe einer 108perligen Gebetskette mindestens 16mal am Tag, also 1728mal. Dies dient dazu, mit Krischna „eins zu werden". „Die liebende Beziehung zu Krischna" schlummere in jedem Menschen, sei aber überlagert durch Materialismus und Sinnengenuß. Den Anhängern der ISKCON sind deshalb fleischliche Nahrung, Rauschmittel, außereheliche Sexualität und Glücksspiel verboten. Sexualität in der Ehe wird nur an den Tagen geduldet, an denen die Möglichkeit einer Empfängnis besonders hoch ist. Denn, so Prabhupada, „wenn die Männer mehr Geschlechtsverkehr haben, verlieren sie die Kraft, ein männliches Kind zu zeugen. Wenn das Geschlechtsleben nicht eingeschränkt wird, gibt es soviel Übles. Jetzt können wir die Nachteile tatsächlich sehen: Impotenz, keine Heirat und erhöhte weibliche Bevölkerung ... Die Verschwendung von Samen verringert die Intelligenz."

Der Tagesablauf der Hare-Krischna-Mitglieder ist genau geregelt. Der Tag beginnt um 3.30 mit einer kalten Dusche und anschließendem Chanten und endet gegen 20.30 Uhr, der allgemeinen Schlafenszeit. Dazwischen liegen Tempeldienst, die Lektüre heiliger Schriften und vor allem das Sammeln von Spenden für die Organisation. Dies geschieht durch offenes oder verstecktes Betteln („Verschenken" von Schriften, Kassetten o.ä. gegen Spenden, die sehr nachdrücklich eingetrieben werden). Beim Betteln spielt auch das „Samkirtan" eine Rolle, das ist das öffentliche Tanzen und Singen zum Zwecke der Werbung. Die Internationale Zentrale der ISKCON ist in Los Angeles, die bundesdeutsche in Heidelberg. Daneben gibt es „Tempel" genannte Niederlassungen in Berlin, Flensburg, Hamburg, Köln, München und Nürnberg.

148

Lamaismus

Die tibetanische Form des Buddhismus, der Lamaismus, ist eine Mischung aus Buddhismus und der älteren einheimischen Bon-Religion. Kennzeichnend für den Lamaismus ist der Versuch, Möglichkeiten aufzuzeigen, die den Weg ins Nirwana (die Erlösung) verkürzen.

Ab dem 14. Jahrhundert übernahmen die Dalai-Lamas (Lama = Lehrer) die Macht in Tibet und machten aus dem Land einen streng organisierten Mönchsstaat. Typisch für den tibetischen Buddhismus ist die Vorstellung, einige wenige Lamas seien auf dem Weg ins Nirwana so weit fortgeschritten, daß sie sich den Körper, in dem sie wiedergeboren werden wollen, selbst aussuchen könnten. Diese wiedergeborenen Lamas aufzufinden (meist im Kindesalter) ist meist sehr schwierig. Im Westen stößt der Lamaismus durch das medienwirksame Auftreten des XIV. Dalai-Lama, der 1959 aus Tibet floh, auf öffentliches Interesse.

Die reiche Tradition des Lamaismus, seine Vielfalt, die vielen Menschen aus der christlichen Kultur geradezu geheimnisvoll erscheint, und die intensive Meditationspraxis haben dem Lamaismus auch in Europa Anhänger beschert.

Osho/Bhagwan

Um den Bhagwan, den Erhabenen, scharten sich in den 80er Jahren Zehntausende von Menschen, vorwiegend aus den Industrieländern. Für fast ein Jahrzehnt war, von großer Aufmerksamkeit der Medien begleitet, insbesondere in der Bundesrepublik ein regelrechter Bhagwan-Boom ausgebrochen. Viele Menschen fühlten sich angezogen und pilgerten zum Bhagwan in die indische Stadt Poona. Auch unter nichtreligiösen, mehr an der Politik interessierten Menschen wurde plötzlich über das „Hier und Jetzt", die Vor- und Nachteile der Dynamischen Meditation und das angeblich freizügige Leben in Poona diskutiert. Nach der Ausweisung des Bhagwan aus den Vereinigten Staaten (dorthin war er 1981 von Indien aus gegangen) und seinem Tod 1990 wurde es ruhiger um die Bewegung. Die Zahl der Menschen, die sich zu der Gruppe hingezogen fühlen, wurde indes nicht wesentlich kleiner.

Der Gründer der Gruppe, Rajneesh Chandra Mohan (1931-1990), wurde 1958, also mit 27 Jahren, Professor für Philosophie an der ein Jahr zuvor gegründeten Universität Jabalpur in Madhya Pradesh, dem größen indischen Bundesstaat. Bereits fünf Jahre vorher, genauer am 21. März 1953, hatte er ein Erleuchtungserlebnis gehabt, das ihn veranlaßte, Schüler um sich zu sammeln. 1969 schließlich gründete Rajneesh Chandra Mohan in Bombay und 1974 in Poona einen Ashram, ein religiöses Zentrum.

Das Zentrum in Poona wurde schnell von Heilsuchenden aus dem Westen entdeckt, insbesondere von Nordamerikanern und Bundesdeutschen. Auf dem Höhepunkt der Begeisterung für den Bhagwan faßte der den Entschluß, zusammen mit seinen Jüngern in die Vereinigten Staaten zu übersiedeln. Der Grund: Schwierigkeiten mit den indischen Steuerbehörden. In Antelope im Bundesstaat Oregon bauten seine Anhänger, die sich selbst Sannyasin (eigentlich: Mönche) nennen, eine neue Stadt auf, die sie Rajneeshpuram (Stadt des Rajneesh) nannten. Streit mit den US-Behörden und innere Zerwürfnisse führten schließlich dazu, daß der Bhagwan, der sich in Oregon zunächst in ein 1 315 Tage dauerndes Schweigen zurückgezogen hatte, nach etlichen Umwegen 1986 wieder nach Poona zurückkehrte.

Dort verkündete er das Ende seines Wirkens als religiöser Führer, hob das Gebot, stets rote Kleidung und eine Holzperlenkette zu tragen, auf, und ließ sich Osho (der Erhabene) nennen. Dies war ursprünglich der Ehrentitel für Bodhidharma, den „Begründer" des →Zen-Buddhismus. Trotz vieler negativer Presseberichte, die die sehr schlechten Lebensbedingungen der Sannyasin in Oregon und das im Gegensatz dazu stehende luxuriöse Leben des Bhagwan beschrieben hatten, fand das Zentrum in Poona bald wieder großen Zulauf aus der westlichen Welt. Am 19.1.1990 starb der Bhagwan/Osho. Seine Nachfolger führen den Ashram mit einem bunten Angebot aus Meditation, Therapie, Selbstfindungsgruppen und auch Freizeitangeboten weiter.

Die Lehre von Osho/Bhagwan ist schwer zu beschreiben. Er fügte Bestandteile aus den verschiedensten Religionen zusammen. Schwerpunkt waren hinduistische Vorstellungen (→Hinduismus). Rajneesh vermittelte seinen Jüngern, die Menschen seien den Gesetzen des Karma (d.h., jeder würde ganz nach seinen Taten wiedergeboren) und einer Folge von Wiedergeburten (Reinkarnation) unterworfen. Mit dem Mittel der →Meditation will er die Menschen aus den Zwängen herausführen, ihnen die Freiheit einer neuen Persönlichkeit geben.

Im Westen stieß die Philosophie des Bhagwan/Osho in bestimmten Kreisen auf große Begeisterung. Gerade „Kreative", also Menschen aus den Medien, der Werbung, Musiker und andere Künstler, die oft über ausreichend Geld, aber wenig Zufriedenheit mit ihrem Leben verfügten, fühlten sich von Poona magisch angezogen. Die Verbindung indischer Sichtweisen mit westlicher Psychologie und den unterschiedlichsten Therapieformen mit Tanz, Musik, alternativen Heilmethoden etc. brachte den durchwegs jungen Besuchern aus dem Westen das Gefühl, einer allumfassenden Glaubensrichtung anzuhängen. Viele

Mandala, die symbolische Darstellung kosmischer Kräfte, spielt vor allem im Buddhismus Tibets eine Rolle. Die aus Quadraten und Kreisen zusammengesetzten Zeichnungen dienen vorwiegend als Meditationshilfen.

fühlten sich durch das Leitmotiv angezogen, man solle ganz entspannt im Hier und Jetzt leben. Der Bhagwan hatte sie gelehrt, in erster Linie an sich selbst und an das eigene Wohlergehen zu denken. Die Ablehnung althergebrachter Moralvorstellungen, so wie sie insbesondere von der katholischen Kirche vertreten werden, wurde von den meisten →Sannyasin als Befreiung empfunden. Geschickt hatte Bhagwan/Osho in diesem Zusammenhang dem Begriff Sannyasin einen anderen Inhalt gegeben. In der indischen Religionsgeschichte werden Bettelmönche als Sannyasin bezeichnet. Sie widmen sich völlig der „Hingabe an Gott", weswegen sie keinem Broterwerb nachgehen können, sondern von der Allgemeinheit unterhalten werden. Das karge und weltabgewandte Leben der Sannyasin wird als eine Möglichkeit gesehen, dem Kreislauf der Wiedergeburten zu entkommen (→Hinduismus).

Die Sannyasin des Baghwan hingegen sollten durch intensives (und auch egoistisches) Ausleben ihrer Bedürfnisse der Befreiung näherkommen. Dies wurde von vielen tatsächlich als Befreiung empfunden. Diese Grundhaltung änderte sich, als Bhagwan/Osho angesichts der Immunschwäche-Krankheit Aids die sexuelle Freizügigkeit seiner Anhänger einschränkte. Bereits vorher, nämlich mit dem Umzug in die Vereinigten Staaten, war ein Teil der vielgerühmten Lockerheit von Poona abhanden gekommen. Die Sannyasin mußten zwölf und mehr Stunden auf der fast 30 000 Hektar großen „Farm" des Bhagwan schuften. Das Gelände war streng bewacht, eine lagereigene Polizei sorgte für Disziplin im „Hier und Jetzt".

Statt Therapie und Meditation stand in Oregon die Arbeit im Mittelpunkt, die von Bhagwan/Osho zum „Gottesdienst" erklärt wurde. Ungeklärt ist, welche Rolle bei diesem Wandlungsprozeß Ma Anand Sheela (eigentlich: Sheela Silvermann), die Vertraute des Osho, spielte. Ob das harte Leben auch im Sinne des Gründers war oder ob ihm, der sich ins Schweigen zurückgezogen hatte, die ganze Sache entglitten war, ist nach dem Zerwürfnis mit Sheela (1985) nicht mehr so recht auszumachen.

Genausowenig ist klar, ob Bhagwan/Osho mit dem Aufheben der Pflicht, rote Kleidung und die Mala (eine Holzperlenkette) mit seinem Bildnis zu tragen, auch den Kult, der um ihn entstanden war, beenden wollte. Die Nachfolger, die nach seinem Tod 1990 den Ashram in Poona übernahmen, knüpften eher an das alte Konzept des ursprünglichen Ashrams an.

In der Bundesrepublik gibt es mehrere Zentren der Organisation, u.a. in Berlin, Köln und München. Eine Reihe von Buchläden, Restaurants, makrobiotischen Läden, Therapieeinrichtungen etc. befinden sich im Umfeld der ehemaligen Sannyasin, ohne daß es einen nach außen erkennbaren Zusammenhalt gäbe.

Sannyasin

Wörtlich übersetzt bedeutet „sannyas" sich völlig anvertrauen und völlig entsagen. Ein Sannyasin ist also jemand, der alles aufgibt. Im Hindusimus ist sannyasa das vierte und letzte Lebensstadium, das jede Person durchläuft. Das erste Stadium ist das des Schülers, das zweite das des „Hausherrn", der eine Familie gründet. Im dritten Stadium soll sich der fromme Hindu in die Waldeinsamkeit zurückziehen und sich in Askese (Verzicht) üben. Als Sannyasin endlich hat er gelernt, auf alles zu verzichten. Er lebt als Bettelmönch, er soll, wie es in den heiligen Schriften des Hinduismus heißt, „weder wünschen zu leben noch wünschen zu sterben. Er soll immer allein wandern, immer schweigen."

In der Bundesrepublik wurde Sannyasin zu einer Bezeichnung für die Anhänger des Bhagwan. Mit Enthaltsamkeit, Verzicht und Askese hatte deren Leben freilich nichts zu tun.

Sant Mat

Die hinduistische Reformbewegung „Radhasoami Satsang" (Vereinigung des Herren der Seele) wurde 1861 von dem indischen Mystiker (→Mystik) Shiv Dayal Singh

(1818-1878) gegründet. Er bezeichnete Radhasoami, also den Herren der Seele, als höchsten Gott. Seine Anhänger nannten ihren Glauben Sant Mat (= Lehre des Heiligen).

Gründer Shiv Dayal Singh war unter anderem stark beeinflußt von Guru Nanak, dem Gründer der Sikh-Religion (→Sikhismus). Typisch für die ursprüngliche Gruppierung sind Guruverehrung und Ablehnung der Kastentrennung. In Indien ist, viel stärker als bei uns, die Gesellschaft in verschiedene Schichten (Kasten) eingeteilt. Die Mitglieder einer Kaste heiraten meist untereinander und lehnen den Umgang mit Angehörigen einer anderen Kaste ab. Bald entstanden mehrere Zweige der Glaubensrichtung. Zusammengenommen haben diese mehr als eine Million Mitglieder, davon mehrere tausend in der Bundesrepublik.

Besonderes Aufsehen erregte die Gruppe um den Meister Thakar Singh: Im Zentrum Buchendorf am Starnberger See waren Babys mit verbundenen Augen und Silikonstöpseln in den Ohren zu stundenlangen „Meditationen" gezwungen worden.

Bald nach der Gründung spaltete sich die Bewegung in mehrere Untergruppen auf, die auch ihrerseits wieder zerfielen: Kirpal Ruhani Satsang mit Thakar Singh als Meister, Sawan Kirpal Ruhani Mission unter Darshan Singh, Forum für die Universale Religion unter Soami Divyanand, Unity of Man unter Harbhajan Singh. Alle diese Abspaltungen haben Zentren im Westen, ebenso die Radhasoami-Gruppe in Beas.

Die vergleichsweise unüberschaubaren und häufigen Spaltungen gehen nicht auf tiefgreifende Meinungsunterschiede zurück. Sie haben ihren Grund in der besonders herausgehobenen Stellung des jeweiligen Meisters.

Der Glaube der verschiedenen Sant-Mat-Gruppen läßt sich so beschreiben: Will die Seele eines Gläubigen zu ihrem höchsten Gott Radhsoami kommen, muß sie eine Fülle von himmlischen Sphären (= Himmelsgewölben) durchdringen. Diese Sphären werden aber von Gottheiten beherrscht, die die Seelen in ihre Reiche holen wollen. Deshalb haben sie Boten auf die Erde geschickt, z.B. die Gründer der großen Weltreligionen, also Jesus oder Buddha. Diese können zwar die Seelen aus dem irdischen Dasein „erlösen" – aber nicht vollständig. Nur die Einweihung durch einen „Lebenden Meister" ermöglicht den Gläubigen, auch die „niedrigeren" Sphären zu durchschreiten. Dies wird u.a. möglich durch fünf Mantras (→Mantra), die durch den Meister mitgeteilt werden. Sie erlauben auf dem „Pfad des Meisters" voranzuschreiten. Dieser Pfad wiederum wird begriffen als „Yoga des Klangs und des Lichts". Nach der Vorstellung von Sant Mat entspringt aus der Gottheit ein – hörbarer – „Klangstrom". Durch eine besondere Meditationstechnik, bei der Augen und Ohren mit den Fingern verschlossen werden, und mit Hilfe der fünf Mantras kann die Seele (in oft stundenlangen Sitzungen) die Sphären des Kosmos durchwandern. Aber nur durch die persönliche Führung durch den Meister kann das höchste Ziel, das Einssein mit Radhasoami, erreicht werden.

Durch Aufzeichnungen, die die Gläubigen über ihre Meditations-Erfahrungen anfertigen, kann sich der Meister von den Fortschritten überzeugen. Die Bindung an den „Lebenden Meister" wird verstärkt durch die sehr intensive Verehrung, die ein wesentlicher Bestandteil von Sant Mat ist. Außerdem legen die Gläubigen ein lebenslang gültiges Gelübde ab, in dem sie versprechen, täglich mindestens zwei Stunden zu meditieren und kein Fleisch und keinen Alkohol zu genießen.

Zur Gruppe Kirpal Ruhani Satsang des Meisters Thakar Singh gehören die Lichtheim-Kindergärten, die Holosophische Gesellschaft Deutschland e. V., der Verein zur Förderung des ganzheitlich heilenden Menschen, der Naam-Buchdienst. Diese Gruppe ist nicht allein durch die skandalöse „Baby-Meditation" in der Bundesrepublik mit dem Gesetz in Konflikt gekommen. Dem Meister werden auch sexueller Mißbrauch von Jüngerinnen und gewaltsame Exorzismen (in einem Fall mit Todesfolge) vorgeworfen. Die Sawan Kirpal Ruhani Mission unterhält die „Weltgemeinschaft der Religionen" und die „Weltgemeinschaft für die Einheit der Menschen".

Sathya Sai Vereinigung

Sathya Sai Baba, der Gründer der Vereinigung, die etwa 3 Millionen Anhänger (vor allem in Indien) hat, wurde 1926 in Südindien geboren. Bereits in jungen Jahren soll er viele Wunder bewirkt haben. Entsprechend schnell wuchs sein Ashram (religiöses Zentrum) „Prasanthi Nilayam". Der Guru bezeichnet sich als Wiedergeburt des berühmten Sai Baba von Shirdi, aber auch der Gottheiten Schiwa (männlich) und Schakti (weiblich) sowie von Jesus Christus. Für die westlichen Anhänger ist besonders die Toleranz der Gruppe und das Streben nach einer Vereinigung aller Religionen faszinierend. Wunderheilungen und sogar Totenerweckungen werden ihm nachgesagt.

Sikhismus

Die Sikhs sind eine Religionsgemeinschaft mit mehr als 10 Millionen Angehörigen, die vor allem im indischen Bundesstaat Pandschab und in Pakistan leben. Verschiedene Untergruppierungen sind auch in den USA und in

Europa aktiv. Gründer der Religionsgemeinschaft ist der Guru Nanak (1469-1539). Er bemühte sich, verschiedene Lehren und aktuelle Einflüsse (z.B. durch den →Islam) zu vereinen. Er lehrte die Anrufung eines einzigen Gottes (herrührend aus dem Islam) in Verbindung mit hinduistischen (→Hinduismus) Elementen. Diese Vielfalt brachte ihm Schüler aus verschiedenen Glaubensrichtungen. Daher leitet sich auch der Namen Sikh ab (aus sisya, Sanskrit für Schüler). Wichtigster seiner Nachfolger wurde der zehnte Guru Gobind Singh (1675-1708), der die Sikhs zu einer Bruderschaft zusammenschloß. Durch ihn sollen auch die fünf Erkennungszeichen der Sikhs (für Männer wie Frauen) eingeführt worden sein: Das lange, ungeschnittene Haar, der Kamm, ein Armreif aus Stahl, der Dolch, die knielange Hose. Auch das Hinzufügen von Singh (= Löwe) bei Männernamen und Kaur (= Prinzessin) bei Frauennamen soll auf Gobind Singh (auch: Govind Singh) zurückgehen. Diese Erkennungszeichen sollten auch aussagen, daß die Zugehörigkeit zur Kaste an Bedeutung verloren hatte. Die Söhne des Guru Gobind Singh starben vor ihm. Dadurch wurde die bisher erbliche Weitergabe der Guru-Würde unterbrochen. Stattdessen erklärte Gobind Singh das heilige Buch der Sikhs zum „Schrift-Guru", das im Goldenen Tempel in Amritsar aufbewahrt wird.

Viel später, 1849, wurde der Pandschab, und damit auch das Gebiet der Sikhs, von den Briten kolonisiert. Ein Teil des Pandschabs fiel 1947 an Pakistan und mußte von den Sikhs verlassen werden. Radikale Sikhs versuchen, den Pandschab mit Gewalt von Indien loszulösen. Auch die Ermordung von Ministerpräsidentin Indira Ghandi (1984) scheint mit der ungelösten Sikh-Frage in Zusammenhang zu stehen.

Zu Beginn des 20. Jahrhunderts, vor allem aber in Zusammenhang mit der Guru-Begeisterung seit den 60er Jahren, kamen die Elemente der Sikh-Religion auch nach Europa.

Sri Chinmoy

Der Guru Sri Chinmoy wurde 1931 im vorderindischen Bengalen geboren und verbrachte längere Zeit im Aschram von Sri Aurobindo. Aurobindo (1872-1950), indischer Nationalheld, Kämpfer gegen die britische Kolonialmacht, versuchte indisches und westliches Gedankengut zusammenzufügen. Durch seinen „Integralen Yoga" soll die göttliche Kraft in die Menschen einströmen. Die Betonung von →Yoga hat Sri Chinmoy, der sich 1964 in den USA niederließ, übernommen. 1970 mietete er die Kapelle am New Yorker Sitz der Vereinten Nationen und leitet seither eine UNO-Meditationsgruppe. Sie hat, trotz anderer Aussagen von Anhängern des Meisters, keinerlei offizielle Funktion. Freilich werden Fotografien, die Sri Chinmoy mit den verschiedenen Generalsekretären der UNO und auch dem Papst zeigen, bei der Werbung für Veranstaltungen der Gruppierung eingesetzt.

Sri Chinmoy ist nach seinen Angaben mit dem „Göttlichen" eins. Daher habe er auch die Fähigkeit besessen, bisher 700 Bücher zu schreiben und über 100 000 Bilder anzufertigen. Für seine Schüler sind die Leistungen des Meisters Ausdruck der Göttlichkeit, die er erlangt habe. Die Lehre Sri Chinmoys hat ihre Grundlagen im Reformhinduismus. Er verlangt außerordentliche Hingabe an den Guru, also an ihn, was unter anderem durch Meditationen mit seinem Bild geschieht. Er verlangt von seinen Anhängerinnen und Anhängern vegetarische Lebensweise, Verzicht auf Alkohol, Nikotin, Kaffee, Rauschgift und vorsowie außerehelichen Sex. Die Bewegung unterhält verschiedene Zentren in den USA und auch in Europa (Hauptsitz: Zürich).

Verschiedene Unternehmen wie Divine Enterprises, Madal Bal, vegetarische Läden (Sewa) gehören zur Gruppierung. In der Öffentlichkeit treten die Anhäger von Sri

Chinmoy des öfteren auf, ohne ihre Verbindung zum Guru zu nennen.

Tantrismus

Der Tantrismus (von Sanskrit tantra = Faden, Lehre) ist im Westen nach seiner „Entdeckung" durch die Hippie-Bewegung in den USA während der 60er Jahre fast zu einem Symbol für raffinierte Sexfreuden geworden. Eine Fülle von Büchern aus der esoterischen Ecke will durch „tantrische Praktiken" zu erfüllter Sexualität verhelfen. Doch ist dies ein völliges Mißverständnis über das Wesen des Tantrismus. Verstärkt wurde es durch Berichte, die die „freie Liebe" in verschiedenen Gruppierungen fernöstlichen Ursprungs (z.B. →Osho/Bhagwan) sehr genau beschrieben. Schriftliche Zeugnisse des Tantrismus sind ab dem 6. Jh. nachweisbar, doch dürfte die Lehre wesentlich älter und zunächst mündlich überliefert worden sein.

Der Tantrismus beschreibt, daß sich das Große auch im Kleinen finde und das Kleine im Großen (Makrokosmos und Mikrokosmos). Durch deren Vereinigung kann eine „höchste Wirklichkeit" erreicht werden. Dadurch kann der Kreislauf der Wiedergeburten (→Buddhismus) unterbrochen werden. Die tantrischen Schriften sind absichtlich schwer verständlich gehalten. Sie sind gekennzeichnet durch Auslassungen und durch ungenaue Begriffe – dadurch sind sie wie eine Geheimlehre, die nur Eingeweihten verständlich ist. Der als unheilvoll gesehene Widerspruch zwischen Groß und Klein kann durch eine Reihe von Handlungen überwunden werden. Dazu gehören u.a. das Mantra (eine Folge von Silben, die beim Meditieren gesprochen werden) und Meditationsbilder

(Mandala). Daß beim Meditieren auch die Geschlechtsteile berührt werden, führte im Westen zu der falschen Auffassung, der Tantrismus sei sexbetont.

Auch daß die Symbolik des Zeugens und Empfangens (also der Geschlechtsakt) als das Wesen des „All-Einen" gesehen wird, brachte viele Vorurteile mit sich.

Die Hauptenergiepunkte (Chakras) des Körpers sind nach der Vorstellung des Tantrismus aufsteigend angeordnet. Die Hauptenergiebahnen (Nadis) winden sich schlangenförmig durch den Körper.

Yoga

Die Technik, körperliche Übungen mit Konzentration und Entspannung zu verbinden, ist weit verbreitet. Für viele Menschen, die Yoga bei Volkshochschulen oder Turnvereinen praktizieren, ist dies kaum etwas anderes als andere körperliche Übungen auch – indisches Aerobic gewissermaßen. Das Wort Yoga läßt sich von Sanskrit yui = Bindung, Anlegen eines Jochs herleiten.

Der Ursprung des Yogas liegt wohl in den schamanischen (→Schamanismus) Gebräuchen der indischen Urbevölkerung. In schriftlichen Zeugnissen taucht Yoga zum ersten Mal in den Upanischaden (entstanden 800-600 v. Chr., →Hinduismus) und in dem Versepos Bhagavadita (800 n. Chr.) auf. In den Upanischaden finden sich bereits genaue Anleitungen zur Ausübung des Yoga: Sitzhaltung, Atemtechnik etc. Das klassische Yoga wurde von Patanjali (unklare Lebensdaten: 2. oder 3. Jh v. Chr., aber auch 5. Jh. n. Chr.) begründet und im „Yoga-Sutra", dem klassischen Text zum Yoga, festgehalten. Er beschreibt die acht Stufen des klassischen Yoga. Zwei dienen der Vorbereitung, drei der körperlichen und die letzten drei der geistigen Übung. Diese sind: Yama (Selbstbeherrschung), Niyama (innere und äußere Reinheit, Gottesverehrung), Asana (Sitzhaltung), Pranayama (Atemkontrolle), Pratyahara (vollkommene Sinneskontrolle), Dharana (Konzentration), Dhyana (Meditation), Samadhi (absolute geistige Versenkung, Trance). Wer die letzten drei Stufen des Yoga erreicht, kann, so beschreibt es das Yoga-Sutra, paranormale Fähigkeiten, wie die Sicht in die Vergangenheit oder die Zukunft, erlangen.

Zen/Zen-Buddhismus

Zen ist eine zunächst in China und später vor allem in Japan praktizierte Abart der buddhistischen Meditation. Das Wort „Zen" ist die japanische Lesart des chinesischen Schriftzeichen ch'an, das wiederum eine Übersetzung des Sanskritwortes dhyana (= Versenkung) ist. Zen wurde auch im Westen populär. Das liegt unter anderem daran, daß Zen auch in der katholischen Kirche als eine Möglichkeit der Versenkung gesehen wird, die nicht im Widerspruch zum christlichen Glauben stehe. Außerdem übernahmen die Hippie-Bewegung und später die Anhänger der New-Age-Ideologie (→New Age) Zen-Praktiken.

Als Begründer der Zen-Meditation gilt der legendäre Bodhidharma (498-561 n. Chr.), der aus Indien oder Persien nach China gekommen war. Es bildeten sich verschiedene Schulen, die sich darum bemühten, die Religionsausübung zum Meditativen zurückzuführen. Im 13. Jh. erreichte Zen Japan. Dort wurde es zur geistigen Grundlage des Kriegeradels (Samurai).

Die zwei Hauptwege des Zen sind die schweigende Meditation im Lotussitz (japanisch: zazen) und die Koan-Übung. Die sitzende Versenkung soll, vergleichbar dem Yoga, den Meditierenden in einen Zustand des inneren Gleichgewichts versetzen. Das bringt nach Zen-Auffassung die „Erleuchtung" und letztlich das Einsseins mit dem „All-Einen". Zur Meditation können auch die Kalligraphie (Schriftübungen), die Teezeremonie, die Kunst des Blumensteckens u.a. gehören. Die Koan-Übung ist eine chinesische Erfindung. Sie ist vergleichbar einer Denksportaufgabe, für die es allerdings keine Lösung gibt. (Beispiel: „Wie klingt das Klatschen einer Hand?"). Dadurch soll das „Verstandesdenken" ausgeschaltet werden und der Mensch frei sein für eine tiefe Versenkung.

Die Engel Ithuriel und Zephon (Holzstich von Gustave Dore, Ausschnitt)

Esoterik

Das Wort Esoterik kommt aus dem Griechischen („esoterikós" = innerlich). Im ursprünglichen Sinn ist Esoterik das Wissen um Riten und Gebräuche, das nur einem inneren Kreis von Eingeweihten bekannt und verständlich ist. Im allgemeinen Sprachgebrauch wird Esoterik häufig mit „in sich gekehrt" oder „vergeistigt" verbunden. Teilweise werden als esoterisch all jene Strömungen bezeichnet, die sich mit →Okkultismus, →Spiritismus, →Alchemie, →Magie, →Theosophie, →Reinkarnation oder →Anthroposophie beschäftigen.

Die abendländische, westliche Tradition der Esoterik geht auf Hermes Trismegistos („Hermes, der dreimal Größte") zurück, eine Mischgestalt aus dem griechischen Gott Hermes und dem ägyptischen Gott der Weisheit, Thot. Die Esoterik wird deshalb auch als Hermetik bezeichnet. Esoterische Ideen standen immer schon im Widerspruch zu den allgemein üblichen Vorstellungen – auch in den vergangenen Jahrhunderten. Ursache dafür, daß esoterische Ideen bei uns so verbreitet sind, ist die Unzufriedenheit mit der modernen Gesellschaft. Viele Menschen haben das Gefühl, daß es mehr geben müsse als nur das technisch Machbare. Die Suche nach Alternativen in allen Lebensbereichen in den 70er Jahren, insbesondere in neuen Wohn-, Wirtschafts- und Lebensformen, in der Pädagogik und der Landwirtschaft bereitete den Boden für esoterisches Gedankengut. Gleichzeitig setzte ein „Psycho-Boom" ein. Er löste die politische Kritik der sog. Studentenbewegung ab. Statt um gesellschaftliche Veränderungen ging es nun darum, sich selbst zu verändern. Übersinnliches hatte plötzlich Konjunktur.

Esoterisches Denken kennt unendliche viele Spielarten. Dennoch gibt es einige Gemeinsamkeiten. Die Welt, der Kosmos, wird erklärt als System fließender, ewig andauernder Energien. Diese Energien können zu festen Körpern (Materie) werden, aber auch zu geistigen Wesen. Das

Ewige schafft nach einem nur ihm verständlichen Plan ständig Neues, ohne sich zu erschöpfen. Der Mensch ist für viele Esoteriker nur zeitweiliger Bewohner seines Körpers.

Das „Ich", also das Wesen des Menschen, ist nach esoterischer Ansicht bereits vor dem Körper vorhanden: Es suche sich die für seine Zeugung als irdischer Mensch geeigneten Eltern selbst. Diese Zusammenhänge zu erkennen setzt, so die Esoteriker, ein außergewöhnliches Bewußtsein voraus. Das Erfassen des Übersinnlichen, des Wirkens verborgener Kräfte und des Zusammenspiels der Energien des Kosmos sei nur möglich, wenn man dem Denken des Alltags enthoben sei. Einige wenige Menschen könnten durch Schulung oder →Meditation einen Bewußtseinszustand erreichen, der bis zur Erleuchtung, also dem vollständigen Verstehen aller Geheimnisse des Kosmos, gehen könne.

Unter dem Stichwort Esoterik ist ein blühender Geschäftszweig entstanden, der von einfachem Zubehör wie Räucherstäbchen über eine geradezu unüberschaubare Flut von Büchern und Zeitschriften bis zum First-Class-Flug zum indischen Prominenten-Guru alles bietet.

Alchemie

Oft bezeichnet man diejenigen Menschen, die in früheren Jahrhunderten Alchemie betrieben, als Alchemisten, als Scharlatane also, die behaupteten, aus wertlosen Stoffen Gold herstellen zu können. In Wirklichkeit aber war die Alchemie die Vorläuferin unserer heutigen wissenschaftlichen Chemie. Die Alchemie entstand im 2./3. Jahrhundert in Ägypten. Damals glaubte man, es gäbe nur vier Elemente (Grundstoffe), nämlich Erde, Wasser, Feuer und Luft. Durch vielerlei Experimente versuchten die Alchemisten, neue Stoffe (und natürlich auch Gold) herzustellen. Die Alchemie beschäftigte sich um diese Zeit aber nicht nur mit den Stoffen, sondern auch mit Philosophie, Mystik (religiösen Geheimlehren) und Astrologie.

Das Wissen, das die Alchemisten im Laufe der Zeit zusammentrugen, wurde oft in verschlüsselter Form weitergegeben. Ihre Schriften und Bücher waren nur für Eingeweihte verständlich. Wer nicht bei einem Meister in die Lehre gegangen war, konnte mit den geheimen Botschaften nichts anfangen. An diese Geheimnisse knüpfen manche Leute auch heute noch bestimmte Erwartungen. Sie meinen, in den Geheimbotschaften der Alchemisten seien Weisheiten und auch Rezepte verborgen, die den Menschen auch in der Gegenwart weiterhelfen könnten.

Daran stimmt vor allem eines: Die Alchemisten hatten bei ihren unzähligen Versuchen, wertvolle Stoffe herzustellen, durch Zufall auch einige Stoffverbindungen entdeckt, die uns auch heute noch wohlbekannt sind: Porzellan oder Alkohol zum Beispiel.

Amulett

Ein kleiner Gegenstand, oft aus Silber oder Gold, wird meist am Körper getragen und soll Unglück abwehren. Ein Amulett ist mit Bildern, Sprüchen oder Symbolen geschmückt, denen eine besondere Wirkung nachgesagt wird. Unter Symbolen versteht man bestimmte Zeichen, die zum Beispiel einen Gott, einen Gegenstand oder einen Heiligen darstellen sollen. Wer an die Kraft von Amuletten glaubt, ist sich sicher, daß ihn diese Götter oder Heiligen gegen das Böse beschützen. Amulette gibt es in vielen Kulturen. Bei uns sind besonders Amulette mit dem Bild von Maria oder dem heiligen Christopherus (er soll Autofahrer beschützen) bekannt.

Anthroposophie

Der Begriff ist aus zwei griechischen Worten zusammengesetzt: „Anthropos" bedeutet Mensch, „sophia" die Weisheit. Anthroposophie kann man also mit „Weisheit vom Menschen" übersetzen. Die Anhänger der Anthroposophie heißen Anthroposophen/innen. Genauso kompliziert wie das Wort ist die Lehre der Anthroposophie. Viel bekannter als die Lehre selbst sind die Waldorfschulen der Anthroposophen und der biodynamische Landbau („Demeter")

Begründer der Anthroposophie ist Rudolf Steiner (1861-1925). Er studierte Mathematik, Naturwissenschaften und Philosophie in Wien. Von 1882 bis 1887 war er Mitarbeiter an der Weimarer Goethe-Ausgabe. Die Beschäftigung mit Goethes Anschauungen und seiner Farbenlehre beeinflußte Steiner sehr. Darüber hinaus beeindruckten ihn der Mystiker Jakob Böhme und die →Esoterik der →Rosenkreuzer. Entscheidend für Steiner war die Auseinandersetzung mit der →Theosophie. Er war von 1902 bis 1913 Generalsekretär des deutschen Zweiges der Theosophischen Gesellschaft. Er verließ die Gesellschaft zusammen mit dem größten Teil der Anhänger, als die Theosophen sich immer stärker dem Hinduismus zuwandten und darüber hinaus verkündeten, in Krishnamurti, einem indischen Jungen, habe die Wiedergeburt Christi stattgefunden.

Zur Jahreswende 1913 gründete er die Anthroposophische Gesellschaft mit Sitz in Dornach (Schweiz). Steiner betätigte sich nahezu auf allen Wissensgebieten, einschließlich der Pädagogik und der Landwirtschaft. Er starb 1925.

Die verkrustete Gesellschaft im Kaiserreich, eine allgemeine Aufbruchsstimmung unter den Intellektuellen um die Jahrhundertwende und die tiefe Verunsicherung des Bürgertums durch das Entstehen der Arbeiterbewegung sind der Hintergrund, vor dem die Anthroposophie entstand. Lebensreformerische Ansätze wurden breit diskutiert. Der Steinersche Weg einer Verbindung aus Elementen fernöstlicher Religion, mittelalterlicher Mystik, moderner Naturwissenschaft und esoterischem Geheimwissen fand eine ganze Reihe von Anhängern.

Das Werk Steiners, meist Mitschriften seiner über 6 000 Vorträge, umfaßt 350 Bände und ist außerordentlich unübersichtlich. Der Streit, wie Steiner zu verstehen sei, ist unter seinen Jüngern längst nicht abgeschlossen.

Im Mittelpunkt der Anthroposophie steht die Lehre von der Siebengliedrigkeit der Welt: Aus sieben „Wesensgliedern" besteht der Mensch, in sieben Regionen bewegt sich die Seele nach dem Tod, sieben Lebensabschnitte durchlebt der Mensch zwischen Geburt und Tod, sieben neue Seelenkräfte entwickelt, wer die anthroposophische Schulung durchläuft, sieben Entwicklungsstufen durchlebt die Menschheit, sieben Kulturepochen umfaßt das Wirken der Menschen auf der Erde.

Steiner übernimmt mit etlichen Veränderungen die rassistischen Theorien der Helene Blavatsky, der Begründerin der →Theosophie. Blavatsky hatte behauptet, daß sich sieben „Wurzelrassen" entwickelten, die wiederum in sieben „Unterrassen" zerfielen. Steiner hingegen stellt fest, daß es fünf „Rassen" gebe: die schwarze, die malayische, die mongolische, die europäische und die indianische.

170

„Die Modifikation (Veränderungen/d.Verf.) der allgemeinen Menschengestalt", so Steiner, beginne mit der schwarzen „Rasse". Die malayische „Rasse" entwickelte über Atmung und Nervensystem den „Astralleib". Die dritte „Rasse", die mongolische, hätte bereits ein „Ich" herausgebildet, nämlich im Blut. Bei der europäischen „Rasse" seien Imagination (Vorstellungskraft), Inspiration (Eingebung) und Intuition (Erkenntnis) entwickelt. Seit dem Untergang der sagenhaften Insel Atlantis hätte die Menschheit fünf Kulturepochen durchlebt: die altindische, die persische, die ägyptisch-chaldäische, die griechisch-lateinische und schließlich die germanisch-nordische. Wie die Theosophen und später auch Hitler und seine Anhänger behauptet Steiner also, die Germanen seien die bisher am höchsten entwickelte Gruppe von Menschen und daher den anderen überlegen. Nach der „germanisch-nordischen" Epoche, in der wir uns derzeit befinden, würden, so Steiner, noch zwei weitere Kulturepochen folgen. Jedes Volk schließlich, so Steiner, habe seine „besondere Aufgabe". So hätten die Deutschen das „Ich" zur vollen Entfaltung gebracht.

Rudolf Steiner zufolge gliedert sich der Mensch in Leib, Seele und Geist. Der Leib wiederum ist dreifach gegliedert: Auf der untersten Stufe steht der „körperliche" Leib, den der Mensch, aber auch Pflanzen und Tiere hätten. Der „Ätherleib" steuert die komplizierten Zusammenhänge zwischen den drei Körperformen. Der „Astralleib" schließlich ist für die seelischen Regungen zuständig. Er umfaßt die Empfindungsseele, die Verstandesseele und die Bewußtseinsseele. Der körperliche Leib gehört ganz zur Erde, während die beiden anderen „Körper" mit der geistigen Welt verbunden sind. Das „Ich" kann in der geistigen Welt drei weitere „Wesensglieder" ausbilden: den Lebensgeist, das Geistselbst und schließlich den Geistesmenschen. Das dafür erforderliche Wissen kann lediglich innerhalb eines aufwendigen Studienweges erworben werden. Dieser Weg allerdings ist nur einigen wenigen vorbehalten.

Außerdem steht das „Christusereignis" im Mittelpunkt der Steinerschen Lehre. Christus bestand nach seiner Auffassung zunächst aus zwei Jesusknaben, die aus dem Ätherleib Adams, dem Astralleib Buddhas und dem Ich Zarathustras zusammengesetzt waren. Im Alter von 12 Jahren (Jesus im Tempel) haben sich die beiden Knaben zu einem einzigen Jesus vereinigt. Bei der Taufe im Jordan schließlich wurde der „Christus-Geist" in Jesus hineingeboren, der so endlich zum „Christus-Jesus" wurde. Beim Tode Jesu wurde das Wesen des Christus so in die Erdaura ausgegossen, daß die Erde zum Leib der „Christuswesenheit" wurde.

Die Anthroposophische Gesellschaft hat in der Bundesrepublik etwa 16 000 Mitglieder. Sie hat ihren Hauptsitz in Dornach in der Schweiz. Der Einfluß der Anthroposophen ist größer, als die an sich geringe Mitgliederzahl vermuten läßt. Insbesondere die Waldorfschulen (z. Z. ca. 140 in der Bundesrepublik) machten die Anthroposophie weit über den Kreis der esoterisch Interessierten hinaus bekannt. Der biologisch-dynamische Landbau nach Steiner (Demeter) brachte zudem eine Verbindung zu ökologisch aktiven Menschen.

Ariosophie

Der Begriff wurde von Guido von List (1848-1919) entwickelt und bedeutet „Wissenschaft von den Ariern". Damit soll eine vom Schicksal vorherbestimmte Vorherrschaft der Germanen begründet werden. Viele neu-germanische und neu-heidnische Gruppierungen (→Neugerma-

Odin (oder Wotan) war bei den Germanen der Gott des Krieges, des Zaubers und der Dichtkunst. Die beiden Raben Hugin und Munin flüstern ihm ins Ohr, was sie bei ihrem Flug durch die Welt beobachtet haben. Seine Dienerinnen sind die Walküren.

nen/Neuheiden) orientieren sich an der Ariosophie. Um 1880 entwickelte sich in Wien um den österreichischen Politiker Georg Ritter von Schönerer (1842-1921) der Bund der Germanen. Guido von List, zeitweise Sekretär des österreichischen Alpenvereins, war Mitglied des Bundes. Er veröffentlichte mehrere Bücher, u.a. „Deutsch-Mythologische Landschaftsbilder" (1891) und das „Geheimnis der Runen" (1904). Dieses „Geheimnis" wurde List, so er selbst, von seinen Ahnen mitgeteilt, als er wegen einer Operation längere Zeit im Dunklen liegen mußte. Lists Runenbuch erreichte hohe Auflagen und führte zu einer wahren Runenbegeisterung unter den deutschen Okkultisten (→Okkultismus). Sie entwickelten unter Lists Einfluß gar eine germanische Variante des Yoga – das Runenyoga.

Vor allem aber entwarf er, u.a. angeregt durch die Theosophin Helena Petrowna Blavatsky (1831-1891), ein „Rassemodell", das die Germanen als Ausgangspunkt und Endpunkt der Entwicklung der Menschheit darstellt. Guido von List gilt als der Begründer der Ariosophie, deren grundlegende Eigenschaften, neben der Vorherrschaft der Germanen, extremer Männerkult und Haß gegen die Juden (Antisemitismus) sind. Dieser Antisemitismus bezieht sich vor allem darauf, daß das Christentum eigentlich eine germanische Religion sei, die aber von den Juden entstellt worden wäre.

Jörg Lanz von Liebenfels (eigentlich Adolf Josef Lanz, 1874-1954) entwickelte in seiner 1904 erschienenen Schrift „Theozoologie" die Ariosophie weiter.

Liebenfels war ursprünglich Mönch im Zisterzienserorden Stift Heiligenkreuz im Wienerwald und gründete, nachdem er den Orden verlassen hatte, den Neutempler-Orden Ordo Novi Templi (ONT). In seiner „Theozoologie" schreibt Liebenfels, daß früher Götter, die er Elektrozoa nennt, auf der Erde gelebt hätten. Sie teilten sich in zwei Gruppen, in weißmagische und in schwarzmagische (Magie). Mit weißmagisch ist die „gute" und mit schwarzmagisch die „böse" Magie gemeint. Die weißmagischen Götter, „Theozoa" genannt, hätten „reinrassige Menschenhochzucht" betrieben, woraus die arische „Rasse" entstanden sei. Die schwarzmagischen Götter hingegen, die „Dämonozoa", hätten sich mit den Tieren vermischt, woraus sich die „dunklen Rassen" entwickelt hätten. Der Sündenfall der christlichen Überlieferung – so Lanz/Liebenfels – sei nichts anderes als der in Form eines Mythos (Sage, Legende) gekleidete Vorgang der „Rassenvermischung".

Armanenorden

Der Armanenorden wurde ca. 1971 von Adolf und Sigrun Schleipfer gegründet. Die Gemeinschaft knüpft an die ariosophischen Thesen (→Ariosophie) des Guido von List und den rassistischen →Okkultismus des Lanz von Liebenfels an. Der Armanenorden ist über Personen und auch von seiner Grundüberzeugung her mit verschiedenen rechtsextremistischen Organisationen verbunden. Die Gemeinschaft praktiziert germanisch-keltische „Gottesdienste".

Adolf Schleipfer gründete in den 60er Jahren die Giudo-von-List-Gesellschaft, eine Vorläuferorganisation des Armanenordens. Sigrun Schleipfer tritt auch unter den Namen Sigrun Hammerbacher, Sigrun Hammerbacher-Strauß, Sigrun Schleipfer-Friese und Sigrun Freifrau von Schlichting auf. Der Armanenorden beruft sich im wesentlichen auf List und Liebenfels, vermeidet freilich die gröbsten antijüdischen Aussagen der Ariosophen. Auch die Stellung der Frau wird anders definiert. In „Irminsul", der Zeitschrift der Giudo-von-List-Gesellschaft, heißt es: „Dem Germanen der wotanischen Schöpfungswonne (abgekürzt WSW) ist das Weib Göttin ... Wenn behauptet wird, daß besonders die germanische Frau dazu neige, aus Gründen der Geschlechterspannung fremdrassigen Männern zu verfallen, dann liegt das nicht an der germanischen Frau ... sondern dann liegt das daran, daß der germanische Mann von der Religion der WSW abgefallen ... Die germanische Frau muß also nicht unter ‚rassezüchterische Aufsicht' gestellt werden, sondern der germanische Mann hat zur angestammten Religion des Blutes, zur WSW, zurückzukehren, womit den Fremdrassen jede Macht über die germanische Frau entzogen ist."

Die Armanen berufen sich auf fast alle, die bei den Okkulten Rang und Namen haben: Von Helena Blavatskys „Geheimlehre" über Rudolf Steiner Atlantis-Mythologie bis zu Aleister Crowleys „Magick". In jüngster Zeit setzt der Orden verstärkt auf Ökologie. So heißt es in der Zeitschrift „Irminsul": „Arbeitet bei den Grünen, Alternativen, Nationalrevolutionären usw. mit. Bringt dort euer Wissen ein." Der Armanenorden kennt verschiedene Stufen der Zugehörigkeit. Die ersten drei Stufen umfassen die „Volkspriesterschaft", die nach „altgermanischem Einweihungssystem" der Stellung von Lehrling, Geselle und Meister entsprechen. Daran schließen sich die eigentlichen Ordensstufen an. Über allem steht der Großmeister der Hohen Armanenschaft. Ganz genau ist festgelegt, wer die Ordenzugehörigkeit erwerben kann: „Angehöriger des Armanenordens (AO) ist jeder Ariogermane, der nach seiner Veranlagung die Voraussetzung zu armanischem Denken, Fühlen und Handeln zeigt. Die Zugehörigkeit zum AO wird daher nur durch artgerechte Geburt in der Volksgemeinschaft erworben ... Angehörige unserer Ordensgemeinschaft, denen armanische Erkenntnisse durch Erberinnern oder durch mündliche und schriftliche Äußerungen von Volksangehörigen oder Mitgliedern der Armanenschaft bewußt werden, sind aufgefordert, ihre Zugehörigkeit zur AO von der Hohen Armanenschaft (HAO) feierlich (rituell) bestätigen zu lassen, damit die Zugehörigkeit zur Ordensgemeinschaft in Ordenskreisen bekannt wird und ein gemeinsames Handeln ermöglicht ist."

Einblick in den „Gottesdienst" des Ordens gibt ein

176

Opferbaum mit gehenkten Männern. Wissenschaftler betrachten dieses Darstellung als Hinweis auf Menschenopfer bei den Germanen.

Bericht aus „Irminsul": „Seinen Höhepunkt erreichte dieses Fest mit dem Erdmutterabend. Nachdem Frau Sigrun feierlich den Zauberkreis angelegt, wurde das Erdfeuer in dessen Mitte, im Kreise der durch alle Mann gebildeten Ordenskette, entzündet. Der Erdfeuer-Spruch beschloß diese heilige Handlung. Seine abschließende Weihe erhielt der Zauberkreis durch die darin abgehaltenen Tänze der Armanen. Zu guter Letzt nahm die Armanenschaft zu Ehren unserer Erdmutter im Zauberkreis schweigend ein Weihemal ein. Englische Hexenlieder untermalten diese stimmungsvolle Handlung."

In einem anderen Bericht heißt es: „Mit unserem Atem zogen wir nun die Kräfte aus jenem inneren Lebensquell empor, um sie unseren Organismus durchströmen zu lassen. Daran schloß sich die Weihe des Osterwassers, der Ostereier und des Salzes an ... Dann wurden das Wasser, die Eier und das Salz als Kultspeise an alle Anwesenden verteilt, was in der Tat wesentlich mehr war als eine Nahrungsaufnahme im üblichen Sinne: Verschmelzung unserer Sinne und Seelen mit den Kräften der Göttin, des Frühlings und der Fruchtbarkeit."

Querverbindungen des Armanenordens zu anderen „neuheidnischen" Gruppierungen (→Neugermanen/Neuheiden) gibt es über die „Arbeitsgemeinschaft naturreligiöser Stammesverbände Europas ANSE", die von Sigrun Schleipfer ins Leben gerufen wurde. In „Huggin und Munin", dem Zentralorgan von ANSE, schreibt die Großmeisterin: „Wir haben keinen Grund anzunehmen, daß außereuropäische Kulturen wie Islam, Zionismus, Christentum das Abendland stärken oder in irgendeiner Weise fördern, oder daß etwa der Buddhismus, Kommunismus oder Hinduismus unsere Kultur erhalten." Kontakte pflegt ANSE mit der britischen Gruppe „Odinic Rite", die ebenso wie die isländische Gemeinschaft „Asatru" als Glaubensgemeinschaft staatlich anerkannt ist. Die Verbindung zur rechtsextremen politischen Szene pflegt Klausdieter Ludwig, Bankdirektor a.D., der Sigrun Schleipfer zumindest als Schatzmeister von ANSE verbunden ist. Ludwig war zeitweise Bundesvorsitzender des rechtsradikalen Bundes Nationaler Studenten (BNS), der 1961 verboten wurde. Er schrieb als Chefredakteur für die „nationalrevolutionäre" Zeitung „Neue Zeit" und war Anteilseigner am Verlag „Nation Europa GmbH" (Nation + Europa).

Astrologie

Astrologie ist die Lehre von der Beziehung der Lebewesen, vor allem der Menschen, zu den Gestirnen unseres Sonnensystems.

Die Anfänge der Sterndeutung liegen im dunklen. Wahrscheinlich wurden im ägyptisch-babylonischen Raum die ersten Aufzeichnungen über die Stellung der Gestirne und das Schicksal gemacht. Die genaue Beobachtung der Sterne war für die nomadisierenden Völker der Frühzeit wichtig zur Orientierung. Naheliegenderweise wurden diese Erkenntnisse über den Lauf der Sterne umgesetzt in Voraussagen über zukünftige Ereignisse: Mißernten, Geburt von Tieren, aber auch das Schicksal von Menschen. Die zunehmende Kenntnis naturwissenschaftlicher Zusammenhänge spaltete die Astrologie in verschiedene Schulen.

Bis heute glauben manche Astrologen an eine direkte körperliche Einwirkung der Planeten des Sonnensystems auf die Erde. Andere beziehen sich auf die Symbolik von „Sternbildern" und ihren möglichen Auswirkungen. Sterndeuter, die behaupten, die Gestirne würden das Schicksal der Menschen unabänderlich vorherbestimmen, sind selten geworden. Üblicher und weit verbreitet ist heute die eher psychologisierende Spielart der Astrologie: Die Sterne würden etwas über den Charakter von Menschen verraten, nicht aber zwingend und unentrinnbar ein „Schicksal" vorgeben.

Immer beliebter wird die Astrologie außereuropäischer Tradition. Hier werden bestimmte Pflanzen, Tiere oder Steine den Sternkreiszeichen zugeordnet und sollen Auskunft über die Verhaltensweisen eines Menschen geben. Eine besondere Rolle spielt für die Vertreter der New-Age-Ideologie (→New Age) das „Weltzeitalter": Ein „Weltenjahr", das etwa 26 000 Jahre dauert, wird festge-

Der Astronom, Holzschnitt von Albrecht Dürer, 1504

legt als die Zeit, die der Frühlingspunkt – der Widder –
braucht, um einmal alle Tierkreisbilder zu durchwandern.
Ursache für diese Verschiebung der Sternbilder zueinander ist die Kreiselbewegung der Erdachse (Präzession).
Wann immer der Frühlingspunkt in ein neues Sternkreiszeichen tritt, beginnt nach Meinung vieler Astrologen ein
neues „Zeitalter". Derzeit steht der Frühlingspunkt im
Bild des Wassermanns. Das Wassermannzeitalter löste das
ca. 2 000 Jahre währende Fischezeitalter ab. Von den Ver-

tretern des New Age wird das Wassermannzeitalter als Zeitenwende, als Eintritt in ein Zeitalter der Selbstverwirklichung und der Harmonie des Menschen mit dem Kosmos angesehen.

Bep/Bewußtseins-Erweiterungs-Programm/United Human Organisation

Das „Bewußtseins-Erweiterungs-Programm" will den „göttlichen Funken in Menschen freilegen". Um das zu erreichen, muß man Bücher und Kassetten im Wert von ca. 2 000 DM erwerben.

„Bep" wurde 1981 von dem Österreicher Helmut Josef Ament gegründet. In erster Linie ging es ihm wohl um den gewinnträchtigen Vertrieb von Literatur zur Bewußtseinsveränderung und Persönlichkeitsentwicklung. Ament wurde 1986 vom Oberlandesgericht Frankfurt rechtskräftig verurteilt, weil er mit einer „besonders raffinierten Variante des sittenwidrigen Schneeballsystems" Dritte betrogen hatte.

Das Bewußtseins-Erweiterungs-Programm ist, wie Helmut Josef Ament sagt, „eine ideale Synthese aus Esoterik, Grenzwissenschaften, Parapsychologie, praktischer Psychologie und angewandter Philosophie." Das Programm ist auf ca. 1 200 Seiten als Fernkurs zum Selbststudium erhältlich. Im „Bep-Superlearning" oder im „Bep-Energiepaket" finden sich alle Versatzstücke modischen New-Age-Bewußtseins: Yoga, Astrologie, Okkultismus. „Bep" verkauft auch die Fähigkeit, durch Pendeln oder „automatisches Schreiben" Kontakt zu Geistern aufzunehmen. Am 1.1.2000 will Ament in der Schweiz eine Zukunftsstadt „Terrania-City" einweihen, die von einer

147 Meter hohen Pyramide überragt wird. Hier soll die
Idee der „United Human Organisation", die von Ament
gegründet wurde, vollendet werden. Die Organisation
umfaßt eine Reihe von weiteren Firmen. Zur New-Age-
Verlagsgruppe gehören: Gemini AG, BEP Verlag GmbH,
Aquila Verlag GmbH, Sirius Verlag GmbH, New Age Edi-
tion AG, Cosmotronics Software SA, Andromedar BV.
Außerdem gehören zu „Bep": Rainbow-Versand GmbH,
Gesellschaft zur Förderung weiterführender Ethik, For-
schungen und Technologien mbH, Institut zur Entwicklung ganzheitlicher Unternehmenskonzepte.

Channeling

Im Gegensatz zum traditionellen →Spiritismus nehmen
beim Channeling die Medien, also Menschen, die sich als
Mittler verstehen, nicht zu Verstorbenen oder Geistwesen
wie Engeln Kontakt auf, sondern zu höheren Wesen ganz
allgemein. Beim Channeling versteht sich das Medium als
Sprachrohr, das die Botschaft aus einer anderen Welt wei-
tergibt. Das Wort kommt vom englischen „channel" =
Kanal. Durch „Kanäle" dringen die Botschaften der
außerirdischen Wesen zu den Medien. Über den Weg des
Channeling sind „neue" Evangelien (hier: heilige Schriften) verkündet worden, z.B. das „Wassermann-Evangeli-
um". Das „Buch Urantia" hingegen sei von einer ganzen
Heerschar von Engeln diktiert worden, behaupten die
Anhänger des Channeling. Das amerikanische Medium
Jane Roberts empfing eine umfangreiche und sehr theore-
tische Abhandlung des altägyptischen Gottes Seth, des
Gottes der Wüste und der Dürre. Populär wurde Channeling u.a. durch die amerikanische Filmschaupielerin Shir-

ley McLaine. In der USA gibt es eigene Fernsehsendungen, die sich mit Channeling beschäftigen. Es erschienen inzwischen viele „gechannelten" Bücher, die in der esoterischen Szene sehr beliebt sind.

Chirologie

Chirologie (griechisch: „Handkunde") ist die Kunst des Handlesens. Charaktereigenschaften des Menschen sollen sich aus Form und Linien der Hände, der Hautbeschaffenheit sowie aus der Form der Finger und Nagelbetten ablesen lassen. Lebenslinie, Kopflinie, Herzlinie und Schicksalslinie (bestimmte Linien der Handinnenfläche), so glaubt man, sagen etwas über den Menschen aus. Das „Lesen" aus der Hand und die Bewertung von Verzweigungen, Vergabelungen, Tiefe und Geradlinigkeit der Linien ist ein einträgliches Geschäft. Die meisten Chirologen oder Handleser beschränken sich heute auf Aussagen aus dem psychologischen Umfeld. Die Zukunftsdeutung aus den Handlinien, die Chiromantie, war vom Altertum bis ins Mittelalter sehr verbreitet.

Crowley, Aleister

Der Brite gilt als der bekannteste Okkultist (→Okkultismus) des 20. Jahrhunderts, was wohl daran liegt, daß er es blendend verstand, auf sich aufmerksam zu machen. In der Szene wird er als geistiger Vater des Neosatanismus (→Satanismus) verehrt, als Antichrist und Anarchist.

Crowley wurde 1875 in Großbritannien geboren und streng christlich erzogen. Er studierte zunächst in Cambridge, war ein begeisteter Ruderer und Schachspieler. Er fand Kontakt zum führenden englischen Okkultisten Alan Bennett, der ihn in den „Hermetischen Orden der goldenen Dämmerung (Hermetic Order of the Golden Dawn)" aufnahm. Der ehrgeizige Crowley wollte die Führung des Ordens übernehmen, freilich gelang es ihm nicht, dessen Oberhaupt, den Dichter William Butler Yeats, dem 1923 der Literatur-Nobelpreis verliehen wurde, zu verdrängen. Crowley verließ den Orden und bereiste mit seiner Frau Rose Indien und Ceylon.

1904 kam er nach Kairo, wo ihm innerhalb dreier Tage von einem Geistwesen mit dem Namen Aiwaz das Buch „Liber Al vel Legis" (Buch des Gesetzes) diktiert wurde. In diesem unter Okkultisten weit verbreiteten Buch heißt es u.a.: „Sei stark, Mensch! und voller Lust. Genieße alles Sinnliche und Wollüstige und fürchte dich nicht, daß ein Gott dich dafür strafe. Du sollst keine Gnade kennen: verdammt seien die Barmherzigen! Töte und foltere; nicht lasse aus; knechte sie!" 1912 trat Crowley dem →Ordo Templi Orientis bei (dem auch Rudolf Steiner angehörte) und übernahm 1922 als Großmeister dessen Leitung. In der „Gnostischen Messe", die er für den Orden verfaßte, findet sich der von Satanisten oft zitierte Satz: „Tu was du willst, soll sein dein ganzes Gesetz!"

1920 schließlich gründete Crowley in Cefalú (Sizilien) die „Abtei Thelema". 1925 ließ sich Crowley, der von seinen Anhängern als „To Mega Therion" (griechisch: Das große Tier) genannt wurde, in Weida/Thüringen zum „Weltheiland" ausrufen. Nach der Machtübernahme Hitlers ging Crowley zurück nach Großbritannien, wo er 1947 in geistiger Umnachtung starb.

Darstellung des Teufels aus dem Jahr 1642

Dämonen

Im griechischen Altertum hießen die Götter „daimones". Später wurden Wesen daraus, die zwischen den Göttern und den Menschen stehen. Sie sind halb Gott, halb Mensch und vermitteln zwischen den beiden Welten. Auch Christentum, Judentum und Islam kennen solche vermittelnden Mächte, die →Engel (von griechisch „angelos" = Bote). Engel, die sich mit dem Bösen einließen und dadurch selbst zu bösen Mächten wurden, nannte man Dämonen. Auch Götter fremder Religionen werden zu Dämonen erklärt, um sie abzuwerten. Dies war zum Beispiel bei den germanischen Göttern der Fall. Ebenso wurden die Götter der sog. Naturreligionen von den christlichen Missionaren zu Dämonen erklärt.

Im →New Age, bei den Okkultisten (→Okkultismus) und bei manchen christlichen Gruppen spielt der Glaube an Dämonen und ihre Macht eine große Rolle. Auch Teile der katholischen wie der evangelischen Kirche gehen von der Existenz dieser „bösen" Kräfte aus. Sie können durch den →Exorzismus, die Teufelsaustreibung, unschädlich gemacht werden.

Druiden

Die sagenumwobenen Priester der Kelten wurden in den letzten Jahren geradezu populär: Das liegt vor allem an der Comicfigur des Miraculix (aus „Asterix und Obelix"). Aber auch das Interesse der esoterischen Szene für die Kelten (→Keltische Religion) spielt eine Rolle.

Schriftliche Zeugnisse über das Wirken der Druiden gibt es nur bei römischen Autoren (z.B. Caesar, Lukan). Caesar beschreibt, daß das Wissen der Druiden mündlich weitergegeben wurde: „Es heißt, daß sie eine Unzahl von Versen auswendig lernen müssen. Daher bleiben manche an die zwanzig Jahre in ihrem Orden. Sie halten es für Sünde, die Dinge der Niederschrift anzuvertrauen."

Der Ursprung des Wortes „Druide" ist nicht völlig geklärt. Vieles spricht dafür, daß es von dru-wid = eichen-kundig kommt. Das keltische Wort dru (Eiche) deutet zugleich auf das Zaubermittel der Eichenmistel hin, das ebenso wie die Eiche selbst bei den Kelten in hohem Ansehen stand. Die Druiden wurden von Adel und Volk verehrt. Sie hatten auch die Funktion von Richtern.

Engel

Aus dem griechischen angelos über das Latein zu uns gekommen. Angelos ist die wörtliche Übersetzung des althebräischen Wortes für Bote: „malehak". Damit ist die Grundfunktion der Engel beschrieben, die es im Glauben des Judentums, des Christentums und des Islam gibt: Sie vermitteln zwischen den Göttern und den Menschen. Im Alten Testament sind die Engel Hofstaat, Diener, Heer, Verkünder. Die Christen der Frühzeit ordneten die Engelschar nach ihrer Bedeutung. Besonders einflußreich war Pseudo-Dionysios Areopagita, ein unbekannter syrischer Autor des 5. Jahrhunderts, auf den sich später viele Mystiker (→Mystik) beriefen: Er ordnete die Engel – je nach ihrer Nähe zu Gott – in neun Chöre. Im Alten Testament gibt es sieben Erzengel: Uriel, Raphael, Ragiel, Michael, Zerachiel, Gabriel und Remiel.

Der Erzengel Gabriel (arabisch Dschibril) spielt im Islam eine wichtige Rolle, da er dem Propheten Mohammed erschien. In der christlichen Überlieferung werden vor allem Michael, Gabriel und Raphael hervorgehoben. Neben den guten Engeln gibt es auch gefallene Engel, deren oberster Luzifer, der Teufel, ist.

In den großen christlichen Kirchen werden die Engel unterschiedlich beurteilt. Ihr Vorhandensein als von Gott geschaffene Wesen wird allgemein anerkannt. Die katholische Kirche geht davon aus, daß Engel verehrt und um Hilfe angerufen werden können. Das lehnen die großen evangelischen Kirchen aber strikt ab. Bei manchen kleineren christlichen Gemeinschaften, wie den verschiedenen Pfingstbewegungen (→Pfingstbewegung), spielen die guten wie die bösen Engel eine wichtige Rolle. In →Esoterik und →New Age haben Engel einen hohen Stellenwert. Sie sind Schutzengel, Übermittler von Botschaften aus dem Jenseits, können für Heilungen zuständig sein oder in

Gefallener Engel

Dämonengestalt Krankheit verursachen. Auch in der
→Anthroposophie Rudolf Steiners spielen die Engel eine
zentrale Rolle.

Erhard-Seminar-Training (EST)

Die Organisation will vorwiegend in Wochenendkursen
Menschen dazu bringen, ihr Leben zu verändern. Die
Organisation ist in den USA und in Westeuropa aktiv.

Das Erhard-Seminar-Training wurde 1971 von dem
US-Amerikaner Jack Rosenberg (geb. 1935) gegründet.
Rosenberg benutzt den Namen Werner Erhard nach seinen
Vorbildern Werner Heisenberg (deutscher Atomphysiker
und Nobelpreisträger, 1901-1976) und Ludwig Erhard
(1897-1977, deutscher Bundeskanzler von 1963 bis

1966). Er wurde nach einen Bericht des Wirtschaftsmagazins Forbes durch seine Kurse zum Millionär. Das Training unter dem Motto „60 Stunden, die Dein Leben verändern" wurde von Zehntausenden von Menschen (nach Organisatioangaben von 250 000) Menschen durchlaufen. Wegen der menschenverachtenden Methoden innerhalb des Seminarablaufes kam bald heftige Kritik gegen das Erhard-Training auf. 1984 änderte die Organisation ihren Namen in „The Centers Network – Gesellschaft für kontextuelle Studienseminare mbH". In organisatorischem Zusammenhang mit dem Network stehen: das Hungerprojekt, World Runners, The Communication Workshop, Centers Leadership Program und die Landmark-Education.

Im Mittelpunkt des Erhard-Seminar-Trainings steht ein auf zwei Wochenenden verteiltes 60-Stunden-Training, das den Teilnehmern Hoffnung macht, am Ende des Seminars zu sich selbst gefunden oder gar eine Erleuchtung erfahren zu haben. Ziel des Trainings ist es, aus der Rolle des „Opfers" herauszukommen und zum „Boß" zu werden. Von vielen Teilnehmerinnen und Teilnehmern wurden die sehr mageren Inhalte des Seminars kritisiert. Außerdem sollen Teilnehmerinnen und Teilnehmer immer wieder von den Trainern beschimpft worden sein. Das EST ist eine Mischung aus Einflüssen des Zen-Buddhismus, der Scientology-Ideologie, des „positiven Denkens" (→Zen-Buddhismus, →Scientology Church, →Positives Denken) und psychologischer Allerweltsweisheiten. Bei Menschen, die tatsächlich Hilfe brauchen, können Veranstaltungen wie die EST-Wochenendseminare ernsthafte Schädigungen hervorrufen. Die anderen sind nur ihr Geld los: Ca. 1 000 bis 1 400 Mark pro Seminar.

Erleuchtung

„Mir geht ein Licht auf" – diese Verbindung zwischen Wissen und Licht findet sich auch in unserer Umgangssprache. Den Zusammenhang kennen aber auch viele Religionen: Das Entstehen der Erde aus einer Urfinsternis wird sehr oft als Lichtwerdung gedeutet, der Sonne kommt so göttliche Kraft und Verehrung zu. Stets haben Berichte über Erleuchtungen mit dem Empfinden eines hellen, gleißenden Lichtes zu tun. Das Einssein mit Gott wird als höchste Stufe der Erleuchtung insbesondere in Buddhismus und Christentum beschrieben. Über die verschiedenen am Buddhismus orientierten Gruppen wurde die Idee der Erleuchtung in der esoterischen Szene im Westen wieder populär. Dies führte zu einer verstärkten Beschäftigung auch mit den abendländischen geistigen Grundlagen der Erleuchtung.

Die christlichen Mystiker (→Mystik) des Mittelalters wurden gelesen und gnostische (→Gnosis) Texte studiert. Die Erleuchtung, in der der Seher die absolute Wahrheit erfährt, wird von den verschiedensten religiösen Führen für sich in Anspruch genommen und den Mitgliedern gegenüber als Mittel der Unterdrückung oder Einschüchterung eingesetzt.

Europäische Arbeiter Partei (EAP)

Die EAP, die völlig erfolglos bei fast allen Wahlen von der Kommunal- bis zur Bundesebene auftritt, versteht sich als politische Partei. Sie wird aber von den Sektenbeauftragten der christlichen Kirchen und von staatlichen Stellen trotzdem zu den Sekten oder destruktiven Kulten gezählt.

Der deutsche Zweig der EAP wurde 1974 von Helga Zapp-LaRouche, der Ehefrau des Vorsitzenden der rechtsextremen US-Labor-Party (USLP), gegründet. Das eher verworrene Denkgebäude der Gruppierung läuft im wesentlichen auf eine abseitige Verschwörungstheorie hinaus. Die verschiedensten Mächte und Einzelpersönlichkeiten hätten sich weltweit zusammengefunden, um Wachstum und Fortschritt zu verhindern und die Wissenschaften zu gängeln. Die EAP unterhält eine Reihe von Unterorganisationen, die von ihr beeinflußt werden: Anti-Drogen-Koalition e.V., Club of Life, Schiller Institut, Vereinigung für Staatskunst e.V., Christliche Mitte – Patrioten für Deutschland, Deutsch-französisches Komitee zur Verteidigung der Kernenergie, Fusions Energie Forum (FEF), Private Akademie für Humanistische Studien e.V., Verband deutscher Landwirte.

Der EAP wird vorgeworfen, bei Jugendlichen auf einen Abbruch der Beziehungen zu den Eltern hinzuwirken. Außerdem werden sie nach Berichten von Insidern aufgefordert, Ausbildung und Studium zu vernachlässigen. Darüber hinaus würden Jugendliche, die sich im Umfeld der Organisation aufhalten, bewußt von frei verfügbaren Nachrichtenquellen ferngehalten.

Ganzheitlichkeit

Die „Ganzheitlichkeit" ist ein häufig verwendeter Begriff der Anthroposophen und New-Age-Anhänger (→Anthroposophie, →New Age). Auch in der alternativen und ökologischen Szene wird der Begriff gerne benutzt, um die Kritik an der Gesellschaft auf einen Nenner zu bringen. Nur Teile der Wirklichkeit würden jeweils gesehen, so lautet die Kritik, nicht aber die Gesamtheit. Deswegen gäbe es in Politik, Wirtschaft, Wissenschaft so viele Fehlentscheidungen. Obwohl derzeit ein Modewort, ist Ganzheitlichkeit ein Begriff, der in der abendländischen Philosophie und Theologie stets eine große Rolle spielte. Die ganzheitlichen Ansätze der ostasiatischen Religionen wurden im Westen in den letzten Jahrzehnten begierig aufgegriffen und dienen als weiterer Beleg dafür, daß das Denken des Abendlandes in die Sackgasse geraten sei. Das Wissen, daß das Ganze sich aus vielen Teilen zusammensetzt, beschäftigte die Menschen seit jeher. Die gleichzeitige Unabhängigkeit und Abhängigkeit des einzelnen voneinander und zum Ganzen erwies sich als philosophisches Problem, an dessen Lösung die Denker von der Frühzeit der griechischen Philosophie bis zu den Vertretern der heutigen sogenannten Postmoderne arbeiteten. In den unterschiedlichen Religionen wurde die Ganzheit stets mit der Göttlichkeit gleichgesetzt, die in einem bestimmten Verhältnis zum einzelnen, zu den Menschen, zur Natur steht. Ganzheitlich, das heißt unter Einbeziehung der Verflechtung der einzelnen Teile, sollen Welt wie Mensch begriffen werden.

Spezialisierung und das Fehlen von gemeinsamen Bemühungen der verschiedenen Spezialisten werden verantwortlich gemacht für fehlerhafte Entwicklungen. Bloße Logik würde die Wissenschaft beherrschen, Intuition (Eingebung) als wichtiges Mittel zur Weiterentwicklung der Naturwissenschaften dagegen würde zu wenig berücksichtigt. Kritiker der Ganzheitlichkeits-Theorie meinen, die Kritik gehe an der Sache vorbei. Fehlentwicklungen, wie die Förderung der Atomenergie, seien nicht darauf zurückzuführen, daß eine „göttlich-mystische" Ganzheitlichkeit zu wenig berücksichtig worden sei. Ursache für diese und andere falsche Entwicklungen sei vielmehr, daß aus machtpolitischen Gründen, oder um Geld zu verdienen, nicht an das Ganze gedacht worden sei.

Die Gemeinschaft/Humanistische Bewegung/Humanistische Partei

Vorläufer der Humanistischen Partei ist die „Gemeinschaft für Ausgeglichenheit und Entwicklung des Menschen". Sie wurde 1969 von dem Argentinier Mario Luis Rodriguez Cobos (geb. 1938), genannt Silo, in Mendoza (Argentinien) gegründet. Die Gruppe will ein neues Weltbild vermitteln und ruft zu einer positiven Einstellung zur Gegenwart auf. Der Mensch strebe nach Glück, Freude und Ausgeglichenheit, heißt es in dem „Buch der Gemeinschaft", in dem die Ideologie der Gruppierung festgehalten ist. Gesellschaftliches und persönliches Leid verhindere aber, daß die Menschen glücklich werden.

Die Organisation änderte mehrfach ihren Namen: Seit 1978 nennt sie sich „Die Gemeinschaft" (La Communidad). Der politische Arm, die Humanistische Partei, wurde 1984 gegründet und nahm mehrfach ohne jeden Erfolg an Wahlen in der Bundesrepublik teil. Die Gruppierung ist streng hierarchisch gegliedert. An der Spitze steht das „Erste Magisterium", die Mitglieder können sich über mehrere Grade vom „Einfachen Mitglied" über das „Mitglied der Schule" und das „Mitglied des Ordens" bis zum „Anerkannten Mitglied" emporarbeiten. Über das Organisationsleben müssen die Mitglieder Stillschweigen bewahren. Die Mitglieder haben einmal wöchentlich an den Schulungen der Organisation teilzunehmen. Vor allem in den neuen Bundesländern versucht die Organisation, neue Mitglieder zu gewinnen. Deswegen gibt sie sich gelegentlich einen „grün-alternativen" Anstrich. Sie versucht, durch die Gründung von „Zentren für Nachbarschaft und Kommunikation" junge Menschen an sich zu binden.

Internationale Grals-Bewegung

Die Organisation hat rund 9 000 Anhänger, davon etwa 2 000 in der Bundesrepublik. Gründer dieser Vereinigung ist der Kaufmann und Schriftsteller Oskar Ernst Bernhardt (1875-1941) aus Bischofswerda in Sachsen. Er unternahm zwischen den Jahren 1900 und 1914 mehrere große Reisen in den Orient. Darüber berichtete er in mehreren Büchern. Auch seine Romane und Theaterstücke spielen im Orient. Doch sie sind in der Zwischenzeit in Vergessenheit geraten.

Im Ersten Weltkrieg begann sich Bernhardt mit philosophischen und religiösen Fragen zu beschäftigen. Er nannte sich nun Abd-ru Shin (Sohn des Lichts) und ließ sich 1919 zunächst in Tutzing am Starnberger See nieder. Dort gab er die „Gralsblätter" heraus. 1926 erschien sein dreibändiges Hauptwerk „Im Lichte der Wahrheit – Gralsbotschaft von Abd-ru Shin". 1928 schließlich erwarb Oskar Ernst Bernhart auf dem Tiroler Vomperberg ein ehemaliges Jagdhaus und zog mit einer Schar Anhänger dorthin. Auf dem Gelände entstanden eine Wohnsiedlung, Gemeinschaftseinrichtungen, Gästehaus, landwirtschaftliche Gebäude, eine Schreinerei und schließlich eine Reitschule. Reiche Gönner hatten die Gralsbewegung mit großzügigen Spenden bedacht. Unter den Nazis mußte Bernhardt ins Gefängnis. Die Gebäude der Gralsbewegung auf dem Vomperberg wurden beschlagnahmt. 1941 starb Bernhardt. Nach dem Krieg, 1946, wurde die Siedlung zurückgegeben, 1949 bestattete man die Gebeine Bernhardts in einer Pyramide auf dem Vomperberg. Bernhardts Frau Maria übernahm bis zu ihrem Tode im Jahr 1957 die Geschäfte des Grals. Ihr folgte die gemeinsame Tochter Irmingard. Bis heute ist die Internationale Grals-Bewegung in Händen der Bernhardt-Familie.

Die Gralslehre ist vielschichtig und nicht einfach zu

durchschauen. Oskar Ernst Bernhardt hatte in seinem Buch „Im Lichte der Wahrheit" die Welt folgendermaßen beschrieben: Gott ist das Licht und zugleich die Urquelle aller Strahlungen. Diese Strahlung, die mit ungeheurer Kraft ins Weite schießt, verliert dennoch in der Unendlichkeit des Kosmos an „Druckkraft" und beginnt sich zu krümmen. An dieser Stelle, die sich noch im Bereich des Göttlichen befindet, steht die Gralsburg. Sie birgt als „Symbol der reinsten göttlichen Liebe" den Gral, eine Schale, in der eine rote Flüssigkeit wallt, ohne jemals überzulaufen.

Einmal im Jahr, am 30. Mai, erscheint die heilige Taube über dem Gral, und schlagartig verbreitet sich die Liebe Gottes durchs gesamte Weltall.

Die Gralsburg ist für Bernhardt eine Schleuse zwischen dem Schöpfer und den Geschöpfen. Alle Strahlen müssen durch die Gralsburg hindurchfließen, wo sie in ihre positiven und negativen Bestandteile getrennt werden. Gleichzeitig aber kühlen sich die Strahlen aufgrund der weiten Entfernung vom Urlicht ab und sinken als „Niederschläge" herunter. Sie schlagen sich (wie Nebel) in einer kreisrunden Ebene nieder. Auf dieser Ebene steht wiederum eine Gralsburg, die die Aufgabe hat, die Strahlen für die nächsttiefere Ebene umzuwandeln. Die Schöpfung ist demnach von oben nach unten in mehrere Ebenen eingeteilt: die urgeistige, die geistig-wesenhafte, die feinstoffliche und die grobstoffliche. An den Berührungspunkten der Sphären („Himmelsschalen") befindet sich jeweis eine Gralsburg.

Nach Auffassung Bernhardts ist der Wille Gottes mit drei unabänderlichen Grundgesetzen deckungsgleich. Es sind dies das Gesetz der Schwere, das Gesetz der Gleichart, das bedeutet, daß jede Art immer nur die gleiche Art anzieht, und das Gesetz der Wechselwirkung, nach dem der Mensch ernten müsse, was er gesät habe.

Bei der Internationalen Grals-Bewegung gibt es keine Mitgliedschaft. Allerdings gibt es örtliche „Gralskreise", die Andachten durchführen. Zentrum ist der Vomperberg, wo in der „Gralssiedlung" auch die drei großen Feste begangen werden: Das Fest der heiligen Taube, das Fest der heiligen Lilie (das ist der Geburtstag der Bernhardt-Tochter Irmingard) und das Fest des strahlenden Sterns (von Bethlehem).

I Ging

Das „Buch der Wandlungen" ist von unbestimmtem Alter. Erhalten blieb eine Fassung aus dem 12. Jahrhundert, auf der alle weiteren Ausgaben aufbauen. I Ging ist in erster Linie ein Orakelbuch (Orakel = Weissagung), das sich seit einigen Jahren auch im Westen großer Beliebtheit erfreut. Das Buch der Wandlungen geht von der Gegensätzlichkeit des Yin und Yang aus. Dieses Begriffspaar bezeichnete ursprünglich die schattige (Yin) und die besonnte (Yang) Seite eines Berges. Im I Ging sind Yin und Yang durch Linien dargestellt, die zu jeweils drei Linien geordnet werden. Ungebrochene (Yang – zugleich: ungerade Zahl, fest) und gebrochene (Yin – zugleich: geradzahlig, weich) Linien werden so miteinander kombiniert, so daß acht Varianten entstehen (gerade – gerade – ungerade; gerade – ungerade – ungerade; gerade – ungerade – gerade etc.) Fügt man zwei dieser Dreier-Kombinationen zusammen, so sind insgesamt 64 Varianten möglich. Von unten nach oben gelesen, lassen sich so 4 096 verschiedene Kombinationen bilden. Die 4 096 verschiedenen Kombinationen der Linien sollen ebenso viele Möglichkeiten im menschlichen (und kosmischen) Leben darstellen.

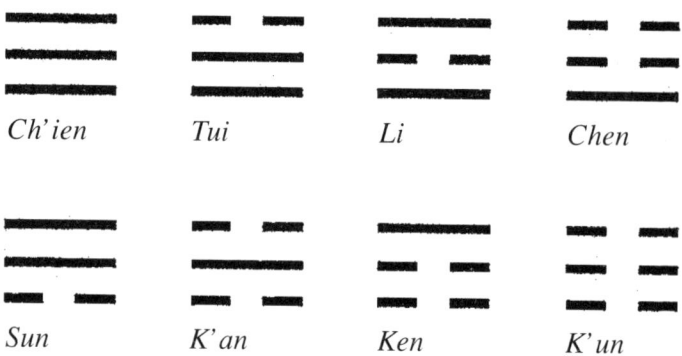

Ch'ien   Tui   Li   Chen

Sun   K'an   Ken   K'un

Oben: Die acht Grundvarianten des I Ging: Ch'ien soll das Schöpferische darstellen, Tui das Heitere, Li das Haftende, Chen das Erregende, Sun das Sanfte, K'an das Abgründige, Ken das Stillehalten und K'un das Empfangende.Unten: Das Symbol für Yin und Yang befindet sich in der Mitte. Außen sind die acht Grundsymbole des I Ging angeordnet.

Das Buch der Wandlungen bestand urspünglich nur aus diesen Linienkombinationen. Erklärungshilfen sind später hinzugekommen. Eine Fülle von Erklärungshilfen unterschiedlichster Autoren ergänzen das Buch der Wandlungen. Meist sind diese Hilfen – auch aufgrund der 4 096 Möglichkeiten, die das Orakel annehmen kann – sehr vieldeutig. I Ging ist vielleicht deswegen so bliebt, weil der Fragende im Prinzip die Antworten erhält, die ihm oder ihr gefallen.

Keltische Religion

Über die Religion der Kelten gibt es so gut wie keine Aussagen der Kelten selbst. Die Kelten sind ein Volk, das ab etwa 500 v. Chr. von Bayern und Böhmen aus fast ganz Europa eroberte. Daß man so wenig über die keltische Religion weiß, liegt vor allem daran, daß die Priester der Kelten, die →Druiden, ihr Wissen nur mündlich weitergaben. Sie wollten es geheimhalten. Die wichtigsten Angaben machten antike Schriftsteller (u.a. Strabo, Caesar und Pomponius Mela). Auch aus christlichen Schriften des Mittelalters konnte die Wissenschaft Kenntnisse beziehen. Ob es überhaupt eine gemeinsame keltische Religion gab, ist umstritten. Einig sind sich die Wissenschaftler aber darin, daß die Kelten eine Vielzahl von Göttinnen und Göttern verehrten, die teilweise bestimmten Orten, aber auch Berufsständen zugeordnet waren. Die Kelten hatten eine Fülle von heiligen Bezirken, heiligen Hainen, in denen die Göttinnen und Götter wohnten.

Das Interesse an den Kelten fand im 18. und 19. Jahrhundert einen Höhepunkt. Es entstanden zunächst in Großbritannien, später auch in Deutschland, zahlreiche geheim organisierte Druidenorden. Das gestiegene Interesse in der Gegenwart hat mehrere Ursachen: Durch die Beschäftigung mit Religionen aus anderen Kulturkreisen entstand in Teilen der Alternativbewegung sowie bei New Age- und Esoterik-Anhängern (→New Age, →Esoterik) der Glaube, man müsse sich auch mit den eigenen „Wurzeln", also mit der vorchristlichen Religiosität, befassen. Die Vorstellungen über Magie, Schamanentum (→Schamanismus) oder „Kraftplätze" der Kelten paßten in ein modisch gewordenes Interesse an alten Kulten.

Auch neuheidnische Gruppen (→Neugermanen/Neuheiden), die sich zum Teil schon länger auf keltische Gottheiten beriefen, zeigten verstärktes Interesse an der kelti-

Teutates war einer der Hauptgötter der Kelten. Ihm sollen auch Menschenopfer dargebracht worden sein. Darstellung nach dem Kessel von Gundestrup. In diesem kleinen Ort in Dänemark war im Moor ein gut erhaltener Silberkessel mit der Darstellung von Göttern und kultischen Szenen gefunden worden. Der Kessel stammt wahrscheinlich aus dem ersten Jahrhundert vor Christus.

schen Religion. Zum Teil wurde dadurch versucht, Verbindungen zur Alternativ-Szene herzustellen, die wegen der oft nazifreundlichen Haltung der neuheidnischen Gruppen an sich nicht an Kontakten interessiert war. Zudem versuchen die neuheidnischen Gruppen mit dem Argument, dies sei die wahre germanische oder auch „deutsche" Religion im Gegensatz zum „jüdischen" Christentum, ihre extreme Judenfeindlichkeit zu verbreiten.

Magie

Unter Magie versteht man die Zuordnung von bestimmten Kräften an Gegenstände oder auch Lebewesen, die diese normalerweise nicht besitzen. Durch Beschwörungen, Gebete, Berührungen, rituelle Handlungen werden diese Kräfte wirksam. Magie gibt es in allen Kulturen. Sie dient vorwiegend dazu, bestimmte Ereignisse zu erklären und zu beeinflussen. Viele Religionen, u.a. das Christentum und der Islam, lehnen die Magie ab, haben aber einzelne Teile, z.B. Beschwörungsformeln, übernommen. Im christlichen Verständnis waren die Magier und Hexen mit dem Teufel im Bunde. In einem Erlaß setzte Papst Innozenz VIII. 1484 die Inquisition (kirchliches Gericht gegen Ketzer) zur Bekämpfung der Hexen und Magier ein.

Magische Handlungen werden üblicherweise eingeteilt in offizielle Magie (gemeinschaftliche Handlungen), private Magie (oft als Geheimbund), schwarze Magie (zerstörerisch, schädlich) und weiße Magie (positiv, heilend).

Hinter der Objektmagie steht der Gedanke, daß ein Teil eines Ganzen Wirkungen auf das Ganze haben müsse. Knochen, Haare, Fingernägel, Fetische etc. bekommen so eine besondere Bedeutung. Wer einen Teil besitzt, zum

Beispiel in einem →Amulett bei sich trägt, der hat auch Macht über das Ganze.

Die analoge Magie arbeitet nach dem Prinzip, daß Gleiches Gleiches hervorbringe. Beim Wetterzauber beispielsweise wird versucht, durch Nachahmen von Donner und Verspritzen von Wasser Regen herbeizuzaubern. Die analoge Magie braucht nicht unbedingt einen wirklichen Gegenstand, auf den sie einwirkt, sondern kann auch ein Abbild benutzen. In manchen magischen Kulten werden Puppen mit Nadeln gequält oder gefesselt, um dem wirklichen Menschen, den die Puppe darstellen soll, die gleichen Schmerzen zuzufügen.

Bei der Kontaktmagie bringt das Berühren „kraftgeladener" Gegenstände magische Wirkung. Tiere, Pflanzen, Steine können solche Gegenstände sein. Auch die Kraft, die Gegenständen zugeordnet wird, spielt eine große Rolle: So soll das Tragen eines Tigerzahn-Amulettes die Kraft und wohl auch Potenz des Tigers auf den Menschen übertragen.

Die Erkenntnis-Magie weiß darüber Bescheid, wie der Segen der Götter über die Menschen kommen kann. Das kann beispielsweise dadurch geschehen, daß magisch-rituelle Handlungen zum richtigen Zeitpunkt (Voll-/Neumond etc.) und am richtigen Platz (heiliger Hain o.ä.) vollzogen werden.

Der Glaube an Magie ist stets im Volksglauben vorhanden gewesen. Die christliche (katholische) Volksfrömmigkeit schreibt insbesondere den Abbildern von Heiligen magische Kräfte zu. Egal, ob diese Abbilder große Figuren in den Kirchen sind oder winzige Amulette, die am Körper getragen werden. In weltlichem Gewand taucht der Glaube an magische Kräfte auch bei den Fußballfans auf. Sie nehmen Maskottchen (z.B. Ziegen) mit zum Spiel oder verehren besondere Bereiche des Spielfeldes wie den Elfmeter- oder den Anstoßpunkt. Dort knien sie nieder und küssen den Rasen oder legen ihre Fahnen auf diese Punkte.

Mantik

Das Wort kommt aus dem Griechischen und bedeutet Zukunftsschau, Wahrsagekunst, aber auch den Einblick in verborgenes Wissen. In der Antike wurden solche Fähigkeiten, die jedem Menschen innewohnen würden, als Göttergeschenk betrachtet. In vorchristlicher Zeit blühte die Weissagekunst. Die Zukunft wurde aus den unterschiedlichsten Zeichen gelesen: dem Flug der Vögel, der Lage der Pfeile im Köcher, aus den Eingeweiden von Tieren etc.

Die frühen christlichen Kirchenväter verdammten alle Formen der „heidnischen" Mantik. Doch kamen sie dabei in erhebliche Rechtfertigungsschwierigkeiten, da ja auch die Propheten der Bibel in die Zukunft geschaut hatten. Auf dem Konzil von Ankyra 314 wurde die Wahrsagerei mit Kirchenstrafen belegt. Gleichzeitig wurde festgelegt, daß es allein der Kirche vorbehalten sei, zu entscheiden, ob eine Weissagung direkt von Gott komme oder nicht.

Im Alltagsbewußtsein sind alle Formen der Mantik, der Zukunftsschau, fest verankert. Kartenschläger, Handleserinnen und Astrologen haben Konjunktur. Der spielerische und oft leicht ironische Umgang mit der Wahrsagerei ist in esoterischen Kreisen einer manchmal fast wissenschaftlich betriebenen Ausübung der verschiedenen Formen der Weissagung gewichen.

Mantra

Die oft einsilbige Formel eines Mantras hat in der hinduistischen Religion eine göttliche, aber auch magische (→Magie) Kraft. Das Mantra „Om" wird als Symbol des höchsten Wesens verstanden. Das Wort Mantra leitet sich entweder von mantr (sprechen) ab oder von man (denken) und trai (schützen). In vielen Sekten indischen Ursprungs, die im Westen aktiv sind, ist das ständige Wiederholen eines Mantras, das →Chanten, fester Bestandteil des Tagesablaufes. Das oft tausendmal wiederholte hymnische Singen oder Sprechen der Silbe(n) kann dazu führen, daß Menschen in rauschähnliche Zustände geraten. In manchen Gruppen gilt die Zuteilung eines persönlichen, geheimen Mantras durch den →Guru als ganz besonderer Gunstbeweis.

Das Mantra „OM" wird im Hinduismus wie im Buddhismus verwendet.

Meditation

Diese Form der Versenkung, des Insichgehens, kennen praktisch alle Religionen. Im Christentum spielte die Meditation vor allem bei den Mystikern (→Mystik) eine große Rolle (z.B. Meister Eckart um 1260-1328) und geriet dann nahezu in Vergessenheit. Ab Ende der 60er Jahre unseres Jahrhunderts wuchs das Interesse durch den Einfluß der verschiedensten buddhistischen und hinduistischen Gruppierungen schlagartig. Heute gehört die Meditation zum festen Bestandteil des Wirkens vieler religiöser und pseudoreligiöser Organisationen. Sie wird von Psychogruppen angewandt und hat auch bei den beiden großen christlichen Kirchen wieder allgemeine Anerkennung gefunden.

In die antike Kultur fand die Meditation erst zu deren Ende wirklichen Eingang. Die klassische griechische Philosophie pflegte eher das Gespräch. Statt der Innerlichkeit wurde die Öffentlichkeit des Marktes gesucht. In der Spätantike (2. Jahrhundert n. Chr.) gab es eine Richtung der Philosophie, die Neuplatoniker, die sich teilweise an den orientalischen Religionen orientierten. Die Anhänger empfanden die Meditation als einen wichtigen Weg zur Erkenntnis und zur inneren →Erleuchtung. Die christlichen Mystiker des Mittelalters wurden von den Neuplatonikern stark beeinflußt. Im frühen christlichen Mönchstum sind ebenfalls solche Einflüsse spürbar. Das Beten des Rosenkranzes, das ständige Wiederholen sehr kurzer Gebete oder auch nur einzelner Worte erinnern stark an den Gebrauch des Mantras (→Mantra).

Ähnliche Einflüsse finden sich auch im Islam, z.B. bei den mystisch orientierten Sufis (→Sufismus), die in endloser Folge Texte des Korans oder bestimmte, Gott preisende Worte sprechen.

Neben diesen gemeinsam betriebenen und durch Wortwiederholungen oder Gesänge manchmal bis zur Ekstase (Verzückung) führenden Arten der Meditation gibt es im Christentum wie im Islam auch die persönliche Versenkung, z.B. im stillen Gebet. Im →Buddhismus spielt die Meditation eine wesentliche Rolle, die den Westen stets beeinflußte. Im „Edlen achtteiligen Pfad", dem wichtigsten Regelwerk der Buddhisten, ist das „rechte Bemühen", also einer der Teile des achtfachen Pfades, stets mit meditativer Anstrengung verbunden: Der Gläubige soll seinen Geist üben, aber auch zügeln, um zur Erkenntnis zu gelangen. Für die „rechte Sammlung", ebenfalls Teil des achtfachen Pfades, gab Buddha seinen Anhängern sehr genaue Hinweise. Diese Sammlung solle in der Abgeschiedenheit erfolgen, in einer bestimmten Körperhal-

Die klassische Meditationshaltung auf einer alten indischen Darstellung des Buddha

tung, die heute noch für viele als die Meditationshaltung schlechthin gilt: mit gekreuzten Beinen aufrecht sitzend.

Den größten Einfluß auf den Westen hat die Meditationsart des Hinduismus – das →Yoga. Diese Form der Versenkung wird sehr genau bereits in den Schriften der Upanischaden (um 500 v. Chr.; →Hinduismus) geschildert. Seit der Jahrhundertwende stieg das Interesse an Yoga im Westen schlagartig. Die Theosophen um Helena Petrowna Blavatsky beschäftigten sich damit ebenso wie die Anthroposophen um Rudolf Steiner oder die Okkultisten um Alisteir Crowley.

Meditation ist ein Renner geworden. Die Angebote beginnen beim beliebten Yoga der Volkshochschulen, das Körperbeherrschung und Entspannung bringt. Und sie enden beim Versprechen, daß eine besonders tiefe Versenkung den Meditierenden zum Schweben bringen könne. Die esoterischen Gruppen, New-Age-Zirkel, Psychogruppen und -sekten praktizieren die unterschiedlichsten Formen der Meditation, teilweise mit dem Anspruch, daß alleine ihre Methode die richtige sei.

Im Prinzip kann man zwei Richtungen unterscheiden:

• Die stille, nach innen gerichtete Einkehr, die je nach Betrachtungsweise zu einer Erkenntnis des Selbst oder zu einem Gotteserlebnis führen soll.

• Die mit Bewegung, Gesang, Gebeten oder Rezitationen verbundene meist gemeinsam durchgeführte Versenkung, die bis zu tranceähnlichen Zuständen führen kann.

Beide Möglichkeiten der Einkehr und Konzentration werden auch von seriösen Psychologen bei Therapien eingesetzt. Unter solchen Bedingungen können die verschiedenen Arten zu meditieren tatsächlich helfen. Menschen, die unter der Hektik des sogenannten modernen Lebens leiden oder die nicht fähig sind, Gefühle zu zeigen, kann durch Meditation geholfen werden. Dieses ernsthafte Bemühen ist aber bei den religiösen Gruppen oder Psychosekten nicht zu finden. Im Gegenteil: Ein Teil der Gruppierungen nutzt die Meditationstechniken, um die Mitglieder in eine Abhängigkeit von der Gruppe zu bringen.

Dies ist auch deswegen relativ leicht möglich, weil durchwegs Menschen, die in persönlichen Krisen stecken oder unter psychischen Störungen leiden, Kontakt zu diesen Zirkeln suchen. Geschickt werden dabei das Unbehagen vieler Menschen an Fehlentwicklungen in unserer Gesellschaft und die Suche nach einem Sinn des Lebens ausgenutzt.

Neue Akropolis

Die Gruppe verbreitet rechtsradikales und theosophisches (→Theosophie) Gedankengut. Sie wurde 1957 in Buenos Aires von dem argentinischen Staatsangehörigen Jorge Angel Livraga (1930-1991) gegründet. Heute sollen 150 Zentren in 50 Staaten mit 50 000 Mitgliedern aktiv sein.

1967 wurde im damals faschistischen Spanien die erste europäische Zweigstelle der „Neuen Akropolis" gegründet. Für Jorge Angel Livraga, den seine Anhänger kurz J.A.L. nennen, ist die westliche Zivilisation verderbt und muß erneuert werden. So schrieb er 1982: „Der Ausgang des 2. Weltkrieges sowie die Entstellung und Verzerrung der Kriegsereignisse in den Jahren danach führten zu einem wuchernden Wachstum der in jedem Menschen psychologisch latenten Instinkte und Gedankenformen. Diese Gedankenformen vereinigten sich ... zu Tumoren ... wie Sartre ... Kafka oder ... Picasso ... Dazu kam noch eine wachsende physische und geistige Verschmutzung der Umwelt, so daß die Generationen der Nachkriegszeit schließlich über das Gute, die Schönheit und die Gerechtigkeit nichts mehr hörten oder wußten ..."

Durch ein strenges Führersystem, in dem Ordnung, Disziplin und →Esoterik gelehrt werden, will die Gruppe eine Alternative bieten. In seinen Schriften beruft sich der von seinen Anhängern guruartig verehrte Jorge Angel Livraga auf die →Theosophie der Blavatsky. Der innere Zirkel der „Neuen Akropolis" ist geheimbundartig organisiert.

Neugermanen/Neuheiden

Die germanischen Kulte der Gegenwart haben ihre Wurzeln in unterschiedlichen Traditionen. Gruppen, die dem neofaschistischen Umfeld zuzuordnen sind, berufen sich auf eine „vorchristliche germanische Religion". Solche

Begrüßung eines toten Reiters in Walhall, dem Ort, an den der Gott Odin die toten Kämpfer beruft. Eine Walküre, Dienerin Odins, reicht dem Reiter einen Trunk.

Gruppen, die im weitesten Sinne aus der alternativen Szene stammen, stießen bei ihrer Suche nach den „Wurzeln", nach einer ursprünglichen, unverfälschten Religiosität auf die Germanen und Kelten (→Keltische Religion).

Die Übergänge zu den neuheidnischen Gruppen, also den Gemeinschaften, die sich ebenfalls auf einen vorchristlichen Glauben berufen (z.B. die Hexen), sind fließend.

Über die Religion der Germanen gibt es keine unverfälschten Berichte. Die erste Beschreibung der Götterwelt stammt vom römischen Geschichtsschreiber Publius Cornelius Tacitus (um 55-125 n. Chr.). Die germanischen Mythen, die sich in den Götter- und Heldensagen bis auf den heutigen Tag erhalten haben, wurden erst sehr spät schriftlich festgehalten, so daß eine Fülle von christlichen Vorstellungen einfließen konnte. Einen ersten Höhepunkt erlebte die Beschäftigung mit dem Germanentum im 16. Jahrhundert. Damals begannen die Humanisten, sich zunehmend mit dem mitteleuropäischen Altertum auseinanderzusetzen. Der Humanismus war eine geistige Strömung in ganz Europa, die die Ideen der griechischen und römischen Antike wiederbelebte, aber auch neu bewertete. Ausgangspunkt für die Auseinandersezung mit den Germanen war u.a., daß die Schriften des Tacitus wiederentdeckt worden waren. Aber auch ein sich zu dieser Zeit entwickelndes deutsches Nationalbewußtsein förderte die Beschäftigung mit den Vorfahren. In ihrem Überschwang unterlief den Humanisten dabei ein Fehler, dessen Auswirkungen bis heute zu spüren sind: Sie erklärten ganz pauschal die Germanen zu den Vorfahren der Deutschen und ließen die wichtigen und wesentlichen Einflüsse der Kelten, Slawen und Nachkommen der Römer außer acht. Sie alle lebten ja im Vielvölkerstaat Deutschland. Tacitus hatte die Germanen als eine bodenständig-ehrliche Gesellschaft beschrieben, die sich durch Mut, Treue und einen außerordentlichen Ehrbegriff auszeichne. Das aber war wohl etwas übertrieben. Tacitus verstand seine Schilderung auch als zeitbedingte Anklage gegen die Zustände im Römischen Reich. Die Humanisten aber nahmen Tacitus wörtlich und idealisierten darüber hinaus das Germanenbild weiter. So schrieb Ulrich von Hutten (1488-1523) mit seinem „Arminius" ein damals große Aufmerksamkeit erregendes Werk, das den Cheruskerfürsten Arminius als autoritären Führer zeigte, der genau wegen dieser Eigenschaft die Römer besiegen konnte.

Die Beschäftigung des 16. Jahrhunderts mit den Germanen brachte also ein idealisiertes Bild hervor, das wenig mit den wirklichen Lebensbedingungen der historischen Germanenstämme zu tun hatte. An dieses Idealbild knüpften Vorstellungen im Zeitalter der Romantik an. Ende des 18., Beginn des 19. Jahrhunderts hatten sich Philosophen und Schriftsteller einer Richtung verschrieben, die das Unverfälschte, Natürliche suchte. Die Natur wurde geradezu vergöttlicht, und auch die germanischen Sagen wurden als „unverfälscht" besonders geschätzt.

Bei dieser Suche nach „Ungekünsteltem" spielte auch die Ablehnung des als verderbt bezeichneten römischen Erbes eine große Rolle. Insbesondere während der Befreiungskriege gegen Napoleon (1813-1815) wurde das Bild der heiligen deutschen (Wotans)-Eiche, unter der sich die freien Deutschen zum Gefecht gegen die fremden Eindringlinge versammeln, populär. Bei germanisch-okkulten Ritualen an alten „Weiheplätzen" wurde die Überlegenheit der germanischen Kultur gegenüber derjenigen der römisch-griechischen Antike hervorgehoben. Auch die demokratischen Revolutionäre von 1848 machten sich allerlei Germanisches zu eigen und versuchten, die Beschäftigung mit der Kultur der Vorfahren vom Ruch der reaktionären Deutschtümelei zu befreien.

Besonders intensiv wurde im 19. Jahrhundert das sogenannte germanische Erbe im Bürgertum gepflegt. Beim „Wandervogel" (vergleichbar vielleicht den Pfadfindern) und anderen Vereinigungen von Jugendlichen waren Anschauungen, die die Natur in Verbindung mit Germanisch-Mystischem vergöttlichten, weit verbreitet.

Auch die nationalistische Komponente fehlte nicht, wie man dem Vorwort zum „Zupfgeigenhansl", einem Liederbuch des Wandervogels, entnehmen kann: „Wir müssen immer deutscher werden. Wandern ist der deutscheste aller eingeborenen Triebe, ist unser Grundwesen, ist der Spiegel unseres Nationalcharakters überhaupt."

Technikfeindlichkeit sowie die Ablehnung der Moderne und des städtischen Lebens zugunsten bäuerlicher Schollenverbundenheit prägten einen Teil der Jugendbewegten um die Jahrhundertwende. Dies war der Nährboden für ariosophische Vorstellungen (→Ariosophie), wie sie z.B. Guido von List formulierte.

Das Gemisch aus Antisemitismus, Blut-und-Boden-ideologie, Germanen-Mystik und Herrenmenschentum hatte auch jene Menschen geprägt, die in den 20er Jahren die Nazipartei NSDAP gründeten und 1933 an die Macht kamen. Freilich waren allzu mystisch-okkult orientierte Gruppen den Nazis ein Dorn in Auge, und auch der glühendste Antisemitismus schützte nicht davor, daß solche Gruppen verboten und ein Teil ihrer Anführer verhaftet wurden.

Nach 1945 wollte niemand mehr etwas vom Germanentum, das die Nazis so sehr gefeiert hatten, hören. Lediglich einige wenige Ewiggestrige praktizierten weiter germanische Kulte. Ein völlig neuer Anstoß kam in der Mitte der 70er Jahre. Angeregt durch die Beschäftigung mit Schicksal und Geschichte von unterdrückten Völkern wie den Indianern Nordamerikas, dachten Menschen auch über ihre eigenen Ursprünge nach. Sie suchten nach jenen Ursprüngen, die als ungebändigt, wild und archaisch, als nicht durch die Zivilisation verfremdet gesehen wurden.

Auf besonderen Anklang stießen dabei die →Druiden, deren Schamanentum (→Schamanismus) sich aufs schönste deckte mit dem Wirken von Schamanen aus den Zivilisationen der unterschiedlichen Indianer-Völker, aber auch der sufistischen (→Sufismus) und fernöstlichen Tradition. Naturmedizin, →Ganzheitlichkeit, eine tiefe Verbindung zur „Mutter Erde" und zum Kosmos waren also auch in der eigenen Kultur zu finden – im Original sozusagen.

Germanische und keltische „Kraftplätze" wurden aufgesucht und teilweise neu entdeckt. Hexen, die sich auf vorchristliche, heidnische Weisheit beriefen, fanden Zulauf. Die langhaarigen Germanen mit ihren zerzausten roten Bärten schienen zudem auch rein äußerlich dem Ideal der Alternativen nahe. Nur wenige von den Suchern nach den eigenen Wurzeln hatten gemerkt, daß die Kelten- und Germanenbegeisterung aufmerksam registriert und ausgenutzt wurde von Kräften der extremen Rechten. Bei der Suche nach den Wurzeln der Kultur der Deutschen kam der Gedanke auf, ob man diese Wurzeln nicht bewahren und gegen fremde Einflüsse schützen müsse. Diese Trennung zwischen „Arteigenem" und „Artfremden" kam den Rechten sehr gelegen.

Die Vorbehalte gegenüber der Moderne und die eher romantische Bevorzugung eines Modells der bäuerlichen Selbstversorgung verband die beiden an sich widersprüchlichen Positionen von „links" bis „rechts" miteinander. Die engsten Berührungspunkte gab es bei ökologischen Fragen. Der Schutz von Natur und Umwelt schien jenen, die Wotans heilige Haine durch das Industriezeitalter gefährdet sahen, genauso wichtig zu sein wie manchen Alternativen, denen jeder menschliche Eingriff in die Natur als frevelhaft erschien.

Die neugermanischen und neuheidnischen Gruppierungen der Gegenwart vereinnahmen auch die keltischen

Mythen. Das fällt ihnen um so leichter, als sie sich einfach auf ein sog. „Keltogermanentum" berufen und somit die beiden sehr unterschiedlichen Völker zusammenfassen. Eine besondere Rolle spielt dabei die Gralsgeschichte, deren Ursprünge bis heute nicht geklärt sind. Von den keltischen Briten stammt die Sage vom König Artus, der auf der Feeninsel Avalon (Apfelinsel) auf seine Rückkehr in das Reich der Lebendigen wartet. Dieser Sage wurde die Erzählung vom Heiligen Gral angegliedert, die wohl orientalischen Ursprungs, in den ersten schriftlichen Aufzeichnungen (z.B. bei Chrétien de Troyes, ca. 1190) aber bereits deutlich christlich eingefärbt ist: hier gilt der Gral als Schrein zur Aufbewahrung der Hostie oder gar als Gefäß, in dem das Blut Christi aufgefangen wurde. Die mythischen Gestalten Parzival und Tristan (beide ebenfalls keltischen Ursprungs) werden in die Gralserzählung eingewoben, so daß ein geradezu gesamteuropäisches Epos entsteht, das sich bei Kelten, Germanen, Romanen und Slawen findet.

Die magische Kraft des Grals und das geheime Wissen der erlesenen Tafelrunde faszinierte von jeher allerlei Männerbünde, so daß bereits im Mittelalter eine Reihe von Geheimgesellschaften entstand. Besonders aber zu Beginn des 20. Jahrhunderts bildete sich eine Fülle von Gruppierungen, teilweise auch ordensähnlichen Gemeinschaften, die nur wenigen ausgewählten Wissenden offenstanden. In den meisten dieser Gruppen wurde eine radikale Judenfeindlichkeit gepflegt und das Auserwähltsein der „arischen Rasse" verkündet.

New Age

Der Namen leitet sich von dem „neuen Zeitalter" (= New Age) her, in das die Menschheit nach Ansicht der Anhänger und Anhängerinnen der Bewegung im Zeitalter des Wassermanns eintreten werde. Das „Wassermannzeital-

Darstellung einer Alraunenwurzel als Frau. Die Alraune ist der Wurzelstock der Pflanze Mandragora, die vorwiegend im Mittelmeerraum wächst. Sie dient als Heilpflanze, kann auch berauschende Wirkung haben. Die Wurzeln der Alraune sehen oft aus wie kleine Menschen, weswegen die Alraune stets geheimnisumwittert war.

ter" ist ein Begriff aus der Astrologie und bezeichnet den Eintritt des Frühlingspunktes in das Sternbild des Wassermanns (Astrologie).

Zunächst in den USA und ab den 80er Jahren auch in Europa vereinigten sich unter dem Dach der New-Age-Ideologie die unterschiedlichsten Gruppierungen und Einzelpersönlichkeiten. Die nicht genau zu beschreibende Bewegung ist beeinflußt auch von der Psychoszene, der Ökologiebewegung, vom →Okkultismus, Elementen von →Buddhismus und →Hinduismus, Gedanken der →Gnosis. Ein zentraler Begriff ist das „ganzheitliche Denken", das die Einheit des Menschen mit Natur und Kosmos beschreibt. Im Sinne ihrer →Ganzheitlichkeit verstehen die Ideologen des New Age den Menschen nicht nur als Teil der Natur, sondern weitergehend als Teil des Kosmos. Der Kosmos wird als Göttlichkeit ganz allgemein begriffen.

Die Faszination, die vom New-Age-Denken ausgeht, hat ihren Ursprung im Aufgreifen modischer Tendenzen, so z.B. die verstärkte Beschäftigung von vielen Menschen mit psychologischen Problemen, oder dem verbreiteten Bewußtsein, daß die Erde auf eine ökologische Katastrophe zutreibe. Die Antworten, die New Age auf diese Problemstellungen gibt, sind naturgemäß nicht einheitlich. Durch Bewußtseinserweiterung (die manche New-Age-Theoretiker auch über Drogen vornehmen möchten), →Positives Denken und Spiritualität soll ein „Zeitalter der Erneuerung und der Wiederverzauberung der Welt" eingeläutet werden.

Okkultismus

Das Wort Okkultismus (aus dem lateinischen occulta = verborgene Dinge, Geheimnisse) umschreibt eine Fülle von Geschehnissen und Praktiken, die geheimnisumwittert, nicht erklärbar oder nur wenigen zugänglich sind. In den letzten Jahren erlebte der Okkultismus auf den verschiedensten Ebenen eine Wiederbelebung. So werden in Zeitschriften und im (Kommerz)-Fernsehen außergewöhnliche Erscheinungen mit Leidenschaft diskutiert. Auch wenn bisher niemand den Beweis für solche Wahrnehmungen antreten konnte, werden Erscheinungen wie Telekinese (Gegenstände beginnen zu „schweben" etc.), Telepathie (Gedankenübertragung) etc. ernst genommen. Die Parapsychologen (→Parapsychologie) behaupten, daß solche Erscheinungen erwiesen, doch mit den heutigen Mitteln der Naturwissenschaft noch nicht erklärbar seien.

Dieser „wissenschaftliche Okkultismus" arbeitet daran, außersinnliche Geschehnisse begreifbar und nachprüfbar machen zu wollen. Insofern unterscheidet er sich von den anderen okkultistischen Strömungen, die gerade an den Geheimnissen festhalten wollen. Trotz ihres angeblich wissenschaftlich-aufklärerischen Ansatzes leistet die Parapsychologie der Vorstellung Vorschub, solche Phänomene könnten tatsächlich existieren. Denn sie behauptet, Spuk, Wahrträume, Visionen usw. „wissenschaftlich" untersuchen und letztlich erklären zu können.

Die „klassische" Form des Okkultismus dagegen setzt auf ein Geheimwissen, das nur wenigen zugänglich ist. Gerade das macht den Okkultismus, vor allem für diejenigen, die nicht an dem Geheimwissen teilhaben können, zu einem möglichen Modell der Welterklärung: Wenn die Welt schon zu kompliziert ist, um sie zu verstehen, dann müssen diejenigen, die die Geschehnisse trotzdem durchschauen, besondere Fähigkeiten, eine besondere Einwei-

Der Dämon Bahomet, wie ihn sich der Okkultist Eliphas Levi vorstellte: eine geißköpfige Figur mit Adlerflügeln.

hung oder etwas Ähnliches haben. Zur Gedankenwelt des Okkultismus gehört es, an eine alles umfassende, allgegenwärtige und ewige Energie zu glauben. Diese Energie lenke alles Geschehen auf der Welt. Ihr Wirken zu erkennen und zu durchschauen sei aber nur Eingeweihten möglich.

Die Praktiken der Okkultisten sind äußerst vielfältig: Sie reichen von der →Anthroposophie und →Astrologie über die →Magie bis zum →Spiritismus und →Satanismus. In der Praxis führt die Tatsache, daß bei fast allen

218

okkultistischen Gruppierungen das Auserwählt- oder Erleuchtetsein eine wichtige Rolle spielt, dazu, daß Abhängigkeiten zwischen Meister und Schüler entstehen. Oft werden diese Abhängigkeiten in Ordens- oder Logenregeln festgelegt. Einige dieser Orden, die meist zu Beginn des 20. Jahrhunderts entstanden sind, haben sich Legenden über ihre Entstehung (vom altägyptischen Priester bis zum Kreuzfahrer) zurechtgelegt.

Orakel

Diese Technik der Weissagung kennen die meisten Religionen. Aus bestimmten Verhaltensweisen oder aus dem Aussehen von Tieren oder Gegenständen wird auf die Zukunft geschlossen.

Grundidee ist, daß sich das Große (der Kosmos, die Welt, die Zukunft) auch im Kleinen abbilde und von besonders begabten oder auserwählten Menschen erkannt werden könne. Auch heute erfreuen sich Orakel allgemeiner Beliebtheit: Die Zukunft aus den Karten lesen zu lassen (z.B. →Tarot) gehört für viele fast zum Alltag, in der esoterischen und der New-Age-Szene wird besonders gerne →I Ging eingesetzt.

Ordo Saturni

Die Geheimgesellschaft wurde ca. 1980 gegründet und ist eine Abspaltung der Fraternitas Saturni, die wiederum ihre Wurzeln im →Ordo Templi Orientis hat.

Ins Leben gerufen wurde die Fraternitas um 1926 von Eugen Grosche, der als Großmeister den Namen Gregor A. Gregorius annahm. Die Nazis verboten 1936 die Fraternitas Saturni. Nach eigener Darstellung geht es dem Orden darum, an der sittlichen Besserung jedes einzelnen zu arbeiten, um dadurch soziale Gerechtigkeit zu verwirklichen. In Wirklichkeit ist die Gruppierung eher den esoterisch-satanischen Organisationen zuzuordnen. Die Gemeinschaft ist logenähnlich organisiert und kennt 33 aufeinander aufbauende Einweihungsstufen, deren höchste der Gradus ordinis Templi Orientis Saturni ist.

Ordo Templi Orientis (O.T.O)

Beeinflußt u.a. durch die Gründung von Geheimgesellschaften in Großbritannien (z.B. „Hermetic Order of the Golden Dawn"; →Crowley und →Satanismus) riefen 1895 der Wiener Fabrikant Carl Kellner (1850-1905) und der deutsche Theosoph (→Theosophie) Franz Hartmann (1838-1912) den Ordo Templi Orientis (Orientalischer Templer Orden, O.T.O.) ins Leben. Die theosophisch orientierte Gemeinschaft verstand sich als Nachfolgeorganisation des Templerordens aus der Zeit der Kreuzzüge, der im 12. Jh. gegründet und 1312 von Papst Klemens V. wegen „Ketzerei und Nutzlosigkeit" aufgelöst worden war. In einer Selbstdarstellung des Ordens aus dem Jahre 1917 heißt es: „Die O.T.O.-Religion ist die Rückkehr zur frohen Kultur der Freude, des Lebens, der Liebe, im Gegensatz zur düsteren Kultur des Gottes der Rache, der Strafe, der Vernichtung."

Schließlich trat Aleister →Crowley, der den Hermetic Order of the Golden Dawn verlassen hatte, da er nicht dessen Großmeister werden konnte, dem Orientalischen Tempel Orden bei (1912) und praktizierte dessen Geheimrituale in seiner „Abtei" Thelema bei Cefalú (Sizilien). 1922 wurde er Großmeister des O.T.O. Er entwarf eine „Gnostische Messe", durch die übersinnliche Erfahrungen ermöglicht werden sollten. Außerdem versprach er, daß Ordensmitglieder die Möglichkeit erhalten könnten, durch Verbindung mit außerirdischen Mächten andere Menschen beherrschen zu können. Der Ordo Templi Orientis spaltete sich anschließend in verschiedene Untergruppen, die einander zum Teil bekämpften.

Heute gibt es noch zwei Gruppen, die den Namen O.T.O tragen: eine in Großbritannien, eine andere in den USA, deren Mitglied zeitweise Lafayette Ronald Hubbard, der spätere Gründer der →Scientology Church, war. Bis heute ranken sich viele Vermutungen um den Orden. Gerade die wenig durchschaubare Geschichte des O.T.O., sein Aufgehen in den verschiedensten Gruppen und die Vorstellung, hier könnte esoterisches Wissen aus der Kreuzfahrerzeit erhalten sein, machen den Orientalischen Templer Orden bis heute zu einem beliebten Spekulationsobjekt innerhalb der Szene.

Parapsychologie

Als Wissenschaft ist die Parapsychologie, die sich mit außersinnlichen Wahrnehmungen wie Telepathie oder Hellsehen beschäftigt, nach wie vor umstritten. Zwar wurde bereits 1882 in London die Society for Psychical Research (SPR) gegründet, die heute noch aktiv ist und seit ihrer Gründung den Versuch unternimmt, paranormale Phänomene zu dokumentieren und zu erklären. Doch ist der zweifelsfreie Nachweis, daß es solche Erscheinungen wirklich gibt, bisher nicht geführt worden.

Zu den Psi-Phänomenen (benannt nach dem 23. Buchstaben des griechischen Alphabetes) zählen außersinnliche Wahrnehmungen wie Telepathie (Gedankenübertragung), Hellsehen, Präkognition (Wissen um einen zukünftigen Vorgang), Retrokognition (Rückschau) und psychokinetische Effekte, unter denen die Veränderung von Gegenständen mit psychischen Mitteln (z.b. Löffelverbiegen oder das Schwebenlassen von Gegenständen wie Tischen) zusammengefaßt werden. Obwohl durchaus seriöse Wissenschaftler an der Klärung von Psi-Erscheinungen arbeiten, liegt nicht alleine deren mögliche Ursache im dunkln, sondern bereits die bloße Existenz solcher Phänomene ist nicht zweifelsfrei geklärt. Zwar weisen eine Reihe von sorgfältig durchgeführten Experimenten darauf hin, daß Menschen die Augenzahlen von Würfeln „beeinflussen" können oder in der Lage sind, die Reihenfolge von Spielkarten „vorherzusagen". Doch sind diese Experimente durchwegs nicht beliebig wiederholbar, und ihre Ergebnisse hängen offensichtlich stark davon ab, inwieweit die Beteiligten an die Existenz von Psi-Phänomenen glauben.

Positives Denken

Die Schule des Positiven Denkens basiert auf der an sich recht schlichten Annahme, daß es dem, der an etwas Gutes denkt, besser geht als demjenigen, der negativ vor sich hin grübelt. Der in esoterisch orientierten Zirkeln weitverbreitete Glaube, Gedanken hätten eine geradezu „körperliche" Gestalt und Kraft, bedeutet dann logischerweise auch, daß Positives Denken andere Menschen beeinflussen könne.

Die Kraft positiver Gedanken möglichst vieler Menschen würde so z.B. dazu beitragen, daß jemand gesund werden würde, oder gar, wie bei der →Transzendentalen Meditation, daß Politiker und ihre Entscheidungen beeinflußt werden könnten. Die Christliche Wissenschaft hält negative Wirklichkeit, auch Krankheit, für ein reines Gedankengebäude. Würden die negativen Gedanken durch positive ersetzt, verschwände auch die negative Wirklichkeit, z.B. Krankheit, die ja eigentlich gar nicht existiere. Die Ratgeber-Literatur für die Probleme des Alltags arbeitet ebenfalls sehr oft mit Positivem Denken. Wer optimistisch in die Zukunft schaut, wer eine positive Ausstrahlung hat, dem winken Glück und Gesundheit.

Pyramide

Die altägyptischen Königsgräber aus dem Alten und Mittleren Reich (2800 v. Chr.-1900 v. Chr.) haben seit jeher die Phantasie der Menschen angeregt. Während Historiker und Archäologen noch Entstehungsgrundlagen und -geschichte erforschen, hat die „Szene" bereits seit vielen Jahrzehnten Antworten. Eine davon ist, daß die Baumeister der Pyramiden der Nachwelt verschlüsselte Botschaften übermitteln wollten. Komplizierte Berechnungen wurden angestellt, um Besonderheiten nachzuweisen. Zahlenmystische Spiele brachten hochkomplizierte Überlegungen zu Tage, die die Architekten der Pyramiden angestellt haben müßten. Obwohl sich tatsächlich eine Reihe von mathematischen Gesetzmäßigkeiten aus Lage und Gestalt der Pyramiden ableiten lassen, fehlt den Esoterikern

Findet sich auf jedem Dollarschein: eine Pyramide.

(→Esoterik) bisher jede Idee, was die Altägypter denn hätten mitteilen wollen.

Auch die bis heute noch nicht abschließend geklärte Frage, wie die Pyramiden errichtet wurden, rief viele Vermutungen hervor. Eine davon: Die Bewohner des untergegangenen sagenumwobenen Atlantis hätten sich in Ägypten niedergelassen. Da sie die Fähigkeit besaßen, die Schwerkraft aufzuheben, war es ihnen möglich, die Monumentalbauten zu errichten. Auch der Form der Pyramiden wird magische Kraft nachgesagt. Im esoterischen Fachhandel sind Pyramiden jeglicher Art zu erwerben, die eine positive Ausstrahlung haben sollen, da sie die Energien des Kosmos wie ein Kollektor (Sammler) in sich aufnähmen.

Radiästhesie

Wünschelrutengänger und Pendler behaupten, sie könnten verborgene Wasseradern, Erdstrahlen oder Bodenschätze orten, aber auch Störfelder in Wohnungen aufspüren. Die Lehre von der Strahlenwirkung, so die Übersetzung des lateinisch-griechischen Kunstwortes, gehört, wie es die New-Age-Anhänger ausdrücken, zum uralten Menschheitswissen. Die →Druiden der →keltischen Religion sollen in besonderem Maße die Fähigkeit gehabt haben, jene Kraftfelder aufzuspüren, an denen dann Heiligtümer errichtet wurden. Bäuerliche Gesellschaften nutzen seit jeher die Fähigkeiten einzelner Menschen, Wasseradern oder verborgene Quellen aufzufinden. Die Übernahme dieser Praktiken durch vielerlei Okkultisten (→Okkultismus), Scharlatane oder Geschäftemacher brachte die womöglich tatsächlich vorhandenen Fähigkeiten echter Wünschelrutengänger in Verruf.

Auch innerhalb des katholischen Klerus scheint die Radiästhesie einst recht beliebt gewesen zu sein: 1942 wurde jedoch ein kirchliches Dekret erlassen, das den Kirchenleuten den Umgang mit der Wünschelrute verbot.

Reiki

Als Vater von Reiki (japanisch: „universelle Lebensenergie") gilt der (christliche) Mönch Mikao Usui, der Ende des 19. Jahrhunderts in Kyoto (Japan) lebte. Usui, auf den sich auch heute viele Reiki-Meister berufen, starb 1929 und weihte als Nachfolger und „Großmeister" Churjiro Hayashi ein, der wiederum eine von ihm geheilte Frau, Hawayo Takata, als seine Nachfolgerin berief. Nach deren Tod (1980) übernahm ihre Enkeltochter Philis Furomoto die Leitung der Reiki-Gemeinschaft. Insbesondere über den wahren Kern der Botschaft von Usui ist es in der Zwischenzeit zu Streitigkeiten gekommen, so daß mehrere konkurrierende Reiki-Schulen entstanden.

An sich ist Reiki eine allumfassende Heilslehre, die verspricht, Menschen zu befähigen, mit sich selbst und dem Kosmos in Harmonie zu leben. Dem können Krankheiten entgegenstehen, die als „Zeichen der Unordnung" begriffen werden, indem sie den Menschen daran hindern, sich als Teil des Ewigen und Unendlichen zu begreifen. Krankheiten können aber von den Reiki-Meistern, die in die Geheimnisse der Lehre eingeweiht sind, geheilt werden. Durch die Hände des Reiki-Meisters wird Energie auf den Patienten übertragen, die sich in Brust, Kopf und Rücken sammelt und dem Patienten die Möglichkeit eröffnet, das Einssein mit dem Kosmos wiederherzustellen, also letztlich erleuchtet (→Erleuchtung) zu sein. Im Westen wird Reiki meist weniger umfassend verstanden. Innerhalb der esoterischen Szenen gehört die Praxis des heilenden Händeauflegens zu den beliebtesten Methoden sog. alternativer Medizin.

Reinkarnation/Wiedergeburt

Die Wiedergeburt (wörtlich: Wiederfleischwerdung) nach der Seelenwanderung ist wesentlicher Bestandteil von →Hinduismus und →Buddhismus. Auch im antiken Griechenland glaubte man daran, daß die Seele in Menschen- oder Tiergestalt wiedergeboren werde. In Indien wird die Wiedergeburt in den Upanischaden (ca. 500 v. Chr.) erstmals ausführlich erläutert. Daraus entwickelte sich die Vorstellung, die auch heute von den meisten Gruppierungen innerhalb des Hinduismus vertreten wird: Die Seele, das eigentliche Wesen jedes Menschen, wandert, eingebettet, in den als Leid empfundenen Kreislauf der Wiedergeburten von einer Existenz in die andere. Die Art der Wiederverkörperung, auch in außermenschlichen Gestalten wie Tieren oder Pflanzen, hängt vom Karma ab, der Summe der Taten des einzelnen in seinen vorhergehenden Existenzen. Ziel ist es, den Kreislauf der Wiedergeburten zu unterbrechen. Dazu können →Meditation, Buße oder die besonders hingebungsvolle Verehrung eines Lehrers (→Guru) beitragen. Im Buddhismus gibt es ähnliche Vorstellungen.

Bei den Griechen formulierte Pythagoras (um 600 v. Chr.) als erster eine ausführliche Darstellung des Reinkarnations-Gedankens. Demnach sind die Seelen unsterblich und einem Kreislauf von Wiedergeburten, auch in Tiergestalt, unterworfen. Platon (427-347 v. Chr.) fügte den Gedanken hinzu, daß rein moralische Kriterien über die Art der Wiedergeburt entscheiden. Wie man sich verhalten hat, so wird man wiedergeboren: Habgierige werden also zu Wölfen oder Geiern, Arbeitsame zu Ameisen, Bienen oder auch Menschen. Erlöst aus der Abfolge von Wiedergeburten wird, wer sich dreimal als Mensch bewährt hat. Die Neuplatoniker (um 200 n. Chr.) nahmen die Idee der Reinkarnation auf. Aus dieser Schule gelangte sie ins mittelalterliche mystische Denken, wo sie freilich im Widerspruch zu den christlichen Vorstellungen einer unsterblichen Seele stand.

Die Theosophen (→Theosophie) des 19. Jh. und die Anthroposophen (→Anthroposophie) um Rudolf Steiner schließen sich der Lehre vom Kreislauf der Wiedergeburten an. Doch lehnen sie die Möglichkeit einer Inkarnation als Tier oder Pflanze ab. Die unsterbliche Seele ist nach diesem Verständnis Teil der Unendlichkeit des Kosmos und wird in einem langen Erziehungsprozeß (und entsprechend vielen Wiedergeburten) langsam der Vollkommenheit und damit der wirklichen Freiheit entgegengebracht.

Die Esoteriker und New-Age-Anhänger (→Esoterik, →New Age) der Gegenwart sind durchwegs Anhänger der Inkarnationslehre. Die verschiedensten Vorstellungen aus Buddhismus, Hinduismus, Neuplatonismus, christlicher Mystik, Theosophie etc. werden hier zu einem bunten Geflecht unterschiedlicher Meinungen und Schulen zusammengewoben. Gemeinsam ist den meisten die Idee, das Karma, also das Verhalten aus den vorhergehenden Leben, würde sich in der Art der Wiedergeburt ausdrücken. Damit ist in vielen Gruppen ein zutiefst menschenverachtender Gedanke üblich geworden. Bestimmte Zustände eines einzelnen, z.B. Armut oder auch Behinderung, seien Folge der Verfehlungen eines vorgehenden Lebens.

Nach der Anschauung der meisten Gruppen geht im Augenblick der Wiedergeburt die Erinnerung an die vorhergehenden Leben verloren bzw. wird verdrängt. Durch →Meditation oder durch eine spezielle „Reinkarnationstherapie" könnten diese verschütteten Erinnerungen wieder hervorgeholt werden. Berichte von Menschen, die sich – manchmal mit verblüffender Genauigkeit im Detail – an ihr vorheriges Leben „erinnern" können, werden als Beweis für die Wiedergeburten genommen. Unterschiedlicher Meinung waren die Anhänger der Reinkarnation seit jeher bei der Frage, was denn die Seelen zwischen den diversen Wiedergeburten machten und wo sie sich aufhielten. Bei Pythagoras z.b. flogen die Seelen in der Luft umher, bis sie sich im Augenblick der Geburt mit „ihrem" Körper vereinigten. Für die Anthroposophen hat die menschliche Seele im „Zwischenzustand" die Möglichkeit, zusammen mit jenseitigen Wesenheiten am Karma zu arbeiten, um so möglichst „hochwertig" wiedergeboren zu werden.

Rosenkreuzer

Eine Vielzahl unterschiedlicher Gruppen bezeichnen sich heute als Rosenkreuzer. Im Mittelpunkt der verschiedenen Lehren steht esoterisches Gedankengut (→Esoterik), dessen geheime Inhalte sich die Rosenkreuzer in mehreren Einweihungsstufen aneignen können.

Am Anfang der Rosenkreuzer-Bewegung steht eine literarische Figur: Christianus Rosencreutz. Der evangelische Theologe Johann Valentin Andreae (1586-1654) und einige seiner Tübinger Studienkollegen hatten diese Gestalt in ihrem Bemühen erfunden, den erstarrten Protestantismus mit der Wissenschaftlichkeit der Renaissance in Einklang zu bringen. Sie verfaßten mehrere Schriften, z.B. „Allgemeine und General Reformation der gantzen weiten Welt. Beneben der Fama Fraternitatis, deß Löblichen Ordens des Rosencreutzes, an alle Gelehrte und Häupter Europas geschrieben" oder „Chymnische Hochzeit Christiani Rosencreutz", in denen von ebenjenem Christianus Rosencreutz und seiner Bruderschaft die Rede war. Diese Bruderschaft war – so Andreae und seine Kol-

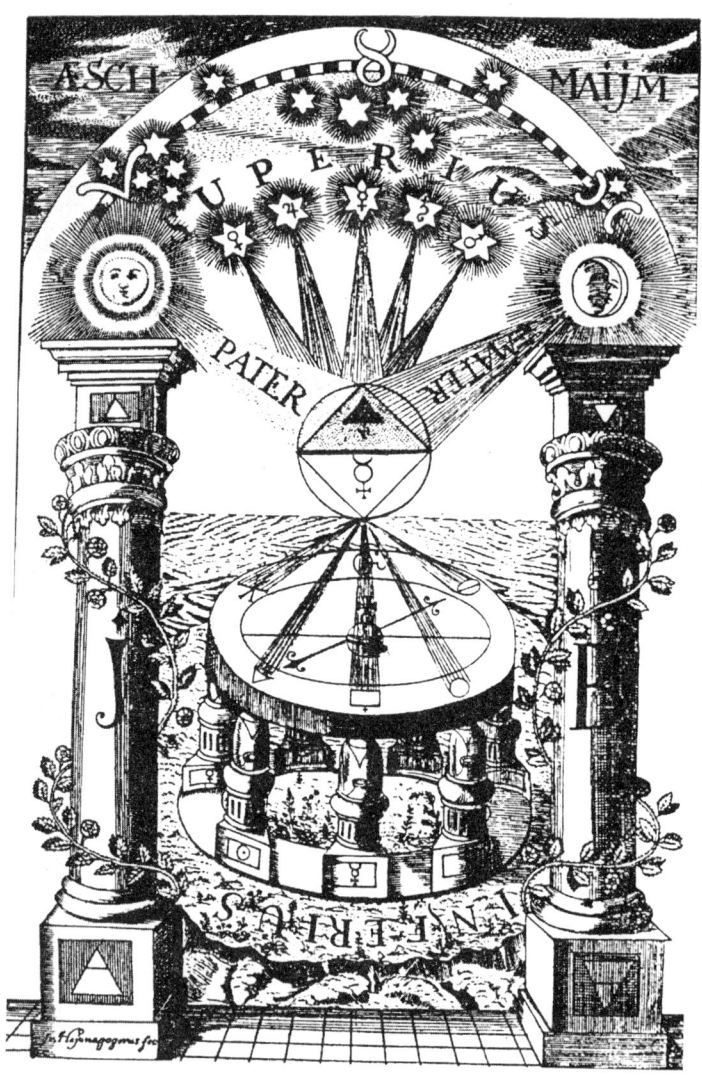

„Kompaß der Weisen" – *Darstellung aus dem Jahr 1779 mit vielen Anspielungen, die nur die in die Geheimnisse eingeweihten Rosenkreuzer verstehen sollten.*

legen – von Rosencreutz, der von 1378-1484 gelebt habe, gegründet worden, um eine Kirchenreform durchzuführen. Die Tübinger Theologen hatten dem Denken der Zeit gemäß ihre Gedanken in Form einer Geschichte gekleidet.

Darüber hinaus aber hatten die Bücher über Rosencreutz durchaus auch satirischen Charakter.

Innerhalb kurzer Zeit erschienen 200 Schriften über den erfundenen Orden, und überall tauchten Menschen auf, die angaben, der im verborgenen wirkenden Bruderschaft schon lange anzugehören. Mit den Wirren des Dreißigjährigen Krieges endete die Begeisterung für die Rosenkreuzer. Der Name des Romanhelden läßt sich wahrscheinlich darauf zurückführen, daß sowohl Luther als auch der Autor Andreae Rose und Kreuz in ihrem Wappen führten. Nach einem kurzen Zwischenspiel im 17. Jahrhundert taucht der Begriff Rosenkreuzer erst wieder Ende des 19. Jahrhunderts auf. Verschiedene okkulte und neugnostische (→Okkultismus, →Gnosis) Gruppierungen wie die „Societas Rosicruciana in Anglia" (1865) oder der „Hermetic Order of the Golden Dawn" (1888) behaupten von sich, die wahren Nachfolger des Ordens der Rosenkreuzer zu sein. Beide Gemeinschaften existieren nicht mehr. Doch besitzt insbesondere der „Hermetic Order of the Golden Dawn" bis heute eine gewisse Ausstrahlungskraft, die unter anderem darin liegt, daß der Satanist Aleister →Crowley (aber auch der Literatur-Nobelpreisträger William Butler Yeats und Bram Stoker, Verfasser von „Dracula") Mitglieder dieser Gruppierung waren. Crowley verließ den Orden 1901 wieder, als seine Versuche, dort Großmeister zu werden, fehlschlugen.

1909 schließlich gründete Max von Grashoff die „Internationale Rosenkreuzer-Gemeinschaft". Grashoff war zusammen mit Rudolf Steiner in der Theosophischen Gesellschaft (→Theosophie) aktiv gewesen, brach dann jedoch mit Steiner. 1915 rief in New York Spencer Lewis, ein Journalist, Parapsychologe (Parapsychologie) und Anhänger der →Theosophie, den „Antiquus Mysticus Ordo Rosae Crucis (AMORC)" ins Leben. Der Orden beruft sich auf eine „Mysterienschule der Geheimen Weisheit", die im 2. Jahrtausend v. Chr. in Ägypten bestanden haben soll.

In diese geheimen Weisheiten war natürlich auch Christianus Rosencreutz bei seinen erfundenen Reisen in den Orient eingeweiht worden. Heute wird das esoterische Wissen über Lehrbriefe vermittelt, die vom AMORC den Interessenten „leihweise, aber vertraulich" überlassen werden. Wer sich durcharbeitet, könne sich die Kräfte des Kosmos zu eigen machen, um ein erfüllteres und schöneres Leben zu führen. Die Meditation in den Studienzirkeln könne, so verspricht AMORC in seinen Informationen, bis zur →Erleuchtung führen. Der Orden kennt 16 Einweihungsstufen, deren vier letzte geheim sind. Der Antiquus Mysticus Ordo Rosae Crucis ist wohl die größte der Rosenkreuzer-Gesellschaften und hat ihren Hauptsitz in San José (Kalifornien, USA). Der bundesdeutsche Zweig unterhält eine Niederlassung in Baden-Baden.

1925 gründete Jan van Rijckenborgh in Haarlem (Niederlande) die „Internationale Schule des Rosenkreuzes/ Lectorium Rosicrucianum". Diese Abteilung der Rosenkreuzer ist tief in →Theosophie und →Gnostik verwurzelt. Eine entscheidende Rolle spielen „Lichtgestalten" wie Gründer Rijckenborgh, die durch Boten einer jenseitigen Lichtbruderschaft mit besonderer Energie und besonderen Fähigkeiten ausgestattet wurden. Nach Ansicht des Lectorium Rosicrucianum ist der Mensch einem Kreislauf von 100 Billionen Wiedergeburten ausgesetzt. Ziel sei es aber, diesen Kreislauf durch eine „Transfiguration", eine Umwandlung der Atomstruktur des Körpers, zu unterbrechen. Die Struktur des Körpers könne sich verändern, wenn das „Geistfunkenatom", das in der rechten Herzkammer schlummere, zum Leben erweckt werde.

Die Lichtkraft, die dabei entsteht, wird über den Blutkreislauf auch zum Gehirn transportiert, das daraufhin befähigt ist, „Lichtkraftgedanken" zu produzieren, die wiederum die Atomstruktur veränderten.

Nach dem Tod von Rijckenborgh 1968 spaltete sich unter Führung seines Sohnes Henk Leene eine Gruppe ab, die sich fortan „Esoterische Gemeinschaft Sivas" nannte. Nach deren Niedergang gründete sich in der Bundesrepublik (in Siegen) die „Esoterische Gemeinschaft der Rosenkreuzer Sivas" (Sivas nach einem Ort in Frankreich, an dem die Gruppe ein Grundstück erwarb). Die Gemeinschaft fügte der gnostischen Lichtmystik Rijckenborghs, die alle Spaltungen überstanden hat, einiges Gedankengut aus dem Bereich des Umweltschutzes hinzu und propagiert das Bild des „Prometheus-Menschen", der in der Rosenkreuzer-Gemeinschaft entstehe. Nach der griechischen Sagenwelt hat Prometheus die von den Göttern zum Untergang verurteilte Menschheit gerettet, indem er den Menschen das Feuer und die Kultur brachte. Dieser „Prometheus"-Mensch sei ideal angepaßt an die Bedingungen eines neuen Zeitalters, des Wassermanns-Zeitalters nämlich.

Damit hat diese Abteilung der Rosenkreuzer Anschluß an das Gedankengut des →New Age gefunden. Einige weitere kleinere Gruppen, die im deutschsprachigen Raum aktiv sind, berufen sich ebenfalls auf „uralte" Rosenkreuzer-Weisheit. Es sind dies der „Antiquus arcanus Ordo Rosae rubeae aureae Crucis (AAORRAC)" (Alter geheimer Orden vom Kreuz der roten und goldenen Rose), die „Fraternitas Rosicruciana" von Hermann Joseph Metzger, der auch beim Orientalischen Templer Orden (O.T.O.) aktiv war, die „Internationale Weltloge der Bruderschaft zum Rosenkreuz e.V." in Großbritannien, die „Sieben-Rosen-Zentrale" mit Sitz in Hamburg.

Runen

Das Wort geht auf das germanische runo zurück, was
Geheimnis oder auch Rat, Beratung bedeutet. Damit ist
ein wesentlicher Zweck der germanischen Schriftzeichen
bereits umrissen: Die Runen hatten magische Bedeutung,
wurden für Weihe-Inschriften benutzt, dienten auch als
→Orakel.

Rund 5 000 Runeninschriften aus Holz, Stein oder
Metall wurden bisher gefunden, davon etwa 3 000 in
Schweden. Die Inschriften können auch weltlichen Inhalt
haben, sie enthalten dann persönliche oder geschäftliche
Mitteilungen. Zur Überlieferung von Literatur oder histo-
rischen Ereignissen wurden die Runen nicht benutzt. Ihren
Ursprung hat die nach den ersten sechs Buchstaben Fu-
thark genannte Schrift wahrscheinlich in den Schriften des
Mittelmeerraumes und Norditaliens. Wann die Schrift ent-
standen ist, liegt noch im dunklen, das älteste bekannte
Zeugnis stammt aus dem 2. Jh. n. Chr., das jüngste aus
dem 19. Jh.

Das Runenalphabet

Die Runenmagie wurde auch lange Zeit nach der Christia-
nisierung der Völker Mittel- und Nordeuropas noch praktiziert. In abgelegenen Gebieten Skandinaviens sollen bis

234

zu Beginn unseres Jahrhunderts sog. Runensänger aktiv gewesen sein, die in der Tradition der alten Naturreligionen Nordeuropas standen.

Im Prinzip aber ging das Wissen um die „magische Kraft" von Runen ebenso verloren wie das um die germanischen Urreligionen (soweit bestimmte Teile nicht vom Christentum übernommen wurden). An der Wende zum 20. Jh. kam Germanisches in Mode, diesmal mit deutlich nationalistisch-antisemitischen Untertönen. Guido von List, der Begründer der ariosophischen Ideologie (→Ariosophie), die eine schicksalshafte Vorherbestimmung der „Arier" als Herrscher- und Herrenvolk propagiert, löste mit seinem Buch „Das Geheimnis der Runen" (1902) einen regelrechten Boom aus. Dem völkischen Adeligen, der zeitweise Sekretär des Österreichischen Alpenvereins war, wurde nach seinen Angaben das Wissen um die verborgene Bedeutung der Runen von seinen Ahnen mitgeteilt.

Dafür wählten die Vorfahren einen besonders günstigen Zeitpunkt: Guido von List mußte nach einer Operation für längere Zeit in einem abgedunkelten Zimmer das Bett hüten. Lists Runenbuch prägte die rechtsextremistische ariosophische Szene nachhaltig. Zwei seiner Mitkämpfer, Friedrich Berhard Marby und Siegfried Adolf Kummer, entwickelten daraus gar eine germanische Form des Yoga, das „Runenyoga". Die Faschisten übernahmen mit großer Begeisterung den Runenkult, um so mehr, als ihr Parteisymbol, das Hakenkreuz, von Guido von List bereits 1902 als Zeichen für die Überlegenheit der Arier interpretiert wurde. In dem 1941 erschienenen und 1982 erneut aufgelegten Band „Das Buch der deutschen Sinneszeichen" des Esoterikers Walther Blachetta heißt es: „Das Hakenkreuz ist das Symbol des schaffenden, wirkenden Lebens. Es ist ein sehr hohes Sinnbild und das Rasseabzeichen des Germanentums. Aus vier lagu-Runen, die gesetzesmäßig

Leben, Zucht und Ordnung bedeuten, ist es gebildet. Ewig, wie ein schaffendes Mühlrad, dreht sich das Hakenkreuz, ewig schafft und zeugt auch das Leben. Uralt ist dieses hohe Sinnbild. Seit der indogermanischen Zeit kennen wir es, und heute hat es als Zeichen des geeinten großdeutschen Volkes eine glanzvolle Auferstehung gefunden."

Innerhalb der okkult-neogermanischen Szene spielten Runenorakel und die Auslegung vielerlei verborgener Zusammenhänge zwischen den 24 Runen-Zeichen auch dann noch eine wichtige Rolle, als die Nationalsozialisten von allzuviel Okkultismus abrückten. Nach dem Ende der Naziherrschaft sahen sich völlig zu Unrecht einige der Neugermanen als „Widerstandskämpfer".

25 Jahre lang war in der Bundesrepublik die Beschäftigung mit Runen und Runenorakeln geradezu geächtet. Lediglich kleinere Gemeinschaften, die sich mehr oder weniger von der Öffentlichkeit fernhielten, beschäftigten sich weiter mit den „Geheimnissen" der germanischen Schriftzeichen. Anfang der 70er Jahre tauchten in der Alternativszene erstmals Runen auf, ohne daß damit eine Verbindung zu rechtsextremem Gedankengut feststellbar gewesen wäre. Die Schranke fiel erst, als Teile der New-Age-Bewegung in den USA sich für die Runenorakel zu interessieren begannen. So publizierte Ralph Blum, der Herausgeber der in Los Angeles erscheinenden Zeitschrift „The Rune Works", ein Buch über die Runen, das 1985 auch auf deutsch erschien. Bereits drei Jahre vorher hatte Werner Kosbab, der Gründer der 1982 verbotenen „Volkssozialistischen Bewegung Deutschlands" und anderer neofaschistischer Gruppen, das Buch „Das Runenorakel" veröffentlicht.

In den USA hat wurde die „Asatrú Free Assembly" (nach der isländischen Gemeinschaft „Asatrúarmenn", die das germanische Göttergeschlecht der Asen mit Stammvater Odin verehrt) gegründet, die behauptet, sie würde die echte, bisher verborgene Kraft der Runentradition vermitteln. Einige der Mitglieder der Gemeinschaft halten sich für wiedergeborene Runenmeister und -meisterinnen, die die kosmische Dimension der Runen vermitteln könnten. Die „indogermanische Seele", so die „Asatrú Free Assembly", könne durch das Christentum nicht befriedigt werden, sondern brauche die ureigene Kraft der Runen. Hier treffen sich die Ideen der kalifornischen Runen-Jünger mit denen des rechtsradikalen →Armanenordens in der Bundesrepublik: Auch diese Gruppe behauptet, das in seinen Wurzeln jüdische Christentum habe die wahre germanische Seele verweichlicht.

Diese Übereinstimmung zwischen strammen Rechten in der Bundesrepublik und den sich eher locker gebenden Asen-Anbetern aus der New-Age-Szene der USA ist nicht ganz zufällig: Über die „Arbeitsgemeinschaft naturreligiöser Stammesverbände in Europa" (ANSE), die von der Ober-Armanin Schleipfer ins Leben gerufen wurde, bestehen Verbindungen zu der als Religionsgemeinschaft anerkannten Asen-Gruppe „Asatrúarmenn" aus Island, die wiederum mit der Asatrú Free Assembly zusammenarbeitet.

Satanismus

Der Satan (hebräisch: Widersacher) ist im Alten Testament zunächst einfach der Gegner ganz allgemein (z.B. im Krieg), der Ankläger vor Gericht und schließlich auch der Ankläger vor dem göttlichen Gericht. Erst später werden dem Satan Untertanen, nämlich Dämonen, zugeschrieben. Diese wiederum sind als Nachkommen verbotenen sexuellen Beziehungen zwischen Engeln und Menschen entsprungen. Damit wird der Satan zur Verkörperung des

Bösen, zum Gegenspieler Gottes. Nach christlichem Glauben hat der Satan durch das Wirken von Jesus Christus seine Macht grundsätzlich eingebüßt. Vernichtet werden wird er aber erst am Ende der Welt.

In der Geschichte war die christliche Kirche mit dem Vorwurf des Satanskultes nicht eben sparsam. Der Satan wurde nicht als Symbol des Bösen gesehen, sondern als wirklich existierende Macht, mit der „Abtrünnige" einen Pakt eingingen. Die Verfolgung und Ermordung von Hunderttausenden von Hexen wurde mit deren Bund mit dem Satan begründet. Satan, nach christlicher Ansicht ein gefallener Engel, war stets auch von literarischem Interesse. Barockdramen beschäftigten sich mit der Gestalt des Bösen. Der Pakt, den Faust in Goethes Drama mit Mephisto (also dem Satan) schließt, brachte in der Nachfolge eine Fülle „satanischer" Literatur hervor.

Im ausgehenden 19. Jahrhundert war ein Teil des Bürgertums und auch der Intellektuellen in Europa geprägt von mystisch orientierter Sinnsuche. Die Industrialisierung, der sich andeutende endgültige Untergang der Monarchien, das Erstarken der Arbeiterbewegung, der Verlust von Privilegien brachten eine tiefe Verunsicherung mit sich. Während manche Künstlerinnen und Künstler die Fesseln des Althergebrachten abstreiften und die Moderne mit Begeisterung begrüßten, während ein relativ kleiner Teil des Bürgertums sich den demokratischen Bewegungen anschloß, wandten sich andere dem Okkulten zu. Spiritistische Sitzungen mit Tischrücken, Pendeln und Geistbefragungen waren mehr als nur ein Gänsehaut hervorrufendes Gesellschaftsspiel. Geistererscheinungen, angebliche Mitteilungen Verstorbener über Medien und andere geheimnisvolle Erscheinungen lösten ein breites Echo aus. In dieser Grundstimmung fanden Gemeinschaften, die sich mit Kräften außerhalb dieser (für viele nicht mehr zu verstehenden) Welt beschäftigten, großen Zulauf.

Ego sum Papa.

Darstellung des Papstes als Teufel, Paris, 15. Jahrhundert

239

Elitäres Bewußtsein und romantisierende Vorstellungen brachten verschiedenste Arten von Orden, Geheimgesellschaften und Logen hervor, in denen nur Eingeweihte das „Wissen" um das Wirken der Kräfte des Kosmos hatten.

Der Brite Aleister Crowley (1875-1947), der als Vater des Satanismus im 20. Jahrhundert gilt, arbeitete genau in diesem Umfeld. Er wuchs in einem streng christlichen Elternhaus auf, gegen das er bald rebellierte. In seiner Studienzeit in Cambridge verfaßte er Schriften, die auch heute noch als pornographisch gelten. Überhaupt gebärdete sich Crowley gerne sehr provozierend. So trat er während des Ersten Weltkrieges als Fürsprecher der Deutschen auf, geradezu unglaublich für die damalige Zeit. Crowley fühlte sich vom →Okkultismus angezogen und fand bald Kontakt zum führenden britischen Okkultisten Alan Bennett. Er trat dessen „Hermetic Order of the Golden Dawn" (Hermetischer Orden der Goldenen Dämmerung) bei.

Als es dem ehrgeizigen Crowley nicht gelang, die Führung der Gemeinschaft zu übernehmen, verließ er den Orden wieder und reiste mit seiner Frau nach Indien und Ceylon. Bei einer Zwischenstation in Kairo erschien 1904 das Geistwesen Aiwaz in seinem Hotelzimmer und „diktierte" ihm innerhalb von drei Tagen das Buch „Liber Al vel Legis" (Buch des Gesetzes), das bis heute als wichtigstes Werk des modernen Satanismus gilt. Crowley garnierte Aussagen, die sich gegen die strenge Moral seiner Zeit richteten („Genieße alles Sinnliche und Wollüstige und fürchte dich nicht, daß ein Gott dich dafür strafe ..."), mit allerlei Zutaten aus der indischen und altägyptischen Mystik, die er auf seinen Reisen kennengelernt hatte. Den esoterischen Charakter seines Buches unterstrich er durch die Aufforderung an die Leserinnen und Leser: „Es zeugt von Weisheit, wenn dieses Buch nach dem ersten Lesen zerstört wird."

1912 trat Crowley dem →Ordo Templi Orientis (O.T.O)

bei, dessen Führung der 1922 übernahm. In Cefalú (Sizilien) errichtete er schließlich seine Abtei „Thelema". Als Mussolini 1923 an die Macht kam, verließ er Italien. Dabei hatte er weder mit dem italienischen Faschismus noch mit dem deutschen irgendwelche Schwierigkeiten. Im Gegenteil: Der okkultistische Thule-Orden, in dem sich →Neugermanen zusammengefunden hatten, von denen einige später prominente Vertreter des Nazi-Regimes wurden, war von Crowleys O.T.O beeinflußt. Crowley ging nach Weida in Thüringen, wo er sich 1925 von seinen Anhängern als „Weltheiland" ausrufen ließ. Crowley starb 1947 in Großbritannien.

Der Satanismus der Gegenwart beruft sich vorwiegend auf die Schriften und auf das Wirken von Aleister Crowley. In der kalifornischen Gegenkultur-Szene der 60er Jahre waren die Bücher des Anti-Bürgers aufgetaucht und von einigen der „Blumenkinder" begeistert aufgenommen worden.

In den 50er Jahren bereits hatte der ehemalige Tierbändiger und Illusionist Howard Levy, der sich später LaVey nannte, den Okkultismus für sich entdeckt und in seiner Wohnung spiritistische Sitzungen abgehalten. Nach Presseberichten soll dabei auch ein in Brandy gekochter menschlicher Arm verspeist worden sein. Diese und andere Berichte erregten die Aufmerksamkeit des Filmregisseurs Kenneth Anger, der bereits einen den Vorstellungen Crowleys nahekommenden Underground-Film („Inauguration of the Pleasure Dome") gedreht hatte. Dieser Film und sein Nachfolger „Lucifer Rising" wurden von Kinoliebhabern sehr geschätzt, da mit ihnen das unabhängige Kino freier Filmemacher begründet wurde.

In Hollywood war Anger zu einiger Berühmtheit auch durch sein Buch „Hollywood Babylon" gekommen, das ganz genau die Skandale der großen und kleinen Stars der Filmstadt auflistet und mancherlei mysteriöse Vorfälle schildert. Als Motto stellte Anger dem Buch (das auch in deutscher Übersetzung erschien) einen Satz von Aleister Crowley voran: „Jedermann und Jedefrau ist ein Star." LaVey und Anger taten sich zusammen und gründeten zunächst einen „Magic Circle", aus dem in der Walpurgisnacht 1966 die „Church of Satan" (Satanskirche) entstand. Die Anhänger dieser „Satanskirche" standen in deutlichem Widerspruch zur Gesellschaft. Sie verstanden sich als Teil einer – auch kulturellen – Gegenbewegung zum Bürgertum. Aber auch manche Prominente aus dem Show-Business Hollywoods bekannten sich zur Satanskirche: Sammy Davis z.B. oder Jane Mansfield. Zu einer frühen Fassung von Angers Film „Lucifer Rising" schrieb Mick Jagger die Musik.

Unabhängig von der kalifornischen Satanskirche, sich aber ebenfalls auf Crowley berufend, entstand die Final Church von Charles Manson. Er hielt sich für Satan und Christus zugleich und verehrte Hitler. Von Mansons Gruppe wurden 1969 neun Menschen ermordet, unter ihnen die Schauspielerin Sharon Tate. Nach Europa kam die kalifornische Satanskirche über Amsterdam. Dort hatte 1972 der Schauspieler Martin Lammers eine der ältesten protestantischen Kirchen der Niederlande gekauft und einen Satanstempel errichtet. LaVeys Tochter Karla half beim Aufbau einer Satansgemeinschaft, und eine Zeitlang wurde überlegt, ob das Zentrum von Los Angeles nach Holland verlegt werden solle. In den folgenden Jahren nahm das Interesse am Satanskult immer mehr ab. Die Mode des „Bösen" fand unter jungen Leuten nur noch wenige Anhänger.

Einen gewissen Aufschwung nahm die Bewegung ausgerechnet durch die christlichen Fundamentalisten (→Fundamentalismus) in den Vereinigten Staaten. Für sie ist der Satan eine Macht, die stets aufs neue versucht, Gewalt über die Menschen zu erringen. Einen wahrhaft

THE HORRIBLE AND REVEALING STORY OF A MAN WHO MADE A PACT WITH THE DEVIL WITHOUT KNOWING IT! LITTLE WILBUR COX WAS THE PERFECT WORM, COLORLESS AND CHARACTERLESS, A MAN BORN TO BE KICKED AROUND! THEN, ONE TERRIBLE DAY, HIS WISHES BEGAN TO COME TRUE! FANTASTIC THINGS BEGAN TO HAPPEN! AND WILBUR NEVER SUSPECTED THAT HE WAS THE DESTROYER...

HELL BELOW

Der Teufel im Comic. Der Text lautet: „Die furchtbare und aufschlußreiche Geschichte eines Mannes, der einen Pakt mit dem Teufel schloß, ohne es zu wissen. Little Wilbur Cox war wie ein Wurm, farblos und charakterlos, ein Mann, wie geschaffen dazu, herumgestoßen zu werden. An einem furchtbaren Tag begannen seine Wünsche Wirklichkeit zu werden. Phantastische Dinge ereigneten sich. Wilbur hatte niemals erwartet, daß er der Zerstörer sein würde ..."

teuflischen Plan verwirklichte der Satan nach fundamentalistischer Ansicht, als einige Rockgruppen aus der Heavy-Metal-Szene begannen, mit „satanischen" Symbolen und manchmal auch ketzerischen Texten zu kokettieren. Jugendliche, die diese Musik hörten, würden so zu Satanisten gemacht.

Besonders schlaue Fundamentalisten glaubten gar herausgefunden zu haben, daß auf etlichen Schallplatten die satanische Botschaft nur dann zu hören sei, wenn man diese rückwärts abspiele. Über das Unterbewußte würden die Hörer auch dann der Gefährdung durch den Satan ausgesetzt, wenn sie die Platten oder Kassetten ganz normal hörten. Besorgte Pädagogen, Kirchenmitarbeiter und Eltern auch in Europa begannen die Plattencover zu studieren und mühten sich verzweifelt, Tonträger rückwärts abzuhören, um mit den Jugendlichen über die Gefährdung durch den Teufel diskutieren zu können. Dieses wohl gutgemeinte Verhalten erst machte die „satanische Gefahr" bekannt. Schulpsychologen berichten, daß Kinder aufgrund dessen starke Ängste, sie könnten unbewußt vom Bösen, vom Teufel beeinflußt werden, entwickelt hätten.

In der Bundesrepublik wurde verstärkt über satanistische Gruppen diskutiert, als 1993 im thüringischen Sondershausen der 15jährige Schüler Sandro Beyer von drei 17jährigen Mitschülern, die sich als Satanisten bezeichneten, ermordet wurde. Die Berliner Journalisten Liane von Billerbeck und Frank Nordhausen leuchteten den Hintergrund aus und fanden erstaunliche Querverbindungen zwischen satanistischen und faschistischen Gruppen. Das Zentrum dieser kleinen, aber offensichtlich sehr gewalttätigen Bewegung liegt demnach in Norwegen. Einer der Anführer ist Varg Vikernes, der sich Count Grishnackh nennt. Er ist Mitglied der Gruppe „Hvit Arisk Motstand" (Weißer arischer Widerstand), die auch Verbindungen zum rassistischen Ku-Klux-Clan in den USA haben soll. Vikernes wurde in Norwegen wegen Mordes an dem Sänger und selbsternannten Satanistenführer Oystein Aarseth, alias „Euronymus", zu 21 Jahren Gefängnis verurteilt.

Einer der Wortführer für die norwegischen Satans-Faschisten in der Bundesrepublik ist „Leichenschrei", der Chef der Band „Opferblut", deren Kassette „Recreate Auschwitz" heißt. Als Sprachrohr für die mordende Szene

wirkt auch ein Mann namens Hellsturm, der den faschistischen Norweger so preist: „Wenn er jemals die Chance
hat, wird er der Führer des Nordlandes, denn er ist stark
genug dafür ... Hail to you, Count Grishnackh."

Hinter dem Pseudonym Hellsturm verbirgt sich Ronald
M., der Bruder von Hendrick M., einem der Mörder von
Sondershausen. Auszug aus einem Interview, das Hell-
sturm mit Leichenschrei führte: „Waren die Nazis Okkul-
tisten? Was hältst du von den Ideen der arischen Rasse?"
Leichenschrei: „Gute Idee, das Reich von all dem
Abschaum zu säubern, der unser weißes und arisches
Land mit seinem dreckigen Blut überflutet ... Die arische
Rasse ist die einzig wahre, die Creme der Menschheit."

Verbindungen der Satanisten nach Norwegen sind um
so bedeutsamer als sich dort, abgeschirmt von der internationalen Öffentlichkeit, eine neue Nazi-Szene zu organisieren scheint.

Über satanistische Praktiken gibt es die unterschiedlichsten Berichte. Den Anhängerinnen und Anhängern
von Satans-Gruppen kommt das gelegen, da sie sich als
außerhalb der Gesellschaft stehend betrachten und jeder
Hinweis, der in der Öffentlichkeit Abscheu hervorruft, als
Beleg für die eigene Anti-Bürgerlichkeit genommen wird.
Meist aber ist die Satanshandlung eine bloße Umkehr
einer katholischen Messe – Satansdienst statt Gottesdienst.

Die Satanskirche aus Kalifornien hat am ehesten fest-
gelegte Rituale. Im Verlauf einer „Schwarzen Messe"
wird, nachdem eine Vielzahl von Schmähungen gegen
Jesus Christus ausgebracht wurde, eine Hostie entweiht.
Dies geschieht, indem die Oblate (besonders begehrt sind
solche, die in Kirchen entwendet wurden) zunächst mit
dem Körper einer nackten Frau in Berührung gebracht und
dann vom Zeremonienmeister zertreten wird.

Mit Ausnahme der Satanistinnen und Satanisten, die

Teufelspakt: In der Bibliothèque National in Paris wird ein Dokument aus dem Jahr 1616 aufbewahrt, das damals als Vertrag zwischen dem Priester Urbain Grandier aus Loudon und sieben Dämonen galt. Die Unterschriften der Dämonen: erste Zeile von links nach rechts: Luzifer, Beelzebub, Satan; zweite Zeile: Astoroth, Leviathan, Elimi; dritte Zeile: Baalbarith.

sich der kalifornischen Satanskirche zugehörig fühlen, und den o.g. satanischen Faschisten sind die Teufels-Verehrer nicht organisiert. Meist werden „Schwarze Messen" in kleinen Zirkeln zelebriert. Bei Jugendlichen ist oftmals die Mutprobe, sich nachts auf einem Friedhof aufzuhalten, interessanter als die Inhalte der Teufelsfeier.

246

Schamanismus

Im Schamanismus verbinden sich für New-Age-Anhänger und Esoteriker gleich zwei besonders interessante Erscheinungen: Die ursprüngliche Religiosität der Schamanen und die Tatsache, daß der Schamanismus besonders in sogenannten Naturreligionen zu Hause ist. Schamanen-Workshops erfreuen sich großer Beliebtheit, auch wenn die oftmals als Wunderheiler auftretenden Lehrer in ihren Heimatländern als „Plastikschamanen" verlacht werden.

Der Begriff Schamane leitet sich von tungusischen (Ostsibirien) „shaman" = anheizen, verbrennen, aber auch verrückt ab. Das Amt des Schamanen, der als Mittler zwischen den Menschen und der außermenschlichen Welt begriffen wird, ist zahlreichen Völkern in Nord- und Südamerika, Afrika, Inner- und Nordasien bekannt. Felszeichnungen in Südfrankreich, die Menschen in Tiergestalt darstellen, wurden ebenfalls als Abbildungen von Schamanen begriffen.

Zwischen Wunderheilern, Medizinmännern, Zauberpriestern und Schamanen zu unterscheiden scheint schwierig. Bei aller Unterschiedlichkeit kann man das Wirken von Schamanen so zusammenfassen:

Die Ekstase: Der Schamane versetzt sich in einen tranceartigen Zustand, um mit der außermenschlichen Welt Kontakt aufzunehmen. „Reisen", bei denen der Geist den Körper des Schamanen „verläßt", können durch das Reich der Toten, die Unterwelt, die Götterwelt führen. Ziel des Schamanen ist es, den Angehörigen seines Volkes beizustehen. Dabei kann es sich um Probleme handeln, die die Gemeinschaft betreffen, wie Krieg, Hungersnot oder Naturkatastrophen. Aber auch um Dinge, die einen einzelnen angehen, wie Krankheit. In Trance kann der Schamane durch die verschiedensten Techniken geraten: Tanz, Drogen, Meditation.

Felsmalerei aus Sibirien, 3. Jahrtausend vor Christus. Wissenschaftler glauben, daß dieses Bild von einem Schamanen gemalt wurde.

Verbindung mit dem Jenseits: Wichtig für die Schamanen ist die Verbindung mit der Götterwelt. Deswegen muß er auch eigens in sein Amt eingeweiht werden. Diese Einweihung ist ein langer Prozeß, der bei manchen Völkern Jahrzehnte dauert. Oftmals wehrt sich der zukünftige Schamane gegen seine Berufung. Erst in langwierigen inneren Kämpfen, die von Verwirrtheit, Krankheit etc. begleitet sein können, lernt der Schamane, zu seiner Berufung durch die Götter zu stehen.

Das Amt des Schamanen ist so etwas wie ein öffentliches Amt. Deswegen muß sich jeder Schamane an die Regeln halten, die sein Volk aufgestellt hat und die jeder versteht.

Wirken für die Gemeinschaft: Der Schamane als Mittler zur Welt außerhalb des Menschen tut dies für die Gesamtheit seines Volkes. Er ist derjenige, der in der Lage ist, durch seine „Reisen" in jenseitige Welten die Geschicke zugunsten seines Volkes zu beeinflussen.

Der Neo-Schamanismus des →New Age sieht sich anders als der Schamanismus der sog. Naturreligionen. Wesentlicher Unterschied ist wohl, daß der Ur-Schamane ein entbehrungsreiches Amt ausübte, das nur wenige Auserwählte bekleiden durften.

Nicht die Selbsterfahrung durch Trance und Ekstase, die Bewußtseinserweiterung o.ä. waren Inhalte schamanischen Wirkens, sondern der Dienst für die Gemeinschaft. Jene indianischen Schamanen, die in Wochenendkursen ihr angebliches Wissen vermitteln, sind eher geschickte Geschäftsleute, die sehr genau wissen, wie sie zivilisationsmüden Menschen aus den Industriegesellschaften ein romantisches, aber unrealistisches Bild der „archaischen" Kultur vermitteln können.

Spiritismus

Der Spiritismus (von lateinisch: spiritus = Geist) behauptet, daß es durch bestimmte Techniken oder Personen möglich sei, Kontakte zu Verstorbenen aufzunehmen. Spiritistische Strömungen gibt es in vielen Religionen. In der Volksfrömmigkeit war der Geisterglaube nie ganz verschwunden. Nach einer Blütezeit um die Jahrhundertwende ist er im Gefolge von →New Age und →Esoterik heute wieder im Anwachsen.

Der neuzeitliche Spiritismus ging Mitte des 19. Jahrhunderts von den USA aus. Dort war 1848 im Haus des

Farmers John D. Fox im Staat New York ein Klopfgeist aufgetreten, der sich als ein im Haus ermordeter Kaufmann zu erkennen gab. Schnell kam es auch in den anderen Teilen der USA zu solchen Erscheinungen. Zirkel, in denen Verstorbene befragt wurden, Medien, die mit verbundenen Augen den Inhalt verschlossener Briefe „lesen" konnten oder Mitteilungen aus dem Jenseits empfingen, waren überall in den Vereinigten Staaten und sehr schnell auch in Großbritannien und Europa zu finden. Das spiritistische Gedankengut konnte deshalb auf so fruchtbaren Boden fallen, weil die Menschen zu dieser Zeit (Industrialisierung) durch die Herausforderungen der Moderne überfordert waren. Sie suchten Halt und Ratschlag aus dem Jenseits. In den Vereinigten Staaten kam hinzu, daß die verschiedenen protestantischen Religionsgemeinschaften der Jahrhundertwende sehr oft von einem sehr naiven Glauben an Geister, Engel und Teufel geprägt waren. In diesen Kreisen rief es kein allzu großes Erstaunen hervor, wenn Stimmen aus dem Jenseits sich an die Menschen wandten.

Auf der anderen Seite waren es gerade die Skeptiker, die den Glauben an spiritistische Erscheinungen verstärkten. Sehr schnell hatten durchaus ernstzunehmende Wissenschaftler sich der Erscheinungen angenommen und versucht, ihnen durch genaue und vorurteilsfreie Beobachtungen auf die Spur zu kommen. Die britische „Society for Physical Research" (gegründet 1882) zum Beispiel konnte einerseits eine ganze Reihe von Schwindlerinnen und Schwindlern entlarven. Andererseits aber beobachteten die Wissenschaftler eine ganze Reihe von Geistererscheinungen, die naturwissenschaftlich nicht erklärbar erschienen. Erst heute kann die Psychologie solche Erscheinungen erklären.

Für New-Age-Anhänger und Esoteriker ist die Existenz von Geistern gar keine Frage. Sie sind davon überzeugt, daß sich unsterbliche Seelen im Irgendwo aufhalten, und sie sind nicht verwundert, wenn diese Seelen gelegentlich Kontakt zu den Lebenden suchen. Manche machen freilich die Einschränkung, daß die Seelen Verstorbener sich im Jenseits weiterentwickelten und von daher wenig Anlaß hätten, Kontakt mit den Irdischen (und ihren Problemen) aufzunehmen.

Tarot

Der Kartensatz mit 78 Spielkarten taucht in Europa zum erstenmal im 14. Jh. in Frankreich auf. Um Herkunft und um den ungeklärten Namen (ialienisch: tarocco, französisch: tarot, deutsch: Tarock) ranken sich allerlei Legenden. Sprachwissenschaftler meinen, daß das arabische Wort „taraha" = entfernen, beseitigen die Wurzel sein könnte. Das Kartenspiel dient seit alters her dazu, die Zukunft vorherzusagen.

Der älteste erhaltene Kartensatz wurde 1415 in Italien gemalt, das heute am weitesten verbreitete Blatt wurde im Jahr 1910 entworfen. In der esoterischen Szene kursieren verschiedene Entstehungsgeschichten: Tarot sei eine aus dem Umfeld des Hermes Trismegistos alias Thot, des ägyptischen Gottes der Schreibkunst, des Mondes und der Wissenschaft stammende esoterische Technik. Andere meinen, Ursprung sei die Buchstabenmystik der Kabbala (das ist eine Bezeichnung für die jüdische →Mystik). Wieder andere behaupten, Tarot ginge auf keltische Ursprüge zurück. Auch →Rosenkreuzer und Theosophen (→Theosophie) beschäftigten sich mit dem Tarot und versuchten, es im Einklang mit ihren Lehren auszulegen. Einen äußerst umfangreichen Erklärungstext, „Das Buch Thot", verfaßte der Okkultist, Theosoph und Satanist Aleister →Crowley 1944, drei Jahre bevor er in geistiger Umnachtung verstarb.

Für das Auslegen der Karten und die Interpretation gibt es eine Fülle voneinander abweichender Vorschriften. Letztlich bleibt es dem Geschick des Kartenschlägers, der Kartenschlägerin überlassen, jene Ergebnisse zu erzielen, die den Ratsuchenden am gelegensten erscheinen mögen.

Zwei Karten aus einem Tarotspiel

Kreuzritter, Darstellung aus dem Jahr 1479

Templer

Bis heute ranken sich um den Templerorden viele Legenden. Geheimes Wissen und esoterische Lehren seien im Orden angehäuft worden. Einigen wenigen Auserwählten seien diese Lehren heute noch bekannt. Eine Reihe von Neugründungen zu Beginn des 20. Jahrhunderts knüpfte an die Templer-Tradition an. Bei diesen Gruppen handelt es sich vorwiegend um gnostische, satanische oder ariosophische Vereinigungen (→Gnostik, →Satanismus, →Miosophie). Großes Aufsehen erregte ein „Templer-Orden", als 1994 in der Schweiz 48 Mitglieder einer Gruppe, die sich die „Sonnentempler" nannten, tot aufgefunden wurden.

Der Templerorden hat eine alte und sehr ereignisreiche

Geschichte. 1096 rief Papst Urban II. zum Kreuzzug gegen den Islam auf. Am 15. Juli 1099 eroberten die Kreuzritter Jerusalem. Damit war die – vorgeschobene – Begründung für diesen Kreuzzug erfüllt, nämlich die Befreiung der heiligen Stätten des Christentums. Die Kreuzritter selbst und auch die Pilger, die nach Jerusalem kamen, fühlten sich aber nicht immer sicher. Denn die Bevölkerung der Stadt empfand die Fremden als Besatzungsmacht und behandelte sie entsprechend. Hugo von Payens aus der Champagne kam deshalb auf die Idee, einen eigenen Orden zu gründen, der sich dem Schutz der Pilger widmen sollte. Mit sieben anderen französischen Rittern legte er 1119 das Ordensgelübde ab und gelobte, die Pilger aus dem Abendland zu verteidigen. Der Orden wurde in einem Flügel des Palastes von König Balduin, dem Statthalter der Kreuzritter in Jerusalem, untergebracht. Der Palast lag nahe beim Tempel, so daß der Orden den Namen Templerorden annahm. Die begüterte Gemeinschaft war ab 1139 nur dem Papst unterstellt.

Als 1244 Jerusalem wieder islamisch wurde und mit Akko 1291 die letzte Bastion der Kreuzritter in Palästina fiel, wurde der Orden überflüssig. Der französischen König Philipp IV. (1268-1314), der in Finanznöte geraten war, hatte zu dieser Zeit ein Auge auf das große Vermögen des Ordens geworfen. Deshalb brachte er den ehemaligen Tempelritter Esquiu de Floyran dazu, den Orden der Ketzerei, der Gotteslästerung, zu beschuldigen. Außerdem würden im Orden unsittliche Bräuche und Geheimlehren praktiziert. Auf dem Konzil zu Vienne 1312 wurde der Orden wegen Ketzerei und Nutzlosigkeit aufgelöst. Der letzte Großmeister des Ordens, Jacques de Molay, fand 1314 in Paris den Tod auf dem Scheiterhaufen. Er hatte seine Unschuld beteuert. Sein Geständnis, daß der Orden vom rechten Glauben abgefallen sei, war ihm unter Folter abgepreßt worden. Als das Todesurteil trotzdem vollstreckt wurde, prophezeite er dem Papst und dem König innerhalb eines Jahres das Gericht Gottes. Tatsächlich starben Klemens V. wie Philip IV. noch im gleichen Jahr 1314.

Inwieweit der Templerorden tatsächlich religiöse Überzeugungen hatte, die vom damals üblichen und gebilligten Glauben abwichen, und ob er tatsächlich gnostisches Gedankengut (→Gnosis) pflegte, was für die Zeit nicht ungewöhnlich gewesen wäre, ist heute nicht mehr feststellbar. Festzustehen scheint aber, daß sowohl Klemens V. als auch die Mehrheit des Konzils von Vienne letztlich von der „Unschuld" der Templer überzeugt waren. Offensichtlich konnte sich der schwache Papst nicht gegen den französischen König durchsetzen und sich schützend vor den Orden stellen. Das ganze „Geheimnis" des Templerordens besteht also darin, daß er einer Verleumdungskampagne ausgesetzt war. Daß sich bis heute wüste Vermutungen an die Aussagen knüpfen, die von der Inquisition aus den Tempelrittern herausgefoltert worden waren, ist das Erstaunlichste an den Templern.

Das Interesse am Okkultismus führte um die Jahrhundertwende zur Gründung einer Reihe von Orden, Geheimgesellschaften etc. wie dem Ordo Templis Orientis (O.T.O.) oder dem antisemitischen Ordo Novi Templi (ONT) des Adolf Josef Lanz.

Theosophie

Die Theosophie (aus dem griechischen Weisheits[lehre] von Gott) umfaßt zwei Hauptströmungen. Es gibt die Theosophie christlich-abendländischer Prägung, die Christus als Quelle der Weisheit bezeichnet. Hier fließen unter anderem Elemente der →Gnosis und des Neuplatonismus zusammen. Theosophen in diesem Sinne sind z.B. Dionysius Areopagita, Hildegard von Bingen, Jakob Böhme oder Emanuel von Swedenborg. Eine Richtung der Theosophie, die im Okkultismus und →Spiritismus wurzelt, wurde in entscheidenden Teilen von Helena Petrowna Blavatsky (1831-1891) formuliert. Diese Weltanschauung hatte zu Beginn des 20. Jahrhunderts großen Einfluß und ist ein entscheidender Baustein der →Anthroposophie Rudolf Steiners. New-Age-Autoren bezeichnen die Theosophie von Blavatsky als Vorläuferin ihrer Ideologie.

Die Geschichte der okkultistischen Theosophie ist also untrennbar verbunden mit Helena Petrowna Blavatsky, geb. Hahn von Rottenstein. Sie kam in Jekatarinoslaw in der Ukraine zur Welt und stammt väterlicherseits aus einem mecklenburgischen Adelsgeschlecht. Als Kind war sie offensichtlich außergewöhnlich sensibel, nahm Geistergestalten wahr und neigte zum Schlafwandeln. Mehrfach versuchten Exorzisten (→Exorzismus) der jungen Helena Petrowna die Dämonen auszutreiben. Kaum 17jährig, verheirateten ihre Eltern sie mit N.V. Blavatsky, dem 60jährigen Vizegouverneur von Erewan, der Hauptstadt Armeniens. Nach drei Monaten verließ sie ihren Ehemann und reiste nach Ungarn und Ägypten, wo sie von dem Magier Paul Metamon in die Esoterik eingewiesen worden sein soll. Als 20jährige traf sie in London Koot Hoomi, einen indischen Religionsgelehrten. Er habe ihr offenbart, daß sie eine Gesellschaft gründen werde, die sich über die ganze Welt ausbreite, berichtete Blavatsky später. Ein Jahr darauf bereiste sie Indien und unternahm den erfolglosen Versuch, als Mann verkleidet nach Tibet zu kommen.

Später trat sie als Zirkusreiterin auf, eröffnete eine Tintenfabrik und schloß sich 1867 bei einem Aufenthalt in Italien den Freischärlern um den Freiheitskämpfer Garibaldi an. 1873, als 42jährige, kam sie in die Vereinigten Staaten. Dort lernte sie den ehemaligen Oberst Henry Steele Olcott (1832-1907) kennen, mit dem sie einen spiritistischen Zirkel gündete. 1877 erscheint ihr erstes Buch „Isis Unveiled" (Die entschleierte Isis). Bereits 1875 hatte sie zusammen mit Olcott und dem Rechtsanwalt William Quan Judge (1851-1896) ihren „Miracle Club" in „Theosophical Society" (Theosophische Gesellschaft) umbenannt.

Mit Olcott reiste Blavatsky 1878/79 nach Indien, wo sie die reformhinduistische (→Hinduismus) Bewegung „Arya Samaj" kennenlernten. Sie schlossen die Theosophische Gesellschaft dieser Bewegung an und verlegten auch den Sitz der Gesellschaft nach Adyar bei Madras. Nun traten Blavatsky und Olcott auch „offiziell" zum →Buddhismus über, und in den Büchern von Helena Petrowna Blavatsky ist zunehmend davon die Rede, sie habe ihre Lehren von einem indischen „Meister" erfahren.

1884 verläßt sie in Indien. 1888 endlich vollendet Blavatsky ihr wichtigstes Buch „Die Geheimlehre", 1891 stirbt sie in London. Nach dem Tod von Helena Petrowna Blavatsky übernahm Annie Besant die Leitung der Theosophischen Gesellschaft und führte sehr stark hinduistisches Gedankengut in die Ideenwelt der Gemeinschaft ein. Ein Teil der Theosophischen Gesellschaft ist nach wie vor in Adyar ansässig.

Im Lauf der Zeit entstanden Abspaltungen und Konkurrenzgesellschaften in Europa und den USA, allein in der Bundesrepublik gibt es sechs verschiedene Gesellschaften. Entscheidender als die niedrige Mitgliederzahl und die durch Aufsplitterung geringe organisatorische Kraft ist die Tatsache, daß die Theosophie eine einflußreiche Ideologie ist. Sie hat die verschiedensten Gruppierungen, auch außerhalb des engeren theosophischen Umfeldes, bis heute entscheidend beeinflußt.

Helena Petrowna Blavatsky bezeichnete die Theosophie als „Weisheitsreligion oder göttliche Weisheit: die Grundlage und der Extrakt aller Weltreligionen und Philosophien, gelehrt und praktiziert von einigen Auserwählten, seitdem der Mensch zu denken begann". Zu den Auserwählten gehören nach Blavatskys Ansicht nicht nur die christlichen Mystiker und wesentliche Gestalten der buddhistischen wie hinduistischen Religion, sondern auch „große Geister" wie Leonardo da Vinci oder Johann Wolfgang von Goethe. An der Spitze der Auserwählten stehen Krischna, Buddha und Jesus Christus. Die Theosophen entwickelten, zum Teil nach Blavatskys Tod, die Idee, daß die „großen Meister" als „Große weise Bruderschaft der aufgestiegenen Meister" die Geschicke der Welt lenkten. Dies geschieht durch „Abstrahlung geistiger Energien". Der „Weltenplan" der „Großen weisen Bruderschaft" wird in und durch die Religionen verwirklicht. Auch das wichtigste Buch von Helena Petrowna Blavatsky, die „Geheimlehre", sei in wesentlichen Teilen von der Bruderschaft gleichsam diktiert worden.

Ein wesentlicher Gesichtspunkt innerhalb der „Geheimlehre" ist die Lehre von den „Wurzelrassen". Die Anhänger der Theosophie gehen heute bei einzelnen Formulierungen auf Distanz – immerhin hatte Adolf Hitler aus Blavatskys Buch Anregungen für seine Ideen vom „Herrenmenschentum der Arier" bezogen.

Nach Blavatskys „Wurzelrassen"-Theorie gab es zunächst die „polarische Rasse" (vor 400 Millionen Jahren) und dann die „hyperboräische Rasse" (vor 30 Millionen Jahren). Daraus entwickelte sich die „lemurische Rasse", nach Blavatsky „Ungeheuer, aus denen die niedrigen Menschenrassen entsprangen, die jetzt auf Erden durch ein paar elende aussterbende Stämme und die großen menschenähnlichen Affen repräsentiert sind". Blavatsky hatte sich bei der griechischen bzw. römischen Mytholo-

gie bedient. Für die Griechen waren die Hyperboräer ein
Volk, daß am Rand der Welt in Frieden, Seligkeit und
Licht lebte; im Winter zog sich Apoll hierhin zurück. In
der römischen Vorstellungswelt sind die Lemuren die Seelen der Verstorbenen, die des Nachts als Geister herum-
irren.

Interessanterweise war zu Lebzeiten der Blavatsky in
der Naturwissenschaft die Diskussion geführt worden, ob
es nicht eine inzwischen untergegangene Landbrücke zwischen Indien und Madagaskar, Lemurien, gegeben haben
mag. Damit wurde erklärt, daß eine ebenfalls Lemuren
genannte Halbaffenart in Indien wie in Madagaskar vor-
komme.

Vom Meer verschlungene Landstriche machte Helena
Petrowna Blavatsky gerne zu den Wohnsitzen ihrer „Wurzelrassen". Auch die nächste, die vierte, lebte in einer
Welt, die heute nicht mehr existiert – auf Atlantis. Die
nach theosophischer Ansicht exakt 9564 v. Chr. untergegangene sagenhafte Insel ist nicht nur die Heimat der
Atlantier, sondern auch die der fünften „Wurzelrasse", der
Arier. Atlantis spielt für die Theosophen, für die Anthroposophen um Rudolf Steiner, aber auch für rechtsradikale
Gruppen eine besondere Rolle. Die untergegangene Insel,
die irgendwo hoch im Norden vermutet wird, gilt als
Urwelt der Germanen/Arier, in der die Menschheit sich zu
höchster Blüte emporentwickelt hätte. Dem Untergang
von Atlantis hätten aber etliche Menschen entrinnen können, die in den Süden gewandert seien und dort die grie-
chisch-hellenistische Kultur begründet hätten, die somit
arischen Ursprungs sei. In manchen neugermanischen Zirkeln wird gar gemunkelt, daß Hitler nicht gestorben sei,
sondern sich mit einer kleinen Schar Getreuer in Atlantis
aufhalte. Eines Tages werde er mit seinen Jüngern von
dort aufbrechen (in U-Booten!), um die Welt zu befreien.
Atlantis ist so für die theosophische und auch die neuger-

manische Szene die „arische" Paradiesvorstellung, ein Paradies, das in der Vergangenheit liegt und von dem aus die Erlösung der Welt kommen wird.

Nach den Erkenntnissen der Helena Petrowna Blavatsky ist die „arische Urrasse", die auf Atlantis entstanden ist, nochmals in sieben „Unterrassen" eingeteilt: die urindische (Indo-Arier), die ägyptisch-chaldäische (Ägypter, Teile der Semiten), die urpersische, die griechisch-lateinische und schließlich die germanisch-nordische, die aus Germanen, Kelten und Slawen besteht. Da aber nach dieser Einteilung die Juden zur „arischen Rasse" gehören würden, was die antisemitisch gesonnene Blavatsky nicht zulassen konnte, weist sie ihnen einen besonderen Platz zu: Die Juden seien ein „abnormes und unnatürliches Bindeglied zwischen der vierten und fünften Wurzelrasse". Nach der Wurzelrassentheorie halten sich in der höchsten, der fünften „Rasse" nur Weiße auf. Die anderen „Rassen" gehören also zur niedrigeren vierten oder gar dritten Stufe. Blavatsky findet es deshalb logisch, daß „ein Decimierungsvorgang über die ganze Welt unter jenen Rassen (stattfindet), deren ‚Zeit um ist' ... Es ist ungenau zu behaupten, daß das Aussterben einer niederen Rasse ausnahmslos eine Folge der von Kolonisten verübten Grausamkeiten oder Mißhandlungen sei ... Rothäute, Eskimos, Papuas, Australier, Polynesier u.s.w. sterben alle aus ... Die Flutwelle der inkarnierten Egos ist über sie hinausgerollt, um in entwickelteren und weniger greisenhaften Stämmen Erfahrungen zu ernten; und ihr Verlöschen ist daher eine karmische Notwendigkeit."

Die Theosophen halten sich selbst – und in neuerer Zeit auch die Anhänger der New-Age-Bewegung – für die Vorboten einer nächsthöheren, der sechsten „Wurzelrasse".

Tibetisches Totenbuch

Das Tibetische Totenbuch „Bardo-thodol" (Befreiung durch Hören im Zwischenzustand) ist wahrscheinlich vor dem 5. Jahrhundert entstanden und wurde im 14. Jahrhundert in einer Höhle entdeckt. Das geheimnisumwitterte Buch gibt dem Sterbenden die Möglichkeit, zur „befreienden Einsicht" zu gelangen. Die „befreiende Einsicht" bedeutet, daß die Seele sich aus dem Kreislauf der Wiedergeburten löst. Aber auch bereits Verstorbene (bis längstens 49 Tage nach dem Tod) können im Zwischenzustand, wenn also die Seele den Körper bereits verlassen, aber noch keinen neuen Körper „gefunden" hat, zur „befreienden Einsicht" finden. Bei Esoterikern (→Esoterik) findet das Tibetische Totenbuch große Aufmerksamkeit, weil hier sehr anschaulich der Weg des Sterbenden geschildert wird und die Leser sich Aufschlüsse darüber erwarten, was während des Sterbens und danach geschieht.

Transzendentale Meditation

Die Meditationstechnik „Transzendentale Meditation" (TM) wurde von Maharishi Mahesh Yogi (eigentlich: Mahesh Prasad Varma) in den Westen gebracht. Insgesamt soll es 2 Millionen Anhänger geben, davon ca. 50 000 in der Bundesrepublik. Unterorganisationen der Gruppierung sind u.a.: Initiative zur Förderung der Friedensfähigkeit, Internationale Meditationsgesellschaft, Gesellschaft zur Förderung der Transzendentalen Meditation, Students International Meditation Society, Weltplan Centre, Maharishi-Institut für Ayurveda GmbH, Verein zur Persönlichkeitsentfaltung. Die „Naurgesetzpartei", die an Europa- und Bundestagswahlen teilnahm, vertritt die Ideologie der TM.

Die Gruppierung wurde 1958 von Maharishi Mahesh Yogi (* 1918) gegründet, sie trägt auch den Namen „Wissenschaft der kreativen Intelligenz". Der →Guru beruft sich auf den hinduistischen (→Hinduismus) Religionsführer Svami Brahmananda Sarasvati als seinen göttlichen Lehrer. 1959 übersiedelte Maharishi Mahesh Yogi in die USA, wo er bald eine kleine Anhängerschar fand. 1976 gründete er die „Weltregierung des Zeitalters der Erleuchtung". In großformatigen Anzeigen in den wichtigsten Zeitungen der Welt verkündet er: „Die Weltregierung des Zeitalters der Erleuchtung erklärt ihre Bereitschaft, die Probleme jeder Regierung zu lösen, ungeachtet des Ausmaßes und der Natur des Problems." In den Berichten der Bundesregierung und verschiedener Bundesländer wird die „Transzendentale Meditation" als sog. →Jugendreligion aufgeführt. Klagen der Gruppierung dagegen hatten keinen Erfolg.

Durch die „Transzendentale Meditation" soll, so verspricht es die Gruppierung, die Seele frei und wieder Teil der höchsten Gotteskraft werden. Im Zentrum des Wirkens von TM steht die Meditation mit Hilfe eines Mantras (Mantra), eines oftmals einsilbigen Schlüsselwortes. Ziele der Meditation sind Entspannung, erhöhte schöpferische Energie und Erleuchtung. Wer sich für die Tranzendentale Meditation interessiert, wird zunächst zu zwei Einführungsvorträgen eingeladen. Die eigentliche Einführung in die Mediationstechnik geschieht in Einzelsitzungen mit einem TM-Lehrer. Nach eineinhalb Jahren regelmäßigen Meditierens wird die nächste Stufe angeboten, die „Sidhi-Technik". Mit dem Sidhi-Programm sollen „supranormale Fähigkeiten" vermittelt werden wie „Fliegen, Sich-Unsichtbar-Machen und Durch-die-Wand-Gehen".

Wenn nur ein Prozent der Bevölkerung die „Transzendentale Meditation" ausübe, so verkündet die Gruppierung, würden Frieden und Gerechtigkeit auf der Welt einkehren. Die allen Kulturen bekannten positiven Wirkungen von Meditation werden von der „Transzendentalen Meditation" völlig übertrieben dargestellt. In einer Broschüre der Gemeinschaft heißt es: „Aus der einzigartigen Gehirnwellenaktivität während der Transzendentalen Meditation ergeben sich mehr Selbstbewußtsein, gesteigerte Intelligenz und Kreativität, ein erhöhtes Lernvermögen, verbesserte Kommunikation sowie die Fähigkeit, zunehmend natürlich und richtig zu handeln ... Die Methode kann von jedermann leicht erlernt und angewandt werden."

Die „Transzendentale Meditation" wird insbesondere deswegen kritisiert, weil seelisch angegriffene Menschen, die sich an die Gemeinschaft wenden und durch die Meditation einen Weg zur Bewältigung ihrer Probleme finden wollen, in Abhängigkeit von den TM-Lehrern geraten können. Diese haben durchwegs keinerlei fachliche Ausbildung, um sich mit solchen Menschen auseinandersetzen zu können. Die in letzter Zeit verstärkt angebotene „Maharishi Ayur-Veda", eine Mischung aus den Meditationstechniken und der alten indischen Heilkunst →Ayurveda, verspricht einen „allumfassenden Heilungsansatz". Dabei wendet sich die Gemeinschaft an bestimmte Patientengruppen wie Aids-Kranke und „verheißt" ihnen Heilung.

Ufo

Die „Unidentified Flying Objects", die Ufos also, beschäftigen viele Leute nicht erst, seit von Menschen gemachte Flugkörper am Himmel zu sehen sind (und häufig für UFOs gehalten werden): Bereits in der römischen Antike war von „fliegenden Schilden" die Rede. In der UFO-Bewegung finden sich Menschen zusammen, die jeden Bericht über UFOs sammeln und häufig aus sog. Geheimberichten verschiedener Regierungen zitieren, in denen von unbekannten Flugobjekten die Rede ist. Außerdem gibt es „Ufologen", die berichten, sie seien von Außerirdischen entführt worden und hätten „geheimes Wissen" aus der Weite des Universums mitgebracht.

Die „Ancient Astronaut Society", die vor allem in den USA aktiv ist, verbreitet die Meinung, der Mensch sei von Außerirdischen geschaffen worden. Die „Rael-Bewegung" des ehemaligen Sportjournalisten Claude Vorilhorn verehrt ihren Gründer als „Prophet und Messias des wissenschaftlichen Zeitalters". 1975 unternahm der Prophet angeblich eine Reise durch den Weltraum und traf Moses, Buddha, Mohammed und Jesus.

In der Schweiz gründete Eduard Meier, genannt „Billy", das „Semjase Silver Star Center – Freie Interessengemeinschaft für Grenz- und Geisteswissenschaften und Ufologiestudien". Seine Einsichten erhält „Billy" Meier von den Außerirdischen „Asket" und „Semjase", die aus dem Kosmos antisemitisches Gedankengut ekelhaftester Sorte mitbringen: „Vielleicht erkennen die Verantwortlichen in Deutschland und in den übrigen Ländern der Erde dann auch endlich die Wahrheit, daß nämlich die Israelis seit alters her die mörderische Methode verfolgen, ihre Auszubeutenden in angeblicher Freundschaft trunken zu machen, um sie dann im Vollrausch abzuschlachten und auszurotten."

Auch die größte bundesdeutsche Ufologengesellschaft, die „Deutsche Ufo-Studiengesellschaft (DUIST)", hat Verbindungen zur rechtsradikalen Szene. So ist DUIST Mitglied der Hermann-Oberth-Gesellschaft. Hermann Oberth (1894-1989), der deutsche Raketenpionier, der entscheidenden Anteil an der Entwicklung der Nazi-„Wunderwaffe" V 2 hatte, war Ehrenmitglied der „Deutschen Ufo-Studiengesellschaft". Oberth hatte seine rechtsradikale Gesinnung nie verleugnet und war Mitglied der NPD. Auch durch die populär-„wissenschaftlichen" Bücher des Bestsellerautors Erich von Däniken ist die Idee, verschiedene in der Bibel geschilderte Geschehnisse seien auf die Anwesenheit von Außerirdischen in der Vorzeit zurückzuführen, populär geworden.

Verschiedene
Religionen,
Gruppen und Begriffe

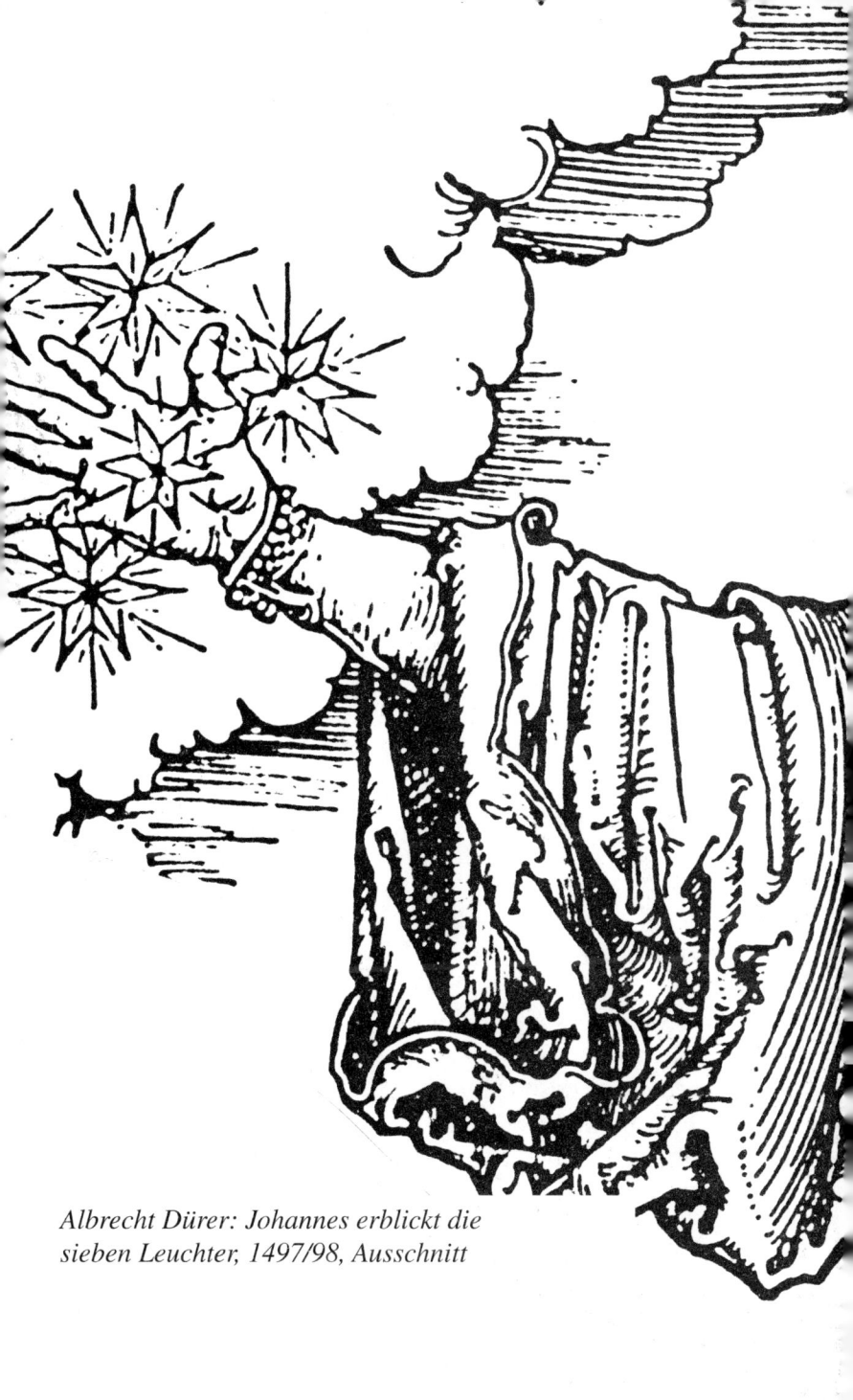

*Albrecht Dürer: Johannes erblickt die
sieben Leuchter, 1497/98, Ausschnitt*

Afroamerikanische Religionen

In Mittel- und Lateinamerika gibt es zahlreiche Religionen, die ursprünglich aus Afrika kommen. Sie heißen z.b. Candomblé, Umbanda, Macumba, Voodoo oder Santeria.

Ab dem 16. Jahrhundert wurden mehr als 10 Millionen Menschen als Sklaven von Afrika nach Nord- und Südamerika verschleppt. Sie mußten auf Plantagen schuften, waren für die weißen Eroberer Amerikas rechtlose und billige Arbeitskräfte. Die schwarzen Zwangsarbeiter und -arbeiterinnen brachten aus ihrer Heimat (vor allem West- und Zentralafrika) natürlich ihre Religionen, ihre Sagen und Mythen mit. Oft wurden sie von ihren Besitzern gezwungen, sich christlich taufen zu lassen. Ihre alten Religionen aber, die in den verschiedenen Muttersprachen überliefert wurden, behielten sie bei.

Die Kinder der Sklaven und deren Kinder wiederum übernahmen jedoch auch Teile des christlichen Glaubens, da sie ja die Religion ihrer Herren annehmen mußten. Trotzdem vergaßen sie den Glauben ihrer Ahnen in Afrika nicht.

Die verschiedenen afroamerikanischen Religionen finden wir heute vor allem in Mittel- und Südamerika, viel weniger in Nordamerika (also den USA und Kanada). Das liegt daran, daß in Nordamerika christliche Missionare bereits sehr früh unter den Sklaven zu wirken begannen. Zwar wurden die Sklaven unmenschlich behandelt. Aber die (meist methodistischen und baptistischen) christlichen Missionare wollten wenigstens die Seelen der Verschleppten retten. Also tauften sie die Sklaven und sorgten dafür, daß sie zur Kirche gehen durften. Heute werden die afroamerikanischen Religionen vor allem in Brasilien und in der Karibik praktiziert. Dort haben sich drei verschiedene Glaubensrichtungen entwickelt.

Candomblé vereinigt Einflüsse von Christentum und

der Yoruba-Mythen. Die Yoruba wohnten und wohnen in Westafrika (heute meist in Nigeria). Viele von ihnen wurden als Sklaven verschleppt. Im Lauf der Zeit verschmolzen ihre Mythen und Sagen mit Elementen aus dem Christentum. Etwa 400 verschiedene Gottheiten (Orixás) kennt die alte Yoruba-Religion. Diese Orixás sind in der Candomblé-Religion oft deckungsgleich mit Gestalten aus dem Christentum. So ist die Gottheit Oxalà zugleich auch Jesus Christus.

Der Gottesdienst wird meist von Priesterinnen geleitet. Er findet im Terreiro statt, der symbolischen Darstellung eines afrikanischen Dorfes. In der Mittes dieses Platzes sind der heilige Pfahl und das Kreuz aufgestellt, in den Bauten rund um den Platz wohnen die Orixás und die Geister der Ahnen. Götter und Ahnen können nach Meinung der Gläubigen in die Körper der Priesterinnen „schlüpfen“, also von ihnen Besitz nehmen. Die Gottesdienstbesucher befragen dann die Geister.

Die *Macumba*-Religion hat ihren Ursprung bei Völkern, die früher in Süd- und Zentralafrika wohnten. Macumba heißt bis heute im südlichen Afrika der heilige Baum, unter dem religiöse Feiern stattfinden. Die brasilianische Macumba-Religion ist vor allem eine Religion der armen Leute. Sie fand ihren Weg aus den Armutsvierteln der Schwarzen auch zu den armen Weißen des südamerikanischen Landes.

Der Gottesdienst findet unter der Leitung eines Priesters, des Macumbeiro, statt. Der Altar des Versammlungsraumes ist meist mit christlichen Heiligenfiguren geschmückt. Während des Gottesdienstes werden Ziegenböcke und Hähne geopfert. Eine wichtige Rolle spielt der Tanz, bei dem die Menschen oft in Trance geraten.

Auch die *Umbanda*-Religion vereinigt Teile von verschiedenen Religionen. Die Anhänger glauben an die Wiedergeburt. In jedem neuen Leben kann man die Fehler des vorausgegangenen abbüßen und so immer vollkommener werden, bis man schließlich in den Kreis der „guten Geister" aufgenommen wird. Die „guten Geister" helfen den Menschen, ein gottgefälliges Leben zu führen. Zu ihnen gehören auch die Engel und die christlichen Heiligen, oberster der „guten Geister" ist Jesus Christus.

Der Gottesdienst wird von Priesterinnen und Priestern geleitet. Auch hier können die Gläubigen bis zur Trance tanzen und so in Verbindung zu den Geistern kommen.

Voodoo (Wodu) wird hauptsächlich auf der Karibikinsel Haiti (knapp sechs Millionen Einwohner) praktiziert. Ursprünglich kommt die Religion aus dem westafrikanischen Togo, woher auch der Name stammt. Voodoo bedeutet soviel wie „schützender Geist". Der Glaube ist heute anerkannte Religion in Haiti, ein Voodoo-Zeichen ziert auch die Staatsflagge der Insel.

Voodoo und die Umbanda-Religion unterscheiden sich nur wenig. Allerdings wurde Voodoo bei uns viel bekannter, weil bei diesem Kult die Zombies eine Rolle spielen. Ein Zombie ist eigentlich eine Schlangengottheit. Aber auch wiederbelebte Tote (Untote) werden so genannt. In vielen Horrorfilmen lehren Zombies die Zuschauer das Gruseln.

Die Voodoo-Religion spielte in Haiti auch eine politische Rolle. Für die Schwarzen, die Nachkommen der Sklaven, war Voodoo ein einigendes Band, als sie sich im 18. Jahrhundert gegen die Herrschaft der Weißen auflehnten. Für sie war Voodoo der Kult ihrer Ahnen, die Erinnerung an Afrika, war aber auch ihre eigene Religion, die sich deutlich vom „weißen" Katholizismus unterschied. Zugleich boten die geheimen Zeromonien des Voodoo die Möglichkeit, sich ohne Kontrolle durch die Kolonialherren zu treffen.

Der Gottesdienst der Voodoo-Anhänger ähnelt stark dem des Macumba. Priester und Priesterinnen tanzen, bis sie in Trance verfallen. Dann können sie zwischen den Geistern und den Menschen vermitteln. In der Vorstellung des Voodoo reiten die Geister und Götter auf den Tanzenden, steuern sie. Wer sich in Trance getanzt hat, wird deshalb cavalo (Pferd) genannt. Die guten, also die „beschützenden Geister", die Voodoos, können die Macht der bösen Geister, der Dämonen, brechen.

Eine andere afroamerikanische Religion, die vor allem auf der Karibikinsel Jamaika praktiziert wird, ist bei uns ebenfalls sehr bekannt geworden: der Glaube der Rastafarier. Die Reggae-Musik (z.B. von Bob Marley) machte diese Glaubensrichtung weltbekannt. Auch die Tatsache, daß der Glaube den Genuß des Rauschmittels Ganja, einer Art Marihuana, nicht verbietet, machte ihn unter jungen Leuten im Westen populär.

Die Anhänger nennen sich Rastafarier nach Ras Tafari Makonnen, dem bürgerlichen Namen des äthiopischen Kaisers Haile Selassie (1892-1975). Ras Tafari Makonnen wurde 1930 zum Kaiser von Äthiopien gekrönt. Äthiopien war zu dieser Zeit das einzige afrikanische Land, das nicht unter Kolonialherrschaft (also der Herrschaft der Weißen) stand. Der Gründer der Rastafa-Religion, der Jamaikaner Marcus Mosiah Garvey (1887-1940), bezeichnete den Haile Selassi als Messias (als von Gott gesandten Erlöser), der gekommen sei, um die Schwarzen nach Afrika zurückzuführen. Die Rastafa-Religion lehnt sich auch an die christliche Bibel an. Sie wird zum Teil wörtlich ausgelegt. So sollen die Gläubigen vegetarisch leben und auf Salz verzichten. Auch die Art, wie Haare und Bart getragen werden sollen, geht auf das Alte Testament zurück.

Animismus

Lateinisch heißt die Seele „animus/anima". Mit dem Fremdwort Animismus wird der Glaube bezeichnet, alle Dinge (und nicht etwa nur der Mensch) hätten eine Seele. Diesen Glauben gibt es in allen Kulturen.

Heute glauben vor allem die Anhänger des →New Age daran, daß jede Pflanze, jedes Tier, jedes Ding eine eigene Seele und damit auch ein eigenes Leben hätte. Manche glauben auch, daß man mit dieser Seele (zum Beispiel eines Baumes) in Verbindung treten könne. Der Baum, oder besser gesagt der Geist des Baumes, würde dann zu den Menschen sprechen können.

Fundamentalismus

Der Begriff wird heute in der politischen Diskussion häufig verwendet. Meist werden strenggläubige Muslime als „Fundamentalisten" bezeichnet. Ursprünglich aber wurde eine religiöse Richtung innerhalb des Protestantismus der USA so genannt. Der Begriff geht zurück auf die von konservativen Theologen verfaßte Schriftenreihe „The Fundamentals. A Testimony of the Truth", die zu Beginn des 20. Jh. erschien. Die fundamentalistischen Gotteswissenschaftler stellten darin, wie auch in anderen Schriften, die absolute Irrtumslosigkeit der Bibel fest. In der Bibel als Offenbarung des Wortes Gottes sei ein Irrtum vollkommen ausgeschlossen, da sich Gott nicht täuschen könne. Besonders scharf gingen (und gehen bis heute) diese Fundamentalisten mit der Evolutionstheorie ins Gericht. Diese Theorie besagt, daß die Erde und die Lebewesen in ihrer heutigen Gestalt sich über einen viele Millionen Jahre dauernden Anpassungsprozeß entwickelt hätten. Mehrfach mußten sich Gerichte in den USA auf Antrag von Fundamentalisten damit beschäftigen, ob die Entstehung der Welt an Schulen in naturwissenschaftlichem Sinne gelehrt werden dürfe.

Ihren größten politischen Erfolg hatten die Fundamentalisten während der Regierungszeit (1981-1989) von US-Präsident Ronald Reagan, der selbst zu einer fundamentalistischen Gemeinde zählte. Er brachte viele seiner Glaubensfreunde in entscheidende politische Stellungen. Die rückwärts gewandte Haltung in allen entscheidenden Fragen verbinden die christlichen Fudamentalisten in den USA mit der Nutzung moderner technologischer Mittel. Die Electronic Churches, TV-Sender, die das Gedankengut des Fundamentalismus verkünden, tun dies mit allen Finessen, die Video-Technik und Hollywood-Dramaturgie bereithalten.

Nach dem Zusammenbruch des Ostblocks und damit dem Wegfall eines der wichtigsten Feindbilder wurde die Verkündung einer sehr strengen Sexualmoral Schwerpunkt der fundamentalistischen Arbeit. Die Bewegung arbeitet hier relativ erfolgreich: 1994 hinterlegten 200 000 US-amerikanische Teenager die Selbstverpflichtungserklärung, daß sie „unbescholten" in die Ehe gehen wollten.

Der islamische Fundamentalismus fand eine breite öffentliche Aufmerksamkeit, als im Iran 1979 die Regierung des Schah Resa Pahlewi von islamistischen Kräften um Ayatollah Khomeini gestürzt wurde. Die Wurzeln des islamischen Fundamentalismus sind vergleichbar denen des protestantischen: Die heilige Schrift, hier des Koran, wird absolut wörtlich genommen. Mit dem Koran in der Hand werden Liberalität und Toleranz bekämpft. Beim islamischen Fundamentalismus kommt hinzu, daß er sich als antiwestlich, teilweise auch als antikapitalistisch begreift. Der in vielen Ländern feststellbare Vertrauensverlust in die westliche Lebensweise führte oft zu einer stärkeren Hinwendung zum Islam, und dort zu den eher fundamentalistischen Kräften.

Der jüdische Fundamentalismus begreift sich ebenfalls zum Teil politisch. Meist geht es darum, eine Vergrößerung des Staates Israel und die Leugnung der Rechte der Palästinenser aus der Religion heraus zu rechtfertigen. Es gibt freilich auch jüdische Fundamentalisten, die den Staat Israel völlig ablehnen. Sie meinen, erst der Messias könne diesen Staat schaffen.

Hexen

Hexen sind nach dem Volksglauben heilkundige Frauen (seltener Männer), die durch verborgenes Wissen um magische Kräfte und durch Kenntnis der Naturmedizin in der Lage sind, Menschen von Krankheiten zu befreien, aber auch zu „verzaubern". Die „modernen Hexen" sehen ihre Wurzeln in einer „Ur-Religion der Großen Göttin". Die Hexen seien Töchter der Schöpferin, der Ur-Göttin.

Für feministisch orientierte Hexen ist die Auseinandersetzung mit den Hexenverbrennungen des Mittelaters besonders wichtig. Sie werden als die Auslöschung uralten Frauenwissens um die Zusammenhänge in der Natur gesehen. Insbesondere die Kenntnisse der Empfängnisverhütung und der Heilkunde seien den Kirchen-Männern als gefährlich und deshalb ausrottenswert erschienen. Tatsächlich hatte insbesondere im 16. bis in die Mitte des 17. Jh. die Hexenverfolgung den Charakter eines Massenwahns angenommen. Der allgemeine wirtschaftliche und politische Niedergang zu dieser Zeit hatte zu der Gewißheit geführt, daß die Macht des Satans immer größer würde. Die auch von der Kirche verbreitete Meinung, die Hexen hätten mit dem Satan einen Pakt abgeschlossen und würden überdies geschlechtlich mit ihm verkehren, war in der Bevölkerung auf ein breites Echo gestoßen und hatte ein Fülle von Verleumdungen zur Folge. Da in Hexenprozessen „Geständnisse" unter Folter erpreßt worden waren, glaubten viele Menschen, die Hexen würden kleine Kinder schlachten und Orgien feiern.

Der „Hexenhammer" (Malleus maleficorum), ein 1487 erschienenes Buch der Dominikanermönche Jakob Sprenger und Heinrich Institoris, faßte alle Vorurteile gegenüber Hexen zusammen und lieferte so über einen längeren Zeitraum hinweg die Rechtfertigung für die Massenmorde. Der „Hexenhammer" wurde in den Prozessen wie ein „Gesetzbuch" betrachtet. Die Aufforderung der beiden Mönche, die Frauen zu foltern, wurde allgemein befolgt. Entsprechend der christlichen Sexualmoral wurden Frauen im „Hexenhammer" als „triebhafte Wesen" und „Verführerinnen" geschildert. Die geistig höherstehenden Männer müßten sich gegen die Frauen zur Wehr setzen. Noch 1775 wurde in Kempten eine Frau als Hexe hingerichtet.

Daß Teile der Frauenbewegung sich mit den Hexen identifizierten, zeigte sich zum erstenmal 1977 in Italien. Damals hatten sich bei einer Demonstration wegen der Vergewaltigung eines Mädchens Frauen als Hexen verkleidet, um „die Nacht zurückzuerobern". Diese, zunächst wohl auch ironisch gemeinte, Rückerinnerung an die Hexenvergangenheit traf sich mit der Diskussion mancher Feministinnen über eine weibliche Religiosität.

Aber auch das Buch „Witchcraft Today" (1954) von Gerald B. Gardner, dem ehemaligen Direktor des Hexenmuseums der Isle of Man, der stark von Aleister →Crowley beeinflußt war, schuf die Grundlagen für den „Wicca-Kult" zunächst in Großbritannien. Wicca ist das altenglische Wort für „weise Frau"; später wurde es zu witch = Hexe.

Die US-amerikanische Hippie-Bewegung der 60er Jahre nahm den Wicca-Kult begierig auf. Über diesen Umweg erreichte der Wicca-Kult auch Teile der esoterischen und feministischen Szene. Durch die Medien wurden die Hauptvertreterinnen der modernen Hexen in den USA auch bei uns bekannt. Insbesondere Miriam Simons übte auf die bundesdeutsche Szene Einfluß aus. Die Psychologin und Therapeutin aus San Francisco, die unter dem Namen Starhawk auftritt, hatte in ihrem Buch „Der Hexenkult als Ur-Religion der Großen Göttin" die Meinung vertreten, die Frauenbewegung sei sowohl politisch als auch magisch-spirituell. Nach Starhawk ist es Ziel des Hexenglaubens, nicht Gott zu erkennen, sondern Gott zu sein. Eine besondere Rolle spielt dabei die Verehrung des Mondes, der Mondin, wie die Wicca-Anhängerinnen sagen. Es werden drei Phasen im Mondlauf unterschieden. Die wichtigste ist der Vollmond. Diese drei Phasen entsprechen den drei Gestalten der Großen Göttin als Jungfrau, Mutter und Greisin, die wiederum jede Frau in sich birgt.

Die 13 gilt als magische Zahl: 13mal im Jahr werden bei Vollmond Hexentreffen gefeiert, eine Wicca-Gruppe umfaßt höchstens 13 Mitglieder. Viele Hexengruppen kennen drei Einweihungsgrade. Nach der Erlangung des ersten Grades bekommen Hexen von der Hohenpriesterin ein Handbuch, das „Grimoire", ausgehändigt, das Rezepte für Räucherungen, Kräutermischungen, Weine, Met etc. enthält.

Manchmal treffen sich die Hexen und Hexer auch zu Ritualen, die einer interessierten Öffentlichkeit zugänglich sind. Argante, die Priesterin einer Wicca-Gruppe, schilderte der Autorin Gisela Graichen den Ablauf eines öffentlichenn Rituals: „... dann werden die Gottheiten angerufen, und alle wiederholen das. Wie, das überläßt man dem Zufall. Das sind kurze Lieder, die man ziemlich schnell lernen kann, die eine einfache Melodie haben, die man immer von vorne singt. Dadurch bildet sich Energie, und die Leute werden einfach kribbelig, können nicht mehr stillstehen; man fängt an zu rennen, läuft im Kreis. Das gibt immer mehr Energie. Und wenn die Energie so groß ist, daß man nur noch vibriert, dann sagt die Hohepriesterin: ‚Jetzt laßt die Energie los.‘ Man reißt die Arme hoch und stellt sich vor, daß die Energie aus den Händen, aus dem Kopf auf die Mitte zufließt, sich bündelt. Das ist wie bei einem Hurrican, daß dadurch so eine Tüte entsteht und die Energie weggeht auf das Ziel zu, das man sich vorgestellt hat. Dieses Ziel ist vorgegeben, oder man sagt generell, das Ziel ist Heilung. Hinterher ist man so fertig, die Energie schießt ja nur so raus aus einem. Dann kommt die totale Abschlaffung. Man legt sich auf den Boden und erdet sich. Das ist ganz, ganz wichtig, denn wenn man Restenergie in sich hat, dann wird der Körper so unruhig, dann kann man nachts nicht schlafen, dann ist man kribbelig. Also das, was man nicht mehr braucht, gibt man der Erde zurück. Ich kann aber auch die Restenergie, die zum Schluß noch da ist, für mich nehmen. Wenn zum Beispiel meine Schulter weh tut, tu' ich dort ein wenig Restenergie rein, um das zu heilen.“

Die einzelnen Wicca-Gruppen von 13 Hexen und Hexern arbeiten unabhängig voneinander und sind nicht miteinander vernetzt. Es gibt auch Hexen, die alleine praktizieren. Kenner der Szene schätzen, daß es alleine in New York 10 000 Menschen gibt, die sich als Hexen bezeichnen. Die Zahl der Hexen in der Bundesrepublik ist nicht bekannt.

Jugendreligionen

Der evanglische Sektenbeauftrage Friedrich Wilhelm Haak prägte den Begriff Neue Jugendreligionen. Haak wollte mit diesem neuen Begriff über das vorher häufig verwendete Wort Jugendsekten hinausgehen, das als zu ungenau empfunden wurde.

Sekten werden normalerweise als Abspaltungen von Großorganisationen gesehen. Die Mitglieder dieser Sekten haben sich in freiwilliger Entscheidung von der Gesamtorganisation getrennt. Diese Freiwilligkeit ist aber bei verschiedenen Jugendreligionen sowenig gegeben wie die Loslösung von einer Gesamtorganisation. Nach Haak sind es drei wesentliche Kennzeichen, die die Jugendreligionen miteinander verbinden: „a) die Behauptung ein ‚rettendes Prinzip' zu besitzen, b) eine als ‚gerettete Familie' sich verstehende Kerngruppe und c) ein lebender ‚heiliger Meister'".

Folgende Gruppen werden von Haak als wichtigste Jugendreligionen bezeichnet:

Die →Vereinigungskirche, →Kinder Gottes, →Hare Krischna, →Divine-Light-Mission, die →Scientology Church, die Gesellschaft für →Transzendentale Meditation, die Gruppe um Bhagwan (→Osho) und schließlich →Ananada Marga. Die deutsche Bundesregierung schloß sich in ihren Berichten zu Jugendreligionen im wesentlichen der Sichtweise Haaks an.

Mazdaznan

Der Name der Organisation kommt aus dem Persischen und bedeutet „Meister des Gottesgedanken". Gegründet wurde die Gruppe im Jahr 1917 von Otoman Z.A. Ha'nish (1844-1936), der sich vorwiegend auf die Lehren Zarathustras berief. Die Anhänger der Gruppe verstehen sich als Vertreter einer sog. arischen Urlehre, deren Inhalt mit den Sätzen Gutes denken, Gutes reden, Gutes tun umschrieben wird. Praktiziert werden auch besondere Waschungen und eine spezielle Atemtechnik, da sich in den Lungen ein „Lebenszentrum" befindet. Zum Glauben der Mazdaznaanhänger gehört auch die Vorstellung, daß Christus am Kreuz nicht gestorben, sondern nach seiner Grablegung durch einen Geheimgang aus der Grabkammer gerettet worden sei. Zur Zeit gibt es in der Bundesrepublik etwa 15 Mazdaznan-Gruppen, die sich logenartig organisiert haben.

Mystik

Der Begriff kommt vom griechischen myein „die Augen schließen". Damit wird bereits ein wesentlicher Grundzug der Mystik klar: Es geht um die innere Schau Gottes. Mystische Elemente gibt es den meisten Religionen, teilweise auch im Sinn einer Geheimlehre. Im Christentum war die Mystik insbesondere im Mittelalter ausgeprägt (z.B. Meister Eckhart oder Hildegard von Bingen). Im Islam spielen die sufistischen (→Sufismus) Mystiker eine Rolle, im →Hinduismus und →Buddhismus finden sich ebenfalls viele Hinweise auf mystisches Denken. Durch die Anhänger der New-Age-Bewegung (→New Age), die teilweise versuchten, westliche und östliche Mystik zu verbinden, erlebte sie in den letzten 20 Jahren eine Wiederbelebung. Die ältesten schriftlichen Zeugnisse mystischen Denkens finden sich in den indischen Schriften der

Veden (→Hinduismus). In der Geschichte der Mystik des Abendlandes sind die Schriften des Pseudo-Dionysius wichtig. Er lebte als geistlicher Führer im 5. Jahrhundert n. Chr. Pseudo-Dionysius hatte unter dem Namen Dionysius Areopagita (des in der Apostelgeschichte des Neuen Testamentes erwähnten ersten Bischofs von Athen) mehrere Schriften verfaßt, die Christentum und →Neuplatonismus zusammenzuführen versuchten. Im 9. Jahrhundert wurden diese Schriften ins Lateinische übersetzt und galten lange als Zeugnisse des Urchristentums.

Pseudo-Dionysius hatte, darin indischem Denken durchaus ähnlich, das Geschick der Welt als einen Kreislauf aufgefaßt, der in Gott beginne und zu Gott zurückkehre. Gott wurde dabei begriffen als über alle Vorstellung hinausgehend, als unerkennbar. Wolle man Gott erreichen, müsse man alle Erkenntnisse negieren und in eine „Wolke des Nichtwissens" eintreten.

Christliche Mystik beeinflußte auch später abendländisches Denken: Im Barock zum Beispiel steigerte sich die Sehnsucht nach Gott zu einer geradezu süßlichen Inbrunst und beeinflußte auch Literatur und bildende Kunst.

Teile der Hippiebewegung der 60er Jahre setzten auf eine Bewußtseinserweiterung durch Drogen. Dabei wurde ein bunt zusammengewürfeltes Gottesbild aus den verschiedensten Religionen, gemischt mit allerlei okkulten (→Okkultismus) Vorstellungen aus unterschiedlichen Kulturen, entworfen. So konnte jeder, der nach der Einnahme von Drogen Vorstellungen oder Bilder aus dem Jenseits „sah", sich seine persönliche mystische Sicht zurechtlegen.

Die Esoterik- und New-Age-Mystik versucht der Sehnsucht vieler Menschen nach einer Sinngebung gerecht zu werden. Für viele Menschen ist die Welt mit allen ihren komplizierten Problemen nicht leicht zu durchschauen. Sie flüchten sich statt dessen ins „Jenseits". Die Suche nach solchen Jenseitserfahrungen beschert den verschiedensten Gruppen und Grüppchen stetigen Zulauf. Im Gegensatz zur traditionellen christlichen, islamischen oder jüdischen Mystik, die außerordentlich schwer zu verstehen sind und eigentlich eines lebenslangen Studiums bedürfen, wird auf dem neuen Markt der Religiosität leichter verdauliche Kost angeboten. Entscheidend ist dabei, daß auf diesem blühenden Markt vielen Menschen ein Jenseits vorgestellt wird, das die Probleme der Welt und ihre Bewältigung vergessen machen soll.

Neuplatonismus

Die letzte der Denkschulen des antiken Griechenlands entstand um 200 n. Chr. Sie wirkte stark auf das Denken der mittelalterlichen Mystiker (→Mystik) ein. Im Mittelpunkt der neuplatonischen Lehre steht die Idee, daß über allem, unbegreiflich und unerkennbar, das Eine stehe. Dieses Eine, das die mittelalterlichen Mystiker dem christlichen Gott gleichsetzten, wirke auf Geist und Seele ein. Aus Geist und Seele entsteht nach dieser Auffassung auch Materie, die aber als „niedrigerstehend" angesehen wird. Dieser Vorgang sei auch umkehrbar, so daß die Seele des Menschen durch Selbstbewußtwerdung und Reinigung sich in letzter Konsequenz wieder mit dem Einen, oder mit Gott, vereinigen könne.

Orden

Die Bezeichnung wird aus dem Lateinischen hergeleitet (ordo = Reihe, Stand, Ordnung). In vielen Religionen gibt es Orden, die sich meist durch gleiche Lebensform, eine besondere Disziplin, gleiche Kleidung, gemeinsame geistliche Übungen und besondere Speisevorschriften auszeichnen. Die christlichen Orden entstanden ab dem 2. Jahrhundert n. Chr. im Vorderen Orient. Sie hatten noch eher den Charakter loser Gemeinschaften, die sich in Armut und Abgeschiedenheit ihrem Glauben hingaben. Entscheidend beeinflußt wurde das christliche Klosterleben durch Benedikt von Nursia (um 480-547), der in Montecassino, in der Nähe von Neapel, das Stammkloster der Benediktiner gründete. Die Regeln dieses Ordens (u.a. Ortsbeständigkeit, Abkehr vom weltlichen Leben, Gehorsam, Feier des Gottesdienstes als Hauptaufgabe) hatten großen Einfluß auf die Regeln anderer christlicher Orden.

Die geistlichen Ritterorden entstanden während der Zeit der Kreuzzüge (ab 1096) und verlangten von ihren Mitgliedern neben dem Mönchsgelübde die Bereitschaft zum bewaffneten Kampf gegen Nichtchristen. Um diese Orden (z.B. Johanniter-Orden, Templer-Orden, Orden vom Heiligen Grab) ranken sich unzählige Legenden. Bis heute vermuten manche Menschen, daß in diesen Gemeinschaften geheimes Wissen über die Verbindung zwischen Kosmos (Gott) und Mensch vorhanden gewesen sei. Dadurch hätten die Mitglieder solcher Rittergemeinschaften Herrschaft ausüben können.

Scientology Church

Die Scientology Church gilt in der Öffentlickeit als „die" Jugendsekte schlechthin. Politiker und Kirchenleute halten diese Gruppe für besonders gefährlich, weil Menschen in seelische und finanzielle Abhängigkeit geraten können. Die Scientology Church hat nach Schätzung von Sektenbeauftragten der christlichen Kirchen weltweit 8 bis 25 Millionen Anhänger, in der Bundesrepublik sollen es 20 000 bis 70 000 sein.

Gründer der Vereinigung ist Lafayette Ronald Hubbard (1911-1986), eine schillernde Persönlichkeit. Er selbst wie seine Anhänger haben versucht, die Biographie zu schönen. So heißt es im Anhang zu dem Buch „Dianetik", der millionenfach verkauften „Bibel" der Scientologen, Hubbard habe zwischen seinem 14. und 18. Lebensjahr ausführliche Studienreisen in den Fernen Osten unternommen: „Im Norden Chinas und in Indien beschäftigte er sich intensiv mit den Teilen des Menschen und mit seiner geistigen Bestimmung, und er studierte einerseits mit Lama-Priestern und wurde andererseits aufgrund seiner Reitkünste von kriegerischen Leuten akzeptiert."

Friedrich-Wilhelm Haak, der verstorbene Sektenbeauftragte der evangelischen Kirche und von den Scientologen meistgehaßte Kritiker der Gruppierung: „Sie (die ‚offiziellen' Biographen Hubbards/d. Verf.) bauen mit am Bild des faszinierenden Allround-Mannes, des Menschheits-Großen und schließlichen Retters des Planeten, der sich schon seit seiner frühesten Kindheit mit den wichtigsten Fragen des Lebens beschäftigt und endlich die richtigen Antworten gefunden habe."

Ab seinem 23. Lebensjahr verdiente Hubbard sein Geld als Schriftsteller. Er schrieb Wildwest-Geschichten, Detektivromane und später, ab 1938, vor allem Science-fiction-Stories. Im Zweiten Weltkrieg kam er zur Marine, bei der bereits sein Vater als Zahlmeister gearbeitet hatte. Nach dem Ende des Krieges wurde er wieder Schriftsteller und trat dem kalifornischen Zweig des →Ordo Templi Orientis (O.T.O.) bei, einer okkultistischen Gemeinschaft, die stark vom Satanisten Aleister Crowley geprägt wurde. 1950 schließlich erschien „Dianetik. Die moderne Wissenschaft der geistigen Gesundheit. Das Handbuch der dianetischen Verfahren". Das Buch war außerordentlich erfolgreich. Das brachte Hubbard, der nie Geld hatte, auf die Idee, das Wesen der Dianetik in teuren Kursen zu erläutern.

„Dianetik" ist ein von Hubbard geprägtes Kunstwort (aus griechisch: „dianetikos" = Studium des menschlichen Sinns) und bedeutet, so die offizielle scientologische Deutung, „Wissenschaft über den menschlichen Geist". Als Ergänzung zur Dianetik entwickelte Hubbard schließlich die „Scientology" (aus lateinisch: scientia = Wissen und griechisch: logos = Lehre von; wörtlich also: die Lehre vom Wissen). Den Begriff Scientology ließ sich Hubbard urheberrechtlich schützen.

1954 (manche Quellen sagen auch später) wurde die „Church of Scientology" gegründet, die bald Filialen in Großbritannien, Südafrika, Neuseeland, Australien und Kaanda hatte. Die Spendengelder flossen reichlich, so daß Hubbard 1959 in der Nähe von London den ehemaligen Landsitz der Maharadschas von Jaipur kaufen konnte. Sechs Jahre später zog er nach Rhodesien (heute Zimbabwe) um, wo er sich öfter mit dem rassistischen Ministerpräsidenten Ian Smith traf. Immer häufiger tauchen nun Berichte über die menschenverachtenden Praktiken innerhalb der Scientology Church auf, so daß Hubbard und seine Anhänger in mehreren Ländern Einreiseverbot erhielten. Der Kirchenchef fand schnell einen Ausweg: Er kaufte etliche Schiffe (1968) und errichtete eine schwimmende Kommandozentrale, die „Sea Organization". Das hatte den zusätzlichen Vorteil, daß lästige Steuerforderungen entfielen – ein Umstand, den sich auch eine Reihe von Firmen zu Nutze machten, die auf den Sea-Org-Schiffen „Filialen" errichteten.

1976 ging Hubbard wieder in die Vereinigten Staaten, wo er in Clearwater (Florida) ein ehemaliges Hotel kaufte und zum Hauptsitz seines Sekten-Konzerns umbaute. 1978 verurteilte ihn ein französisches Gericht in Abwesenheit zu vier Jahren Gefängnis ohne Bewährung. Begründung: Betrug. Bereits ein Jahr vorher war Hubbard aus den Augen der Öffentlichkeit verschwunden. Anhänger, die ihn in dieser Zeit sahen, beschreiben Hubbard als ungepflegt aussehenden, dickbäuchigen Menschen, der große Angst vor Schmutz gehabt habe. Der Scientology-Gründer zog sich auf seine Farm in Kalifornien zurück und wurde 1980 zum letztenmal gesehen. Die Scientolgy-Leitung teilte 1986 mit, Hubbard habe „nach einem zu seiner vollsten Zufriedenheit erfüllten Lebenswerk seinen Körper am Freitag, dem 24. Januaur 1986, verlassen."

An der Spitze der Scientology Church steht heute ein dreiköpfiger Vorstand. Eine eigene Körperschaft, das „Religious Technology Center" (RTC), trat das „geistige Erbe" Hubbards an.

Die Lehre der Scientology Church ist eine Mischung aus okkulten Teilen, die Hubbard beim →Ordo Templi Orientis (O.T.O) entlieh, aus Science-fiction-Elementen, die aus seinen Romanen stammen, aus psychologischen Versatzstücken, einer kleinen Portion →Buddhismus sowie etwas →Gnostik. Nach den Dokumenten der Gruppierung ist zwischen der Scientology als „Studium des menschlichen Geistes in seiner Beziehung zum physischen Universum" und der Dianetik zu unterscheiden. Die Dianetik richtet sich demnach an den Körper und wird angewandt, „um Krankheiten, unerwünschten Empfindungen, Mißemotionen, Somatiken, Schmerz usw. ein Ende zu setzen und sie zum Verschwinden zu bringen."

Nach scientologischer Ansicht ist jedes menschliche Wesen eine unsterbliche Geistseele – Thetan genannt –, die den Körper bewohnt. Im Laufe der Zeit hat aber der Thetan seinen ursprünglichen Zustand verändert. Die Geistseele wird von unbewußten, also nicht vom Verstand gesteuerten Reaktionen geleitet, die es zu erkennen und zu beseitigen gilt. Die unbewußten Reaktionen haben ihre Ursache in sog. Engrammen (Eindrücken), die aus allen „Leben" (also auch den vorherigen) des Thetans stammen können. Diese Engramme sind laut Hubbard auf einer „Zeitspur" festgehalten und können dort dingfest gemacht und anschließend gelöscht werden. Dies geschieht während des „Auditing".

Das Auditing ist für die Scientology Church sehr wichtig. Bei einer Auditing-Sitzung kann es zugehen wie bei einem Therapeuten. Sie kann aber auch, wie ehemalige Scientologen berichten, einem Verhör ähneln. Erfahrene „Auditoren" sind in der Lage, auch sehr persönliche Dinge aus den Ratsuchenden herauszuholen. Solche Details werden, so bestätigen „Ehemalige", gegebenenfalls gegen die Teilnehmer des Auditings verwendet. Beim Auditing wird mit dem sog. E(lektro)-Meter gearbeitet. Dieses Instrument wurde von Hubbard als besonderer Fortschritt gefeiert, weil es ermögliche, die Engramme auf der Zeitspur aufzufinden. In Wirklichkeit ist das E-Meter, das von den Scientologen geradezu verehrt wird, nichts weiter als ein technisch einfaches Gerät, das den Hautwiderstand mißt. Dies geschieht, indem der zu Auditierende zwei „Blechdosen" berührt und somit zum Teil des Stromkreislaufes wird. Im Prinzip funktioniert das Gerät wie ein Lügendetektor: Ist der Prüfling aufgeregt, verändert sich der Hautwiderstand, was an einem Meßgerät abgelesen werden kann. Der Auditor wird an dieser Stelle nachhaken und weiterfragen.

Nach dem Auditing werden im übrigen genaue Protokolle angefertigt und aufbewahrt. In diesen Protokollen finden sich jede Menge persönlicher Angaben der Ratsuchenden. Nach scientologischer Lehre ist es also wesentlich, die Engramme von der Zeitspur zu löschen. Ist dies vollständig geschehen, dann ist der/die Betreffende „clear". Durch weitere Vervollkommnung kann der Zustand des „Operating Thetan" (OT) erreicht werden. Mit Hilfe zusätzlichen Trainings und ausführlicher Schulung (die Preise sollen hierfür bis zu 250 000 DM betragen) wird der Operierende Thetan verschiedene Bewußtseinsstufen erreichen. Derzeit sind es die Stufen I bis VIII. Diese Hubbard-Skala scheint aber nach oben offen zu sein: Bis zur Stufe XV sollen die Thetanen in Zukunft aufsteigen können, verlautet aus Scientology-Kreisen.

Die Scientology Church hebt sich von übrigen Gruppierungen durch ihre außerordentliche Geschäftstüchtigkeit ab. Den Anhängern werden immer neue und immer teurere Kurse aufgedrängt, bis die arme (was dann wörtlich zu nehmen ist) Seele als Operierender Thetan endlich ihre Ruhe hat.

Die Scientology Church versteht sich selbst, wie der Name schon sagt, als Glaubensgemeinschaft, als Kirche. Das hat einleuchtende Gründe: Die Anerkennung als Kirche würde eine Menge rechtlicher und auch steuerlicher Vorteile mit sich bringen. Die Gruppierung gilt in einigen US-Bundesstaaten als Religionsgemeinschaft. In der Bundesrepublik ist sie weit davon entfernt, diesen Status erhalten zu können. Die Vorteile einer offiziell anerkannten Religionsgemeinschaft wird Scientology sicherlich nicht erhalten. Alle Beobachter und Kenner der Gruppierung sind sich darin einig, daß es sich bei den Scientologen (gutwillig ausgedrückt) um ein Dienstleistungsunternehmen handelt. Religiöse und weltanschauliche Gesichtspunkte spielen bei der Scientology Church nur eine sehr untergeordnete Rolle.

Die Dienstleistung des Unternehmens Scientology besteht darin, Kurse, Therapien und Lehrmaterialien an den „Endverbraucher" zu verkaufen. Außerdem versucht die Gruppierung, durch die Schulung von Managern ihr Gedankengut zu verbreiten. Dabei geht es nicht um die Vermittlung eines wie auch immer gearteten Glaubens, sondern allein darum, zahlungskräftige Kunden langfristig an die Scientology Church und ihre teuren Angebote zu binden.

Obwohl über die Scientology Church in der Vergangenheit sehr intensiv berichtet wurde, gelingt es den Werbekolonnen, die vorwiegend in Großstädten auftreten, nach wie vor, Menschen in die Dianetik-Zentren zu locken. Der Trick ist recht einfach: Über einen Psychotest mit über 200 Fragen werden Menschen eingeladen, eine kostenlose Persönlichkeitsanalyse anfertigen zu lassen. Das Ergebnis sieht stets gleich aus: Seelische Störungen seien zwangsläufig, wenn man nicht eines der Einsteigerangebote der Gruppe annehme. Insbesondere Menschen, die sich tatsächlich in einer persönlichen Krise befinden, neigen dazu, die „Hilfe" anzunehmen. Die Kosten für die ersten Kurse sind nicht besonders hoch. Doch wer erst einmal seinen Fuß in eines der Dianetik-Zentren gesetzt hat, wird die Scientologen so schnell nicht los: Immer neue Sonderangebote, Probekurse etc. werden den Neulingen angeboten. Mitarbeiter zeigen sich an der persönlichen Entwicklung der Neuen außerordentlich interessiert. Für viele seelisch angeschlagene Menschen ist dieses Interesse an der eigenen Person und an den eigenen Problemen sehr verführerisch. Sie denken: Endlich kümmert sich jemand um mich, endlich werde ich ernst genommen.

In einem Papier aus dem Jahr 1983 wird deutlich, wie die Scientology Church diese Bemühungen sieht: „Der einzige Grund, aus dem es Orgs gibt, ist die Aufgabe, Materialien und Dienstleistungen an die Öffentlichkeit zu verkaufen und zu liefern und Leute aus der Öffentlichkeit hereinzuholen, an die man verkaufen und liefern kann. Die Zielsetzung ist total befreite Kunden." Und wenn die Kunden erst einmal total befreit sind, dann kann es teuer werden: Beträge von 50 000 Mark bis 100 000 Mark, für die Betroffene oftmals Kredite aufnehmen müssen, sind keine Seltenheit, wie auf einer Konferenz der bundesdeutschen Justizminister festgestellt wurde. Wer im Scientology-Zentrum in Florida einen Kurs besucht, um die fünfte Stufe des „Operating Thetan" in 12½ Stunden zu erreichen, zahlte nach Angaben des katholischen Sektenbeauftragten Hans Liebl im Jahr 1989 14 100 Schweizer Franken oder 1 128 Franken per Stunde. Die Preise dürften heute erheblich über diesem Satz liegen.

Wie die Scientology Church aufgebaut ist, ist nicht leicht zu durchschauen. Vereinfacht sieht es so aus: An der Spitze steht das Religious Technology Center (RTC) mit David Miscavige als Vorsitzendem. Dem RTC untergeordnet sind das „Watchdog Committee", der „Exekutivausschuß Internationales Management" in Los Angeles sowie CSI (Church of Scientology International – zuständig für die Medien der Organsiation und die Ideologie) und IAS (International Association of Scientologists – Finanzverwaltung, Mitgliederorganisation). Eine unüberschaubare Zahl von Unterorganisationen ist mit der Scientology Church verbunden. Die wichtigsten sind:

- A.B.L.E. (Association for Better Living and Education)
- ZIEL (Zentrum für individuelles und effektives Lernen), hier sollen Kinder in die „Studiertechnik" Hubbards eingewiesen werden.
- Applied Scholastics
- Kommission für Verstöße der Psychiatrie gegen Menschenrechte
- Narconon (Drogenrehabilitation)

– WISE (World Institute of Scientology Enterprises)

WISE ist in den letzten Jahren zum finanziellen Flaggschiff der Organisation geworden. Über das „Weltinstitut der scientologischen Unternehmen" soll der Gruppierung inzwischen mehr Geld zufließen als über den Verkauf von Kursen und Lehrmaterialien. Die Scientology Church geht dabei äußerst geschickt vor: Nicht die Organisation selbst übernimmt Unternehmen (wie das z.B. die Vereinigungskirche „Mun-Sekte" tut). Vielmehr werden Lizenzen für das Management nach Hubbard vergeben. In erster Linie kleine und mittlere Unternehmen, Immobilien-, Computer- und Softwarehandel, Management- und Unternehmensberatungen sind daran interessiert.

Über die Höhe der Zahlungen an WISE ist wenig bekannt. Doch scheint eine größere Zahl von Firmeninhabern nach einiger Zeit in der Scientology Church aktiv zu werden – also die teuren Kurse zu belegen. Dabei werden von den Scientologen Methoden gelehrt, die den Managern zeigen sollen, wie man die Mitarbeiterinnen und Mitarbeiter in seiner Firma möglichst schlecht bezahlt. Und wie man die Rechte, die die Arbeitnehmer nach dem Gesetz haben, umgehen kann.

Taoismus

Der Begriff geht zurück auf das chinesische Zeichen „Tao", das Weg bedeutet. In der chinesischen Philosophie hat das Ringen um den „richtigen Weg" eine reiche Tradition. Eine der Denkschulen war um Lao-tse (um 500 n. Chr.) entstanden. In dem ihm von der Tradition zugeschriebenen Buch „Tao-te-ching" (Das Buch vom Tao und seiner Kraft) hatte er „Tao" als die „Quelle allen Seins" bezeichnet. Dieses Schlüsselwerk des Taoismus umfaßt 5 000 Worte, die in 81 Abschnitte gegliedert sind. Der in einfacher Sprache abgefaßte Text ist so vielfältig, daß im Westen über 130 verschiedene und teilweise einander widersprechende Übersetzungen existieren.

„Tao" ist nach Lao-tse der „Welturgrund", dem alle Erscheinungen zugrunde liegen, ohne daß er selbst faßbar wäre. Tao ist das Ganze, das die Gegensätze des (z.B.) Yin (weich, passiv, dunkel) und Yang (männlich, aktiv, hell) überwindet. Die Bilder, derer sich das „Buch vom Tao und seiner Kraft" bedient, weisen auf einige Grundideen des Taoismus hin: „Der Baum, dessen Holz am härtesten ist, wird gefällt werden" (76. Abschnitt) und: „Unter dem Himmel ist nichts weicher und schwächer als das Wasser, aber um Hartes und Festes anzugreifen, gibt es nichts Wirksameres als das Wasser" (78. Abschnitt) und: „Je größer die Zahl der Gesetze, desto größer die Zahl der Diebe und Räuber. Darum hat ein Heiliger gesagt: Solange ich nicht eingreife, wird das Volk sich von selbst bessern, solange ich die Ruhe liebe, wird das Volk von selbst rechtschaffen sein" (57. Abschnitt). In späteren Jahrhunderten wurde die Bewunderung für Lao-tse immer größer. Schließlich verehrten ihn die Menschen wie einen Gott. Der Taoismus – eigentlich eine philosophische Denkrichtung – wurde damit zur Religion.

Der Taoismus unterscheidet zwischen den Priestern der Gemeinschaft, die in Tempeln ein kompliziertes, uraltes Ritual praktizieren, und den „Laien". Für diese ist die Religion Teil der Alltagskultur und nicht bestimmt von rituellen Handlungen. Ein wichtige Rolle spielen die Meditation, bestimmte Methoden der Atemtechnik, der Gymnastik, der Sexualität, der Medizin, vor allem auch die Mildtätigkeit.

Das Interesse am Taoismus ist in den westlichen Gesellschaften in den letzten Jahren gestiegen. Die Ursache dafür ist, neben dem Versuch möglichst viel Fernöstliches zur Bereicherung des „verarmten" westlichen Denkens in sich aufzunehmen, die Faszination, die von dem Begriff Tao ausging.

Der schwierige Weg aus den Sekten

Menschen, die sich Sekten angeschlossen haben, sind bestimmt nicht einfach zu verstehen. Allzu verworren erscheint Außenstehenden die Gedankenwelt solcher Gemeinschaften. Noch erstaunter aber sind Freunde oder Angehörige von Mitgliedern, wenn sie bemerken, daß er oder sie erwägt, die Sekte eventuell zu verlassen, aber weder die Kraft noch den Mut dazu hat. Eigentlich müßte es für das „Sektenopfer" eine Erleichterung sein, endlich Abstand zu der Gruppierung gefunden zu haben und sich auf den Weg zurück in die „normale" Gesellschaft zu machen, denken viele. Doch das geht an der Wirklichkeit des Lebens in einer Sekte vorbei.

Man muß sich nur einmal vorstellen, welche seelischen Qualen und Kämpfe manche Menschen durchmachen, die den christlichen Glauben verloren haben und sich überlegen, aus der Kirche auszutreten. Wer christlich erzogen worden ist und es mit dem Glauben ernst meinte, wird meist nicht so ohne weiteres seine Bescheinigung des Austritts aus der Kirche abholen. Schlechtes Gewissen, Zweifel, ob es der richtige Schritt ist, auch die Angst, nahen Angehörigen wie den Eltern mitzuteilen, man sei aus der Kirche ausgetreten, können eine große Rolle spielen.

Um wieviel mehr werden Menschen von Gewissensbissen geplagt, die an eine Sekte aus vielerlei Gründen enger gebunden waren als das normale Mitglied an seine Kirche. Mit welchen Mitteln die verschiedenen Gruppierungen dies erreichen, ist im Einleitungskapitel geschildert.

Selbst wer sich innerlich von der übermächtigen Führerperson einer Sekte entfernt hat, wer nicht mehr auf das Belohnungs-Bestrafungs-Prinzip hereinfällt, wird Schwierigkeiten haben, sich von einer Sekte wirklich zu lösen. Denn diese Loslösung bedeutet auch, daß das Mitglied sich klarmachen muß, daß es über einen längeren Zeitraum in einem völligen Irrtum lebte. Er oder sie muß all die Dinge, an die man für lange Zeit glaubte, über Bord werfen.

Dieser Glaube (und sei er auch noch so abwegig) war für das Mitglied der wichtigste Bestandteil seines/ihres Lebens. Gegen den Widerstand der Gesellschaft, vielleicht auch des Partners und der Angehörigen, hatte das Sektenmitglied für seinen Glauben gekämpft. Sich einzugestehen, daß man einige Jahre seines Lebens einer Sache geopfert hat, die sich im nachhinein als Unsinn herausstellt, ist bestimmt nicht einfach.

Hinzu kommt, daß viele Mitglieder von Sekten den Schritt in die Gemeinschaft aus einer gewissen Verzweiflung heraus taten. Sie wußten nicht so genau, wie es im Leben weitergehen soll. Sie hatten Probleme mit sich, mit anderen Menschen, mit dem Leben an sich. Fast stets haben sich diese Schwierigkeiten, auch die Probleme mit sich selbst, durch die Mitgliedschaft in einer Sekte nicht gelöst, sondern im Gegenteil verstärkt.

Wer sich einer Gemeinschaft anschloß, weil er oder sie fand, die Welt sei so schwer zu verstehen und die Lösungen, die die Sekte anbietet, so schön einfach, wird sich in der Welt außerhalb der Gemeinschaft sicher nicht einfach zurechtfinden. Denn das Grundproblem dieses Menschen ist das gleiche geblieben. Mehr noch: es ist wahrscheinlich größer geworden. Denn in der Zeit der Sekten-Aktivität hat das Mitglied ganz bestimmt nicht gelernt, die Welt zu verstehen. Gerade die Leute, die mit der Hektik des modernen Alltags nicht mitkommen, werden Angst davor haben, sich aus der Ruhe und Geborgenheit ihrer Gruppe zu lösen.

Der große Kampf mit sich selbst beginnt für Sektenmitglieder immer dann, wenn sie merken, wie falsch die Dinge in ihrer Gruppe laufen. Vielleicht bekommen sie Zweifel an den Glaubensinhalten. Oder ihnen fällt auf, wie wenig die Inhalte des Glaubens ihrer Gemeinschaft mit dem wirklichen Leben in der Gruppe zu tun haben. Manche merken auch, daß der bedingungslose Gehorsam, der in manchen Gruppen verlangt wird, eine große Einschränkung ihrer persönlichen Freiheit ist.

Gerade wer sich freiwillig unter den Gehorsam einer Gruppe oder eines Sektenführers stellte, braucht viel Zeit, um zu bemerken, wie einschränkend diese Disziplin ist. Denn zu Anfang, zu Beginn der Zeit in der Sekte, waren diese Menschen ja dankbar, daß es jemanden gab, der sagte, was zu tun ist. Sie waren froh, daß sie wichtige Entscheidungen nicht mehr selbst treffen mußten. Die Gruppe oder der Führer sagten, was man zu tun hat, auch was man zu denken hat. Für Leute, die im Alltag überfordert waren, alle diese Entscheidungen alleine zu treffen, ist das zunächst sehr schön. Sie vertrauen auf die Weisheit des Führers. Sie fühlen sich geborgen in dieser Atmosphäre.

Vielleicht kann man dieses Gefühl mit dem eines Kindes vergleichen: Auch ein kleines Kind ist froh, daß die Eltern die wichtigen Entscheidungen fällen. Es fühlt sich ganz sicher und aufgehoben, vertraut den Eltern. Für ein Kind ist das völlig in Ordnung. Es wäre ja gar nicht in der Lage, alles selbst bestimmen zu können. Doch wenn Erwachsene ähnliche Verhaltensweisen wie ein kleines Kind zeigen, läuft etwas falsch. Sie geraten in eine Abhängigkeit von denjenigen, die die Entscheidungen treffen. Die Angst davor, sich festlegen zu müssen, also etwas wirklich zu wollen und dann auch durchzuziehen, ist für manche riesengroß. Wenn sie solche Festlegungen jemandem anderen überlassen können, dann sind sie so froh darüber, daß es ihnen fast egal ist, ob die Entscheidung richtig oder falsch ist. Sie folgen ihr, weil sie gefallen ist, und denken nicht mehr groß darüber nach.

So ist es auch zu erklären, daß erwachsene Menschen Dinge tun, die rein gefühlsmäßig jeder Mensch ablehnt. Wenn eine bestimmte Gruppe (wie die um den Guru Thakar Singh, →Sant Mat) meint, man könne mit verbundenen Augen und verstopften Ohren besser meditieren, dann ist das ihre Sache. Wenn aber diese Gruppe solche Meditationstechniken auch mit Babys durchführt, dann sieht das natürlich anders aus. Nicht nur daß „Baby-Meditieren" an sich schon Körperverletzung ist und etwas Unmenschliches hat: Man muß sich natürlich auch fragen, was die Erwachsenen, die Väter und Mütter, dazu gebracht hat, ihren Babys so etwas anzutun. Eine der möglichen Antworten ist der absolute Gehorsam, der in solchen Gemeinschaften gepflegt wird. Wenn der Guru oder sein Vertreter meint, es würde den Kindern nicht schaden, sondern im Gegenteil gut für sie sein, viele Stunden mit verbundenen Augen und verschlossenen Ohren dazusitzen, dann zweifeln die Mitglieder nicht daran. Der gesunde Menschenverstand bleibt ausgeschaltet. Denn jeder Mensch weiß, daß diese „Meditation" für Kleinkinder so etwas wie Folter ist.

Menschen, deren Gehorsam so weit geht, daß sie sich ihren eigenen Kindern gegenüber grausam verhalten, sind eigentlich krank. Sie bleiben auch krank, wenn sie irgendwann einmal gegenüber der Gemeinschaft und ihrem Führer vorsichtig auf Abstand gehen. Ihr tiefer Gehorsam ist ja bestenfalls angekratzt. Kleine Zweifel haben sich eingeschlichen, ob es denn wirklich so gut um die Weisheit von Führer und Gemeinschaft bestellt sei. Sie könnten immer noch nicht in der „normalen" Welt bestehen, einer Welt, in der sie täglich Entscheidungen fällen müßten. Auch wenn sie Zweifel haben, auch wenn das Unbehagen gegenüber der Gruppe wächst, haben sie Angst, die schützende Gemeinschaft zu verlassen.

Der Weg aus den Sekten ist also viel schwieriger, als man es sich normalerweise vorstellt. Um eine solche Gemeinschaft verlassen zu können, muß man sich von Grund auf ändern. Man muß zum Leben, zum Glauben, zur Gesellschaft eine völlig andere Einstellung gewinnen. Das ist aber innerhalb der Gemeinschaft nur schwer möglich. Denn die Kontrolle, die viele Sekten über ihre Mitglieder ausüben, ist fast total. Wenn jemandem Zweifel kommen, dann werden er oder sie von den anderen Sektenmitgliedern in Diskussionen verwickelt. Gemeinsam versuchen sie, den Abtrünnigen in der Gemeinschaft zu halten.

Manche Sekten sprechen sogar Strafen aus, wenn klar wird, daß ein Mitglied nicht mehr zu hundert Prozent überzeugt ist. Bei den Zeugen Jehovas zum Beispiel gibt es den Gemeinschaftsentzug. Kein anderer Zeuge Jehovas darf sich dann mehr mit dem Mitglied treffen, das Zweifel an der Lehre oder an den Sektenoberen geäußert hat. Die Bibelstunden, die vielen Treffen der Sekten – alles findet ohne den Zweifelnden statt. Was als Strafe auf den ersten Blick nicht so furchtbar klingt, ist dennoch schlimm. Denn normalerweise besteht der gesamte Freundes- und Bekanntenkreis von Angehörigen dieser Sekte ebenfalls aus Sektenmitgliedern. Zudem sind die „Zeugen" so sehr in die fast jeden Abend stattfindenden Versammlungen eingebunden, daß sie andere Interessen oder Kontakte zu Menschen außerhalb der Gemeinschaft gar nicht entwickeln können. Wenn die Gemeinschaft die Strafe „Gemeinschaftsentzug" verhängt, dann bedeutet das Isolation. Niemand kommt mehr vorbei, es gibt keine Telefonanrufe, die Abende, die über viele Jahre gefüllt waren mit Andachts- und Bibelstunden, sind plötzlich öde und langweilig. Der Gemeinschaftsentzug kann für Zeugen Jehovas die totale Vereinsamung bedeuten. Die Strafe ist gefürchtet, weil sie den Menschen seelische Qualen bereitet.

Auch andere Gruppierungen kennen Strafen gegenüber Mitgliedern, die nicht mehr hundertprozentig dem Pfad der Sekte folgen. Leute, die erste Zweifel an der Richtigkeit der Ideen ihrer Gruppierungen haben, werden sich meist durch „Strafen" beeindrucken lassen. Sie hängen ja noch an ihrer Gemeinschaft, nehmen alles, trotz einer gewissen Nachdenklichkeit, ernst. Vor allem bei solchen Gruppierungen, bei denen das Gemeinschaftserlebnis eine große Rolle spielt, können Zweifelnde durch den Druck der Gemeinschaft beeinflußt werden.

Bis das Unbehagen, die Fremdheit der Gruppe gegenüber soweit anwachsen, daß man sie verlassen möchte, vergeht viel Zeit. Dazu kommt, daß das „normale" Leben in unserer Gesellschaft für viele Sektenmitglieder ja gar kein erstrebenswerter Ausweg ist. Sie haben diese Gesellschaft oft im Zorn verlassen. Sie haben vielleicht jahrelang mit sich gekämpft, um den „Ausstieg" aus dem bürgerlichen Leben zu finden. Sie haben lange über ihre Kritik an den Zuständen bei uns nachgedacht. Und sich dann für das Leben in und mit ihrer Gruppierung entschieden.

Den Weg zurück in diese Gesellschaft zu finden heißt schließlich auch, sich mit dem Zustand dieser Gesellschaft abzufinden. Wer an deren Werten, die für viele besonders wichtig sind, kein großes Interesse hat, wird auch schwer einen Platz in der Gesellschaft finden. Wem Geld, Luxus, Bequemlichkeit nichts sagen, wer nicht im Beruf aufgehen und Karriere machen möchte, der bleibt Außenseiter, auch wenn er seine Sekte verlassen hat.

Vielleicht mag es seltsam klingen, aber Menschen, die ihre Gemeinschaft verlassen wollen, geben viel auf. Sie geben zwar nichts auf, was Menschen außerhalb der Gemeinschaft irgendwie wertvoll erscheinen mag. Doch die innere Bindung an die Gemeinschaft ist für solche Menschen ungeheuer wertvoll. Wer alleine so schlecht zurechtkam, daß er oder sie sich in die Arme eines Gurus, einer mächtigen Vaterfigur, geworfen hatte, wird ohne diesen „Vater" nur sehr schwer leben können. Andere, die sich auf den „Selbstbefreiungstrip" machten, die von einer

Therapiegruppe in die andere schlitterten, vermissen den ständigen Austausch mit ihren Leidensgenossen.

Und wer in einer Sekte selbstlos und voll Aufopferung viele Stunden täglich dafür arbeitete, daß die Welt vom Bösen gerettet werde, wird vielleicht das Gefühl vermissen, aktiv an der Rettung der Menschheit beteiligt zu sein.

Den Weg aus einer Sekte zu finden ist bereits für die Menschen sehr schwer, die einen inneren Abstand zu ihrer Organisation gefunden haben. Diejenigen, die diesen Abstand (noch) nicht haben, sondern ohne innere Zweifel mit den Ideen ihrer Gruppierung übereinstimmen, werden natürlich keinerlei Versuch machen, die Gemeinschaft zu verlassen. Dies läßt in vielen Fällen die Familienmitglieder und Freunde nicht ruhen. Sie sind verzweifelt, sehen Sohn, Tochter oder Partner/Partnerin den Seelenfängern schutzlos ausgeliefert. Verständlicherweise wollen sie ihren Angehörigen aus den Fängen der Sekte befreien. Da der das aber nicht will, sondern darauf beharrt, in der Sekte zu bleiben, ist guter Rat gefragt.

In den Vereinigten Staaten, aber inzwischen auch in der Bundesrepublik sind deshalb in letzter Zeit sogenannte Deprogrammierer tätig geworden. Diese „Deprogrammierungsprogramme" gehen davon aus, daß die Sektenmitglieder einer Gehirnwäsche unterzogen worden sind. Deswegen seien sie nicht mehr in der Lage, selbständig aus der Gruppierung auszutreten. Nach dieser Theorie sind die Mitglieder praktisch willenlos und werden von den jeweiligen Sekten-Führern ferngesteuert. Die einzige Möglichkeit für eine Befreiung aus dem seelischen Gefängnis sei es deshalb, mit den gleichen Mitteln zu arbeiten.

Die „Deprogrammierer" gehen meist so vor: Unter einem Vorwand werden Sektenmitglieder aus ihrer vertrauten Umgebung (sei es eine Wohngemeinschaft der Gruppierung oder auch die eigene Wohnung) gelockt und an einen „sicheren" Ort (z.B. ein Hotelzimmer) gebracht.

300

Wichtig für den „Deprogrammierer" ist, daß andere Gruppenangehörige keinen Zugang zu diesem Ort haben. In ausführlichen Gesprächen versucht er, das Sektenmitglied über die Gemeinschaft aufzuklären. Er legt Dokumente, Zeitungsausschnitte, Zeugenaussagen vor, lädt ehemalige Mitglieder der gleichen Gruppe ein, die über das wahre Gesicht der Gemeinschaft sprechen sollen.

Sehr oft hat diese „erste Stufe" keinen Erfolg. Das Sektenmitglied wehrt sich innerlich, diese Informationen überhaupt zur Kenntnis zu nehmen. Viele beginnen zu „chanten", also religiöse Formeln immerfort vor sich her zu sprechen oder zu singen. Andere verstummen vollständig. Manche geraten in Panikzustände, weil sie der Überzeugung sind, dies seien Anfechtungen des Satans.

In einer „zweiten Stufe" wird der/die zu „Befreiende" starkem Zwang ausgesetzt. Er/sie wird mit Gewalt daran gehindert, nach Hause zu gehen oder Kontakt mit Vertrauten innerhalb der Gruppe aufzunehmen. Ständig werden negative Aussagen über die Gemeinschaft und deren Führer wiederholt. Immer wieder, so wird berichtet, sei dann auch körperliche Gewalt angewendet worden. Erst wenn das Mitglied keinen anderen Ausweg mehr sieht, als seiner „Sekte" abzuschwören, endet diese Zwangs-„Befreiung".

Das „Deprogrammieren" dieser Art erinnert auf sehr unangenehme Weise an Teufelsaustreibungen oder an die Befragungen mittelalterlicher Religionsgerichte. Es werden, milde ausgedrückt, die gleichen Methoden angewandt, die auch Sekten benutzen. Im Prinzip handelt es sich um nichts anderes als Freiheitsberaubung, Nötigung und letztlich sogar psychische und körperliche Folter.

Selbst wenn man verstehen kann, daß verzweifelte Eltern oder Lebenspartner auch ungewöhnliche Versuche unternehmen, um ihre Angehörigen aus einer Sekte herauszuholen, ist diese Art des „Deprogrammierens" nicht nur kriminell, sondern auch völlig untauglich. Auch wenn es gelingt, über diese Zwangsmaßnahmen Sektenmitglieder aus ihren Gemeinschaften herauszulösen, ist nichts damit gewonnen: Wer auf diese Art und Weise zurückgeführt wird in die „normale" Gesellschaft, wird voraussichtlich unter den seelischen Folgen des „Deprogrammierens" mehr zu leiden haben als unter den Schäden, die auf das Konto der Sekte gehen. Wer jemandem helfen will, eine Sekte zu verlassen, der sollte zuallererst darüber nachdenken, was denn den Freund, die Freundin, Sohn oder Tochter veranlaßt haben mag, sich einer solchen Gemeinschaft anzuschließen. Denn nur wer weiß, was der wirkliche Hintergrund für den Ausstieg aus der „normalen" Gesellschaft ist, wird helfen können. Vorwürfe helfen gar nichts. Im Gegenteil: Sie werden das Sektenmitglied in der Meinung bestärken, daß die Welt „außerhalb" ohne jedes Verständnis ist. Oft gibt es ja einen oder mehrere Anlässe, die jemanden dazu bringen, sich einer Sekte anzuschließen. Schwierigkeiten in der Partnerschaft, in der Schule, im Beruf sind häufige Anlässe. Natürlich ist es gut, wenn Freunde und Angehörige auch darüber nachdenken, was sie falsch gemacht haben im Umgang mit dem Sektenangehörigen. Denn wer jemanden aus den Klauen einer Gemeinschaft retten will, der muß auch bereit sein, wirklich über die Ursachen des Eintritts nachzudenken. Und muß bereit sein, im zukünftigen Umgang mit dem ehemaligen Sektenangehörigen viele Dinge anders zu machen als vorher.

Selbstverständlich bringen Gespräche mit ehemaligen Sektenangehörigen viele Informationen über die Denkweise innerhalb einer solchen Gemeinschaft. Kontakt zu den ehemaligen Sektenangehörigen kann man über Selbsthilfe- und Beratungsgruppen herstellen. Die Adressen solcher Gruppen stehen im Anhang dieses Buches. Gerade diese Ehemaligen können sehr viele Informationen geben. Das sind nicht nur Angaben über die Denkweise innnerhalb einer bestimmten Sekte oder Informationen über den Führer einer Gruppe. Es sind auch Angaben darüber, wie jemand denkt, der sich einer Sekte freiwillig angeschlossen hat. Wo seine Schwierigkeiten liegen, wo er sich wohl fühlt. Aber auch, wo die Ansatzpunkte liegen, um dem Sektenopfer klarzumachen, daß es sich auf einen gefährlichen und auch sinnlosen Weg gemacht hat.

Die ehemaligen Angehörigen einer Gemeinschaft können oft sehr gut einschätzen, ob jemand „reif" für den Austritt aus der Gemeinschaft ist. Sie wissen, und das ist von Gruppe zu Gruppe verschieden, wie in der Sekte selbst reagiert wird, wenn Angehörige mit dem Sektenmitglied Verbindung aufnehmen. Bei manchen Gruppierungen ist es verboten, mit Freunden und Angehörigen Kontakte zu unterhalten. Briefe zu schreiben oder zu telefonieren ist streng untersagt. Persönliche Treffen sind überhaupt nicht möglich. Andere Sekten gestatten es durchaus, daß sich die Mitglieder und ihre Angehörigen oder Freunde treffen.

Dabei taucht oft ein schwerwiegendes Problem auf. Die Sektenmitglieder bitten um Geld. Manchmal brauchen sie das Geld, wie sie sagen, um den persönlichen Lebensaufwand bezahlen zu können, also Geld für Essen, Miete usw. Wahrscheinlich wird jeder seinem Freund, seiner Freundin, dem Familienmitglied helfen wollen. Auf der anderen Seite aber werden bei einer ganzen Reihe von Gruppierungen die Zahlungen von den Sektenoberen einkassiert. Die „Bettelei" bei den Angehörigen hat also den Sinn, Geld für die Sekte zu besorgen. Auch hier wissen Sektenberatungsstellen und ehemalige Mitglieder Bescheid. Sie kennen die inneren Vorgänge der Gemeinschaften und können so raten, ob man dem Sektenmitglied Geld geben soll oder nicht.

Schwierig wird es insbesondere dann, wenn Sektenmitglieder ihr Sparguthaben, manchmal auch Häuser oder

Eigentumswohnungen, der Sekte überschreiben wollen. Normalerweise kann man als Außenstehender schwer etwas dagegen tun. Aber auch hier können die Beratungsstellen Tips geben, die natürlich jeweils vom Einzelfall abhängen.

Auch wenn es für die Freunde und Angehörigen ein schwacher Trost ist: In vielen Fällen kehren die Mitglieder von Sekten ihren Gemeinschaften nach einigen Jahren freiwillig den Rücken. Untersuchungen in den Vereinigten Staaten, die man auch auf die Verhältnisse in der Bundesrepublik übertragen kann, haben ergeben, daß jugendliche Sektenmitglieder in etwa 80 Prozent der Fälle nach einem Zeitraum von drei bis vier Jahren ihre Gruppierung verlassen. Das ist eine lange Zeit für diejenigen, die mit dem Lebensweg ihres Angehörigen nicht einverstanden sind. Zugleich heißt das: Wenn jemand nach einiger Zeit ins „normale" Leben zurückfindet, dann braucht er oder sie große Unterstützung. Denn in vielen Fällen haben die Sektenangehörigen die Brücken zur Gesellschaft abgebrochen. Sie haben ihre Ausbildung aufgegeben, sich an Schule oder Universität abgemeldet, den Job hingeschmissen. Ganz besonders in den ersten Monaten nach der Abkehr von der Sekte brauchen die ehemaligen Mitglieder große Zuwendung. Sie brauchen oft auch finanzielle Hilfe. Noch mehr aber brauchen sie das Gefühl, daß sie in ihrem Freundes- und Bekanntenkreis, aber auch in der Familie willkommen sind. Daß sich die Menschen, mit denen sie vor ihrer Sektenzeit befreundet waren, nicht abwenden. Sie brauchen auch Halt in der Familie. Dieser Halt kann eigentlich nur so aussehen, daß Eltern und Geschwister dem „Rückkehrer" keine Vorwürfe machen. Daß sie sich ganz unbefangen freuen, weil Sohn oder Tochter wieder da sind. Je mehr liebevolle Zuwendung die Sektenopfer bekommen, desto eher werden ihre seelischen Verletzungen heilen.

Anhang

Adressen

Sowohl Menschen, die Mitglied einer „Sekte" sind, aber Schwierigkeiten mit dem Ausstieg haben, als auch ihre Angehörigen können sich bei folgenden Institutionen beraten lassen. Teils sind die großen christlichen Kirchen verantwortlich für die Beratungsstellen, teils die Gemeinden oder freie Gruppen.

Aachen
Synodales Jugendreferat des Kirchenkreises Aachen
Salierallee 18a
52066 Aachen
Telefon: 02 41/6 96 76

Bischöfliches Generalvikariat, Referat Sekten und
Weltanschauungsfragen
Dr. Hermann Beckers
Klosterplatz 7
52062 Aachen
Telefon: 02 41/45 24 19/3 47

Augsburg
Diözese Augsburg, Beratungsstelle für Religions- und
Weltanschauungsfragen
Hubert Kohlke
Kappelberg 1
86150 Augsburg
Telefon: 08 21/3 15 22 74

Ballenstedt/Harz
Beauftragter der Evangelischen Kirchen Anhalts (Dessau)
Dr. Karl-Wilhelm Berenbruch
Allee 23
06493 Ballenstedt/Harz

Bamberg
Katholischer Sektenbeauftragter
Matthias Rehrl
Artur-Landgraf-Str. 33
96049 Bamberg
Telefon: 09 51/5 44 50

Bergisch-Gladbach
Beratungsstelle für Kinder, Jugendliche und Erwachsene
Kölnerstraße 19-21
51429 Bergisch-Gladbach
Telefon: 0 22 04/5 40 04

Berlin
Beauftragter für Sekten- und Weltanschauungsfragen
der Evangelischen Kirche in Berlin-Brandenburg
Heimat 27
14165 Berlin
Telefon: 0 30/8 15 70 40, Fax: 0 30/8 15 47 96

Eltern- und Betroffeneninitiative gegen psychische
Abhängigkeit für geistige Freiheit e.V. (EBI)
Heimat 27
14165 Berlin
Telefon: 0 30/8 18 32 11

Arbeitskreis Neue Jugendreligionen
Klaus Funke OP, Bischöflicher Beauftragter für
Sekten- und Weltanschauungsfragen im Bistum Berlin
Dominikanerkloster St. Paulus
Oldenburgerstr. 46
10551 Berlin
Telefon: 0 30/3 95 70 97/8, Fax: 0 30/3 96 21 77

Beauftragter für Sekten- und Weltanschauungsfragen der
Evangelischen Kirche in der Kirchenprovinz Sachsen
Dr. Andreas Fincke
Auguststr. 80
10117 Berlin
Telefon: 0 30/2 88 61 60

Bochum
Sekten-Info Bochum
Verein für Jugend- und Sozialarbeit e.V.
Amtsstr. 4
44809 Bochum
Telefon: 02 34/57 81 56

Bonn
Aktion für geistige und psychische Freiheit – Arbeitsgemeinschaft
der Elterninitiativen (AGPF e. V.)
Graurheindorferstr. 15
53111 Bonn
Telefon: 02 28/63 15 47

Schulreferent der Evangelischenn Kirchenkreise
Bonn und Bad Godesberg
Johannes Kramp
Plittersdorferstr. 77
53173 Bonn
Telefon: 02 28/35 55 77

Arbeitskreis Sekten-Okkultismus-New Age,
Evangelisches Jugendbüro
Adenauerallee 37
53113 Bonn
Telefon: 02 28/2 67 96 56/4

Breitenholz
Katholischer Sektenbeauftragter Erfurt – Meiningen
Bruno Wagner
Hauptstr. 38
37327 Breitenholz

Bremen
Sektenberatung Bremen e.V.
Postfach 10 15 43
28015 Bremen
Telefon: 0 42 05/16 09

Evangelischer Beauftragter für Sektenfragen
Helmut Langel
Heymelstr. 35
28359 Bremen
Telefon: 04 21/23 19 91

Chemnitz
Evangelisches Forum
Mathias Wild
Theaterstr.25
09111 Chemnitz
Telefon: 03 71/6 19 58

Arbeitsgruppe Sekten/Sondergemeinschaften
Studentenrat der TU Chemnitz
Postfach 964
09126 Chemnitz
Telefon: 03 71/5 61 26 39

Darmstadt
Beauftragter für Weltanschauungsfragen der Evangelischen
Kirche in Hessen und Nassau
Bodo Leinberger
Elisabethenstr. 51
64283 Darmstadt
Telefon: 0 61 51/40 54 47

Detmold
Lippisches Landeskirchenamt
Leopoldstr. 27
32756 Detmold
Telefon: 0 52 31/9 76 60

Dortmund
Jugendamt der Stadt Dortmund, Abteilung Jugendarbeit
Ostwall 64
44135 Dortmund
Telefon: 02 31/2 49 02

Dresden
Sektenbeauftragter der Evangelisch-Lutherischen
Landeskirche Sachsen
Ekkehart Zieglschmid
An der Heilandskirche 1
01157 Dresden
Telefon: 03 51/43 64 50

AG Sekten/Sondergemeinschaften, Studentenrat der TU Dresden
Mommsenstr. 13
01069 Dresden
Telefon: 03 51/4 63 20 42/43

Düsseldorf
Katholisches Jugendamt Düsseldorf
Frank Heidkamp
Hubertusstr. 5
40219 Düsseldorf
Telefon: 02 11/9 01 02 50

Volksmissionarisches Amt der Evangelischen Kirche im Rheinland,
Beauftragter für Sekten- und Weltanschauungsfragen
Joachim Keden
Rochusstr. 44
40479 Düsseldorf
Telefon: 02 11/3 61 02 46

Eisenach
Beauftragter für Weltanschauungsfragen
Dr. Franz Büchner
Karolinenstr. 8
99817 Eisenach
Telefon: 0 36 91/7 66 49

Erfurt
Referat Jugendseelsorge
Christoph Graner
Regierungsstr. 44a
99084 Erfurt
Telefon: 03 61/6 57 23 40

Essen
Sekten-Info Essen e.V.
Rottstr. 24
45127 Essen
Telefon: 02 01/23 46 46/8

Frankfurt/Oder
Arbeitskreis für Neue Religiöse Gemeinschaften
W. Brummert
Franz-Mehring-Str. 4
15230 Frankfurt/Oder
Telefon: 03 35/2 27 69

Frankfurt/Main
Katholisches Bezirksamt, Referat für Weltanschauungsfragen
Lutz Lehmhöfer
Eschenheimer Anlage 21
60318 Frankfurt/Main
Telefon: 0 69/1 50 11 49

Arbeitsgemeinschaft Neue religiöse Gruppen e.V.
Stalburgstr. 38
60318 Frankfurt/Main

SINUS – Sekten-Information und Selbsthilfe Hessen-Thüringen
Saalgasse 15
60311 Frankfurt/Main
Telefon: 0 69/28 55 02

Freiburg
Erzbischöfliches Seelsorgamt
Albert Lampe
Okenstr. 15
79108 Freiburg
Telefon: 07 61/5 14 41 36

Fulda
Seelsorgamt des Bistums Fulda
Paulustor 5
36037 Fulda
Telefon: 06 61/8 71

Göttingen
Sektenbeauftragter der Evangelischen Kirche
Ingolf Christiansen
Albanikirchhof 1 a
37085 Göttingen
Telefon: 05 51/5 97 65

Greifswald
Eltern- und Betroffeneninitiative (EBI)
c/o Jugendamt
Anklamerstr. 15/16
17489 Greifswald
Telefon: 0 38 34/6 83 38

Großbettingen
Eltern- und Betroffeneninitiative (EBIS e.V.)
Postfach 30
72663 Großbettingen
Telefon: 0 70 22/4 24 11

Güstrow
Amt für Gemeindedienst der Evangelisch-Lutherischen
Landeskirche Mecklenburg
Dr. Matthias Kleiminger
Hansenstr. 5
18273 Güstrow
Telefon: 0 38 43/6 39 64

Halle
Martin-Luther-Universität Halle-Wittenberg
Prof. Dr. Helmut Obst
06099 Halle/Saale
Telefon: 03 45/83 24 64

Hamburg
Arbeitskreis Jugendreligionen, Aktion Jugendschutz (ajs),
Landesarbeitsstelle Hamburg e.V.
Margaretenstr. 41
20357 Hamburg
Telefon: 0 40/2 51 82 07

Beauftragte der Nordelbischen Evangelisch-Lutherischen
Kirche für Hamburg
Dr. Gabriele Lademann-Priemer
Kreuselstr. 6
20095 Hamburg

Pastor Dr. Dietrich Hellmund
Wollinerstr. 98
22143 Hamburg
Telefon: 0 40/6 47 30 84

Hamm
Katholisch-Sozialethische Arbeitsstelle e.V., Referat für
Sekten und Weltanschauungsfragen
Harald Baer
Postfach 1667
59071 Hamm
Telefon: 0 23 81/8 76 89

Herford
Arbeitskreis Sekten e.V., Verein zur Bekämpfung geistiger und
seelischer Abhängigkeit
Auf der Freiheit 25
32052 Herford
Telefon: 0 52 21/59 98 57

Hildesheim
Bischöfliches Generalvikariat, Referat Sekten und Weltanschauungen
Marion Hiltermann
Domhof 18-21
31134 Hildesheim
Telefon: 0 51 21/30 73 37

Karlsruhe
Landeskirchlicher Beauftragter für Gemeinschaften und
Weltanschauungsfragen in Baden
Dr. Michael Nüchtern
Postfach 2269
76010 Karlsruhe
Telefon: 07 21/93 49 29 01

Kassel
Evangelischer Beauftragter für Sekten- und Weltanschauungsfragen
Hans-Dieter Stolze
Mauerstr. 15
34117 Kassel
Telefon: 05 61/1 49 16

Beauftragter für Sekten-, Weltanschauungs- und Islamfragen der
Evangelischen Kirche von Kurhessen-Waldeck
Eduard Trenkel
Postfach 41 02 60
34114 Kassel; Telefon: 05 61/3 08 32 43

Köln
Jugendamt der Stadt Köln, Jugendförderung
Schaevenstr. 1 b
50676 Köln
Telefon: 02 21/2 21 54 25

Evangelisches Jugendpfarramt
Kartäuserwall 24 b
50678 Köln

Erzbistum Köln, Abteilung Jugendseelsorge
Werner Höbsch
Marzellenstr. 32
50606 Köln
Telefon: 02 21/1 64 23 13

Königswinter
Evangelisches Jugendbüro im Kirchenkreis an Sieg und Ruhr
Maltesterstr. 52
53639 Königswinter
Telefon: 0 22 23/33 62

Leipzig
Katholischer Sektenbeauftragter
Matthias Holuba
Peterssteinweg 17
04107 Leipzig

Sekten und Weltanschauungsbeauftragte
Ingrid Dietrich
Giordano-Bruno-Str. 1
04249 Leipzig
Telefon: 03 41/47 39 15

Eltern- und Betroffeneninitiative gegen psychische Abhängigkeit
Sachsen e.v. (EBI)
Sören Bartsch
Brockhausstr. 39
04229 Leipzig
Telefon: 03 41/4 79 89 11

Leverkusen
Elterninitiative zur Wahrung der geistigen Freiheit U. Zöpel
Geschwister-Scholl-Str. 58
51377 Leverkusen
Telefon: 02 14/5 83 72

Lübeck
Beauftragter für Weltanschauungsfragen der Nordelbischen Kirche
Detlev Bendrath
Brahmsstr. 20f
23556 Lübeck
Telefon: 04 51/4 47 86; 04 51/4 22 15

Magdeburg
Evangelische Jugendarbeit in der Kirchenprovinz Sachsen
P. Grundmann
Tismarstr. 23
39108 Magdeburg
Telefon: 03 91/3 63 78

Katholische Sektenbeauftragte, Seelsorgamt
Rosel Förster
Max-Joseph-Metzger-Str. 1
39104 Magdeburg
Telefon: 03 91/38 00

Mainz
Bildungswerk der Diözese Mainz
Eckhard Türck
Grebenstr. 24 26
55116 Mainz
Telefon: 0 61 31/25 32 84

München
Elterninitiative zur Hilfe gegen seelische Abhängigkeit und religiösen
Extremismus e.V.
Postfach 1005 13
80082 München
Telefon: 0 89/55 98 04 44

Sektenbeauftragter der Erzdiözese München und Freising
Hans Liebl
Dachauerstr. 5
80335 München
Telefon: 0 89/21 37 41 78

Beauftragter für Sekten- und Weltanschauungsfragen
der Evangelisch-Lutherischen Kirche in Bayern
Dr. Wolfgang Benkh
Marsstr. 22
80335 München
Telefon: 0 89/55 98 04 44

Münster
Bischöfliches Generalvikariat, AK Sekten- und
Weltanschauungsfragen
Postfach 1366
48135 Münster
Telefon: 02 51/49 55 43

Nürnberg
Beauftragter für Sekten- und Weltanschauungsfragen
der Diözesen Bamberg und Eichstätt
Ludwig Landhammer
Obstmarkt 28
90403 Nürnberg
Telefon: 09 11/20 43 37

Beauftragter der Evangelisch-Lutherischen Kirche
in Bayern für religiöse und geistige Strömungen
Bernhard Wolf
Neuendettelsauerstr. 4
Telefon: 09 11/67 85 78

Oldenburg
Landeskirchlicher Beauftragter für Sekten- und
Weltanschauungsfragen
Rainer Schumann
Wilhelmstr. 27
26121 Oldenburg
Telefon: 0 44 41/1 62 37; 0 44 41/2 68 54

Osnabrück
Bischöfliches Generalvikariat, Arbeitsstelle Neue Religionen
Domhof 12
49074 Osnabrück
Telefon: 05 41/31 82 04

Paderborn
Erzbischöfliches Generalvikariat
Roland Gottwald
Domplatz 3
33098 Paderborn
Telefon: 0 52 51/12 54 68

Passau
Referat für Religions- und Weltanschauungsfragen
Martin Göth
Inbruckgasse 13a
94032 Passau
Telefon: 08 51/39 33 66

Pirmasens
Aktion Jugendschutz, Sektenberatung
Am Wassserturm 11
66953 Pirmasens
Telefon: 0 63 31/34 68

Pirna
Katholischer Beauftragter für Sekten- und Weltanschauungsfragen
im Bistum Dresden-Meißen
Gerald Kluge
Dr.-Wilhelm-Külz-Str. 2
01769 Pirna
Telefon: 0 35 01/33 25

Regensburg
Beauftragter für Sekten- und Weltanschauungsfragen
der Diözese Regensburg
Hans Rückerl
Roritzerstr. 12
93047 Regensburg
Telefon: 09 41/5 68 12 63

Ringstedt
Beauftragter für Sekten- und Weltanschauungsfragen
Johannes Göhler
Am Osterkamp 5
27624 Ringstedt
Telefon: 0 47 08/28 74

Rottenburg/Neckar
Bischöfliches Ordinariat, Referat Religions- und
Weltanschauungsfragen
Susanne Beul
Postfach 9
72101 Rottenburg/Neckar
Telefon: 0 74 72/16 95 86

Schwerin
Beauftragter für Sekten- und Weltanschauungsfragen
im Bischöflichen Amt Schwerin
Michael Sobina
Schloßstraße 20
19053 Schwerin
Telefon: 03 85/86 44 63

Speyer
Referent für Sekten- und Weltanschauungsfragen
Christoph Bussen
Domplatz 3
67343 Speyer
Telefon: 0 62 32/10 22 18

St. Ingbert
Beauftragter der Evangelischen Kirche der Pfalz
Dr. W. Sonn
Josefstalerstr. 7
66386 St. Ingbert
Telefon: 0 68 94/3 57 67

Stuttgart
Evangelische Zentralstelle für Weltanschauungsfragen (EZW)
Hölderlinplatz 2a
70193 Stuttgart
Telefon: 07 11/22 62 28 12

Aktion Bildungsinformation e.V. (ABI)
Alte Poststr. 5
70173 Stuttgart
Telefon: 07 11/29 93 35

Trier
Bischöfliches Generalvikariat, Referat für Sekten-
und Weltanschauungsfragen
Hinter dem Dom 6
54290 Trier
Telefon: 06 51/7 10 55 26

317

Vechelde
Beauftragter der Evangelisch-Lutherischen
Landeskirche Braunschweig
M. Meitzner
Godehardistr. 1
38159 Vechelde-Bodenstedt
Telefon: 0 53 02/10 40

Witten/Ruhr
Beauftragter für Sekten- und Weltanschauungsfragen
der Evangelischen Kirche von Westfalen
Dr. Rüdiger Hauth
Röhrchenstr. 10
58452 Witten/Ruhr
Telefon: 0 23 02/91 01 00

Wusterhausen
Beauftragter der Evangelischen Landeskirche Pommerns
Reinhold Garbe
Wolgasterstr. 6
17509 Wusterhausen

Unter Umständen kann es wichtig sein, Informationen über „destruktive Kulte" auch im Ausland zu sammeln. Die wichtigsten Kontaktadressen sind folgende:

Belgien
Association pour la Defense de l'Individu et de la
Famille (ADIF)
Hertogenweg 8
B-1980 Tervuren
Telefon: 00 32/27 67 54 21

Dänemark
Dialog Center International
Katrinebjervej 46
DK-8200 Arhus N
Telefon: 00 45/86 10 54 11

Großbritannien
FAIR – Family Action Information and Rescue
BCM Box 3535
P.O.Box 12
GB-London WC1N 3 XX
Telefon: 00 44/1/5 39 39 40

Frankreich
UNADFI
10, rue du Père Julien Dhuit
F-75020 Paris
Telefon: 0 03 31/47 97 96 08

Italien
ARIS – Associazione per la Ricerca e l'Informatione sulle Sette
Via A. Doria 9/3
I-20058 Villasanta
Telefon: 00 39/39/30 60 70

Kanada
COMA – Council on Mind Abuse
Box 575 Station Z
Toronto/Ontario
Telefon: 0 01/416/4 84 11 1

Luxemburg
C.D.I.F.
L-4751 Petange
Telefon: 0 03 52/50 58 30

Niederlande
Samenwerkende Ouders Sektenlede – S.O.S.
Graafseweg 2556
NL-5213 A Hertogenbosch
Telefon: 00 31/83 60/2 87 73

Österreich
Verein zur Wahrung der geistigen Freiheit
Gesamtösterreichische Elterninitiative
Obere Augartstr. 26/28
A-1020 Wien
Telefon: 00 43/2 22 33 75 37

Schweden
Föreningen Rädda Individuen – FRI
Longholmsgaten 17
S11733 Stockholm
Telefon: 00 46/8/66 47 13

Schweiz
Schweizer Arbeitsgruppe gegen destruktive Kulte – SADK
Postfach 18
CH-8156 Oberhasli
Telefon: 00 41/71/75 61 07

USA
Citizens Freedom Foundation
National Office
P.O.Box 86 Hannacroix
New York 12087, N.Y.

Cult Awareness Network – CAN
2421, West Pratt Blvd, Suite 60645
Chicago, Ill. 60645
Telefon: 00 1/9 14/7 61 76 68

American Family Foundation
P.O.Box 336
Weston, Ma. 02193
Telefon: 0 01/6 17/8 93 09 30

Bücher zum Weiterlesen

Die folgenden Bücher sind keine Jugendbücher. Sie können jedoch interessierten Leserinnen und Lesern als weiterführende Lektüre empfohlen werden:

Liane von Billerbeck, Frank Nordhausen, Der Sekten-Konzern, Scientology auf dem Vormarsch, Berlin, 1994

Liane von Billerbeck, Frank Nordhausen, Satanskinder, Der Mordfall Sandro B., Berlin, 1994

Heide-Marie Cammans, Die neuen Heilsbringer, Auswege oder Wege ins Aus?, Recklinghausen, 1994

Jutta Ditfurth, Feuer in die Herzen, Düsseldorf und Wien, 1994

Oswald Eggenberger, Die Kirchen, Sondergruppen und religiöse Vereinigungen, Zürich, 1994

Kurt-Helmuth Eimuth, Die Sekten-Kinder, Freiburg 1996

Gasper, Müller, Valentin, Lexikon der Sekten, Sondergruppen und Weltanschauungen, Freiburg 1990

Steven Hassan, Ausbruch aus dem Bann der Sekten, Reinbek, 1993

Gunther Losinski, Was Sekten für Jugendliche so attraktiv macht, München, 1996

Stefanie von Schnurbein, Religion als Kulturkritik, Neugermanisches Heidentum im 20. Jahrhundert, Heidelberg, 1992

Lexikon der Religionen, Freiburg, 1992

Neben dem Stichwortregister wurde ein zweites Register erstellt, das Querverbindungen zwischen den einzelnen Artikeln des Lexikonteiles herstellt. Dieses zweite Register kann dazu dienen, die Stichworte tiefer zu erschließen. Damit ist es möglich, Zusammenhänge herzustellen, die bei den einzelnen Darstellungen wegen des Zwangs zur Kürze nicht immer ausführlich behandelt werden konnten.

Judentum 125:
Engel 187, Esoterik 165, Fundamentalismus 272, Mystik 279, New Age 215, Theosophie 255

Keltische Religion 199:
Magie 201, Neugermanen 209, New Age 215, Schamanismus 247

Lamaismus 149:
Buddhismus 131, Esoterik 165, Magie 201, Meditiation 205, Okkultismus 217, Reinkarnation/Wiedergeburt 227, Schamanismus 247, Tantrismus 160

Magie 201:
Afroamerikanische Religionen 268, Amulett 168, Esoterik 165, Hexen 274, Lamaismus 149, New Age 215, Schamanismus 247

Meditation 205:
Anthroposophi 169, Buddhismus 131, Christentum 53 Erleuchtung 190, Esoterik 165, Ganzheitlichkeit, 192 Guru 146, Islam 107, Mystik 279, Neuplatonismus 281, New Age 215, Okkultismus 217, Sufismus 121, Theosophie 255, Yoga 162, Zen 163

Mystik 279:
Buddhismus 131, Christentum 53, Erleuchtung 190, Esoterik 16, Guru 146, Hinduismus 136, Islam 107, Judentum 125, Meditation 205, Neuplatonismus 281, New Age 215, Sufismus 121, Zen 163

Neugermanen 209:
Ariosophie 172, Armanenorden, 175, Esoterik 165, Druiden 186, Hexen 274, New Age 215, Templer 253

New Age 215:
Anthroposophie 169, Astrologie 179, Buddhismus 131, Christentum 53, Erleuchtung 190, Esoterik 165, Ganzheitlichkei 192, Gnosis 69, Hexen 274, Hinduismus 136, I Ging197, Meditation 205, Mystik 279, Okkultismus 217, Positives Denken 222, Reinkarnation/Wiedergeburt 227, Schamanismus 247, Taoismus 290, Theosophie 255

Okkultismus 217:
Anthroposophie 169, Astrologie 179, Engel 187, Esoterik 165, Magie 201, Mantik 203, Parapsychologie 221, Rosenkreuze 229, Satanismus 237, Theosophie 255

Ordo Templis Orientis (O.T.O. 220:
Anthroposophie 169, Esoterik 165, Gnosis 69, Rosenkreuzer 229, Satanismus 237, Scientology Church 282, Templer 253, Theosophie 255

Osho/Bhagwan/Sannyasin149/154 :
Erleuchtung 190, Esoterik 165, Guru 146, Hinduismus 136, Magie
201, Meditation 205, Mystik 279, New Age 215, Reinkarnation 227,
Tantrismus 160, Zen 163

Parapsychologie 221 :
Esoterik 165, Magie 201, New Age 215, Okkultismus 217

Reinkarnation/Wiedergeburt 227:
Anthroposophie, Buddhismus, Esoterik, Gnosis, Guru, Hinduismus,
Islam, Judentum, Lamaismus, Meditation, Mystik, Neuplatonismus,
New Age, Theosophie

Rosenkreuzer 229:
Anthroposophie 169, Esoterik 165, Gnosis 69, Magie 201, Neuplato-
nismus 281, Okkultismus 217 , Reinkarnation/Wiedergeburt 227 ,
Satanismus 237, Theosophie 255

Satanismus 237:
Dämonen 185, Engel 187, Esoterik 165, Fundamentalismus 272,
Hexen 274, Magie 201, Mystik 279, Neugermanen 209, Okkultismus
217, Ordo Templis Orientis 220

Schamanismus 247:
Esoterik 165, Hexen 274, Keltische Religion 199, Lamaismus 149,
Magie 201, Meditation 205, Mystik 279, New Age 215

Scientology Church 282:
Buddhismus 131, Gnosis 69, Ordo Templis Orientis 220, Reinkarnati-
on/Wiedergeburt 227

Sikhismus 157:
Guru 146, Hinduismus 136, Yoga 162

Spiritismus 249:
Engel 187, Esoterik 165, Mystik 279, New Age 215, Okkultismus
217, Parapsychologie 221, Reinkarnation/Wiedergeburt 227

Sufismus 121:
Esoterik 165, Gnosis 69, Islam 107, Meditation 205, Mystik 279,
Neuplatonismus 281, New Age 215

Tantrismus 160:
Buddhismus 131, Esoterik 165, Guru 146, Hinduismus 136, Lamaismus 149, Meditation 205, Osho/Bhagwan 149

Templer 253:
Anthroposophie 169, Esoterik 165, Gnosis 69, Mystik 279, Neugermanen 209, Orden 281, Rosenkreuzer 229, Satanismus 237, Theosophie 255

Theosophie 255:
Anthroposophie 169, Armanenorden 175, Buddhismus 131, Esoterik 165, Hinduismus 136, Neugermanen 209, Neuplatonismus 281, New Age 215, Okkultismus 217, Spiritismus 249, Templer 253

Transzendentale Meditation 261:
Ayurveda 141, Erleuchtung 190, Guru 146, Hinduismus 136, Mantra 204, Meditation 205, New Age 215, Parapsychologie 221, Yoga 162
Ufo 264:
Engel 187, Esoterik 165, Parapsychologie 221, Spiritismus 249

Universelles Leben 93:
Enge 187, Gnosis 69, Meditation 205, Reinkarnation/Wiedergeburt 227

Yoga 162:
Anthroposophie 169, Buddhismus 131, Erleuchtung 190, Esoterik 165, Hinduismus 136, Lamaismus 149, Meditation 205, New Age 215, Schamanismus 247, Tantrismus 160, Theosophie 255

Zen 163:
Buddhismus 131, Erleuchtung 190, Meditation 205, New Age 215, Taoismus 290

Register

327